金融普及教育丛书

Springer

Consumer Economic Wellbeing

消费者经济福利

[美] 肖经建　著

陈福中　译

东北财经大学出版社　大连
Dongbei University of Finance & Economics Press

辽宁省版权局著作权合同登记号：06-2018-339

First published in English under the title: Consumer Economic Wellbeing by Jing Jian Xiao, edition:1.
Copyright © Springer New York, 2015*
This edition has been translated and published under licence from Springer Science + Business Media, LLC, part of Springer Nature.
Springer Science+Business Media, LLC, part of Springer Nature takes no responsibility and shall not be media liable for the accuracy of the translation.

图书在版编目（CIP）数据

消费者经济福利 / （美）肖经建著；陈福中译.—大连：东北财经大学出版社，2020.6
（金融普及教育丛书）
ISBN 978-7-5654-3804-2

Ⅰ．消…　Ⅱ．①肖…②陈…　Ⅲ．消费者-福利-经济学-研究　Ⅳ．①F041.5 ②F061.4

中国版本图书馆CIP数据核字（2020）第035914号

东北财经大学出版社出版发行
　　大连市黑石礁尖山街217号　邮政编码　116025
　　网　　址：http：//www．dufep．cn
　　读者信箱：dufep @ dufe．edu．cn
大连图腾彩色印刷有限公司印刷

幅面尺寸：185mm×260mm　字数：280千字　印张：13.5
2020年6月第1版　　　　　2020年6月第1次印刷
责任编辑：李　季　刘慧美　责任校对：刘东威　石建华
封面设计：原　皓　　　　　版式设计：原　皓
定价：46.00元

教学支持　售后服务　联系电话：(0411) 84710309
版权所有　侵权必究　举报电话：(0411) 84710523
如有印装质量问题，请联系营销部：(0411) 84710711

"金融普及教育丛书"编委会
（以姓氏拼音排序）

译者序

　　消费者经济福利一直是消费者经济和金融领域广泛关注的重要议题。20世纪，美国有多位总统在消费者权益保护及推进其立法方面做出了重要贡献。消费者经济福利涉及多方面内容：对消费者个人来说，消费者经济福利与消费者权益及理财能力密切相关；从外部环境的角度来看，消费者经济福利与政府、企业、大众媒体和互联网等紧密联系；从消费者经济福利的组成来看，其涉及了消费者日常生活中的收入、支出、借贷及储蓄等方面。随着行为经济学和行为金融学的发展，关于消费者经济福利的研究也在进一步深入。本书清晰地界定了消费者经济和金融领域的相关概念，系统地梳理了该领域的理论和文献，可以为进一步在该领域深入地开展研究奠定坚实的基础，同时也可以为政策制定者及实务领域专业人士提供有益的支持。

　　在攻读博士学位期间，本人有幸聆听了肖经建教授讲授的"消费者经济学"课程，对该领域产生了浓厚的兴趣，遂立志将其作为主要研究领域之一。为此，在肖经建教授多次来中国人民大学授课时，我一有机会即旁听学习。2012年，我获得国家留学基金委资助，赴美国罗德岛大学访问学习，并且在肖经建教授的指导下就消费者经济和金融的相关主题进行了为期1年的学习和研究。肖经建教授所著的《消费者经济福利》一书对消费者经济和金融领域的文献进行了系统性的梳理，将影响消费者经济福利的相关因素全面地呈现给读者。该书的结构如下：第一部分，包括第1~3章，讨论与消费者经济福利相关的基本概念；第二部分，包括第4~7章，讨论影响消费者经济福利的外在环境，包括政府、企业、大众媒体和互联网等；第三部分，包括第8~11章，讨论消费者经济福利的主要构成部分，包括消费者收入、支出、借贷及储蓄等。全书结构合理，逻辑严密，论述清晰，清楚地界定了相关概念，全面地梳理了相关研究文献和发现，对消费者经济和金融领域的相关研究起到了重要的推动作用。

　　在本书的翻译过程中，我首先要感谢肖经建教授给予的大力支持。无论是在翻译之前联系出版社，还是在翻译完成之后的校对过程中，肖经建教授都给了我很多建议和帮助。其次，我要感谢东北财经大学出版社的李季老师，感谢她卓有成效的工作。我指导的硕士研究生卢景新、胡梦婷、陈思含、于安迪、陈金鑫、王硕、蒋国海、马金歌、马青杨、史梦嫣、冉奎，以及我指导的双培生蔡子祎参与了本书的翻译和校对工作；选修我讲授的"消费金融学"课程的硕士研究生张洒洒、张筱筱、胡潇男、许晓嫣、金佳颖、邱国庆和刘岩也在翻译过程中完成了部分基础性的工作。此外，我还要感谢教育部"人文社会科学青年基金"项目（批准号：16YJC790006），以及对外经济贸易大学第七批"惠园优秀青年学者"项目（批准号：18YQ07）的资助。

　　由于本人和学生的能力有限，书中部分内容的翻译未能尽如人意。虽然我们对消费者经济和金融领域的研究和学习还不够深入，但我们有信心将本书中有关消费者经济福利的概念、理论及文献进行清晰的描述，这将有助于读者全面理解该领域的基本知识和理论，进而把握消费者经济和金融领域研究的前沿方向。最后，对于在翻译过程中出现的错误和问题，恳请专家和读者批评指正，烦请将意见和建议发至我的邮箱 uibesitech-en@126.com，我们将进一步改进，不胜感激。

陈福中

2020 年 1 月

前　言

本书主要探讨消费者经济学领域的相关重要议题，尤其关注如何帮助消费者提高经济福利。写作本书的动机，来自于本人的教学经历。本人在罗德岛大学讲授"消费者经济学"课程已有多年，使用过的几本消费者经济学教材在当前消费者议题方面的讨论内容较为丰富，但是缺少足够的理论深度。因此，我也一直在试图搜寻能够涵盖消费者经济学理论及相关研究发现的教材。2008 年 5 月，我受邀到中国人民大学讲授关于消费者经济学的博士研究生学术研讨课程。从那时起，我每年都会到北京讲授这门课程，目前已经超过 10 年。在讲授这门课程的过程中，我曾经使用期刊论文作为教学材料，许多博士生询问是否有一本系统性地阐述消费者经济学内容的教材。在遍寻已出版的教材而无果后，我认为可以尝试编写一本教材。

作为一本教科书，本书主要关注与消费者经济福利有关的重要消费经济议题的理论和概念的发展。本书的内容涵盖许多在课堂上讨论过的消费者议题，从理论上对其进行解释，并对相关研究发现进行回顾总结，而非仅限于简单的事实汇编。在对写作材料的组织过程中，本书使用了跨学科的方式，不仅对消费者经济学领域的概念和理论进行阐述，还涉及经济学、市场营销学、金融学、心理学、社会学及政治学的相关概念和理论。我期望从行为经济学和金融学的文献中融合心理学和经济学研究发展的前沿成果，并参考大量资料，以考察重要的消费者经济问题。2009 年秋季，我初步制订了本书的写作计划，之后一直努力到现在（2014 年年底）。在这个过程中，我意识到从多个学科中整合研究理论和成果的工作，比我预期的要多得多。我并不确定是否能在 5 年后达成我的目标，但至少我已经尽了最大努力。最初，我认为能够提出一个涵盖所有相关主题的理论框架，后来才发现自己的计划太过于雄心勃勃，以至于无法完成。现在，一种现实的方式是识别出与消费者经济福利有关的重要概念，然后用简洁的图表把它们联系起来。但是，以我一人之力充分评估多领域的研究理论和成果是不可能的。在许多章节中，我仅仅呈现了当前的研究，并给予最简略的评价。我希望这是构建消费者经济学系统理论的第一步。

我对消费者经济学——一个从消费者的角度来解决消费者经济重要议题的领域——

的兴趣，来源于我的学术背景和受教育经历。20世纪80年代中期，我毕业于中南财经政法大学，并相继获得了学士学位和硕士学位。当我还是硕士研究生时，我就对消费者保护的相关议题产生了浓厚的兴趣。我的硕士论文主题与中国的消费者运动有关，我的导师是彭星闾教授，他是将市场营销学引入中国的先驱。我也曾在获得硕士学位后讲授过有关市场营销学的课程。1987年，我赴俄勒冈州立大学继续攻读博士学位，研究方向是消费者经济学，我的导师是 Geraldine Olson 教授。从那时起，我开始将消费者经济学作为自己的研究方向。除了在亚利桑那大学的消费金融教育研究所担任过两年半（2005年1月—2007年6月）的主任外，我从1991年开始一直在罗德岛大学讲授"消费者经济学"和"消费者金融学"的课程。这些年来，我向美国消费者权益委员会（American Council on Consumer Interests, ACCI）、金融咨询与规划教育协会（Association for Financial Counseling and Planning Education，AFCPE）、亚洲消费者和家庭经济学会（Asian Consumer and Family Economics Association，ACFEA）所主办的期刊与会议提交论文，极大地扩展了工作网络，也为这些机构和期刊的发展贡献了力量。我担任《家庭与经济问题期刊》（Journal of Family and Economic Issues）的主编长达11年（2000—2011年），并且担任《消费者事务期刊》（Journal of Consumer Affairs）的编委多年。我现在担任《财务咨询和规划期刊》（Journal of Financial Counseling and Planning）的主编；同时，也担任过上述组织各种委员会的成员或领导，以及美国消费者权益委员会和亚洲消费者与家庭经济学会的会长。我也与几所中国和日本高校（中国人民大学、清华大学、中央财经大学，以及山口大学等）的一些学者在消费者金融素养、理财能力和消费者福利的相关研究工作中合作过。我对于消费者经济学的兴趣及贡献甚至反映在了名字中。在中文中，我的名字的发音听起来像是"消费经济学建设"的简写，这最初是偶然的，但是后来我觉得将一生奉献给这一重要的领域可能就是我的使命。

本书分为三个部分。第一部分讨论了消费者经济福利的概念（第1章）和两个相关的重要概念，即消费者权益（第2章）和消费者理财能力（第3章）。第二部分包括四章，讨论了消费者的经济环境，涉及政府（第4章）、企业（第5章）、媒体（第6章）及互联网（第7章）。在这些章节中，我考察了政府和企业组织（新媒体、广告和互联网公司在美国属于企业）的行为影响消费者经济福利的相关研究文献。第三部分讨论了消费者经济福利的四个组成部分：消费者收入（第8章）、消费者支出（第9章）、消费者借贷（第10章）及消费者储蓄（第11章）。在这些章节中，我阐述和总结了相关的研究理论和成果。

我尽量用较少的专业术语编写本书，以便于那些非消费者经济学领域专业人士进行学习。我希望本书可以适应需要，用作本科生和研究生课程的教材。相关课程的教师们也可以将此书推荐给学习消费者科学专业和经济学专业的学生们。在法学院讲授有关消费者服务法律的课程的教师们，也会在本书中发现有用的材料。其他专业（如心理学、政治学、社会工作、社会学）的关注消费者经济问题的教师们，也可以推荐此书给学生们。此外，专注于商科、社会研究和家庭，以及消费者科学的高中教师们，也可以从本书中找到感兴趣的内容。

商业研究者和为了解决重要消费者议题并提升消费者福利而工作的实务领域人士可以将本书作为参考书。消费者教育领域的从业者，也可能会对本书感兴趣。另外，那些关心消费者重要议题和积极参与消费者宣传活动的人们，同样会在本书中发现感兴趣的内容。最后，各级政府的公共政策制定者，也可能会遇到与法律相关的消费者经济问题，因而可以将本书中的许多相关主题用作参考。

我希望本书能推动更多的关于消费者经济重要议题的研究，这些研究可以为公共政策制定和商业实践提供信息支持，从而帮助提升消费者经济福利。更加严谨的消费者经济学理论也将基于本书所提供的信息得到激励和发展。

肖经建
美国罗德岛大学

致　谢

彭星闾教授是我硕士阶段的指导教师，Geraldine Olson 教授是我博士阶段的指导教师。在他们耐心的指导下，我作为消费者经济学研究者开始了职业生涯。他们不仅教给我专业知识，而且教给我许多在职业发展中要想取得成功所必须具备的品质。他们永远是我的榜样。

在过去20年的职业生涯中，我与几十位同事合作过，合作的许多成果在本书中都有提及。没有与他们的合作，我不会取得现在的成就。他们是 Mohamed Abdel-Ghany，SunyoungAhn，M. J. Alhabeeb，Joan Gray Anderson，Dottie Bagwell，William Bailey，Bonnie Barber，Robert Bassett，Linda Block，Patricia Brennan，Barbara Bristow，Bruce Brunson，Noel Card，Swarne Chatterjee，Cheng Chen（陈诚），Fuzhong Chen（陈福中），Dongyue Cheng（程东跃），Bie-shuein Chu（朱白萱），Michael Collins，June Cotte，Stuart Cohen，BrendaCude，Sharon DeVaney，Jeffery Dew，Nik Dholakia，Ruby Dholakia，Jessie X. Fan（范晓菁），Matthew Ford，Alyssa Francis，Tom Garman，Ronald Gibbs，John Grable，Lin Guo（郭琳），Sherman Hanna，Celia Hayhoe，George Haynes，Misako Higa，Tahira Hira，Arlene Holyoak，Gong-soog Hong，Kenneth Huggins，Janet Johnson，Punam Keller，Claudia Kerbel，Jinhee Kim，Larry Kirsch，Masayuki Kometani，Weida-Kuang，Christine Lai（赖慧文），Fran Lawrence，Irene Leech，Berta Leon，Chunming Li（李春明），Haifeng Li（李海峰），Tao Li（李涛），Li Liao（廖理），Suzanne Lindamood，Jean Lown，Angela Lyons，Lakshmi Malroutu，Robert Mayer，Jane Meiners，Xiangyi Meng（孟祥轶），Carole Miller，Norbert Mundorf，Barbara Newman，Fran Noring，Barbara O'Neill，Geraldine Olson，Lance Palmer，Linda Price，Janice Prochaska，Lee Richardson，Barbara Robles，Jane Schuchardt，Joyce Serido，Deanna Sharpe，Soyeon Shim，Shunfeng Song（宋顺锋），Benoit Sorhaindo，Feng Sun（孙凤），Jing Sun（孙敬），Lei Sun（孙磊），Yunxiao Sun（孙云晓），Chuanyi Tang（汤传毅），Shayna Thums，Hilary Tso，Yongshi Tu（涂永式），Radovan Vadovic，Houfen Wan（万厚芬），Jeff Wang（王建锋），Richard Widdows，Jiayun Wu（吴嘉云），Jieying Xi（郗杰英），Yinzhou Xu（徐印洲），

Xuejun Yan（严学军），Rui Yao（姚睿），Zhihong Yi（伊志宏），Qingfei Yin（尹清非），Shijie Yin（尹世杰），Bing Ying（应斌），Yoonkyung Yuh，Jinbao Zhang（张金宝），Yixiao Zhang（张逸潇），Lucy Zhong（钟湘云），Pengrong Zhong（钟朋荣），以及 Yi Zhou（周一）。

我要感谢以下学者，他们是我长期的同事和良师益友，他们仔细地审阅了本书的相关章节并且提出了很多有用的建议。他们是 Tom Cai（蔡毅），Richard Caputo，Jessie Fan（范晓菁），John Grable，Sherman Hanna，Robert Mayer，Barbara O'Neill，Marla Royne Stafford，Jeffrey Sovern，Richard Widdows，以及 Rui Yao（姚睿）。

2010年秋天，罗德岛大学批准并资助了我的学术休假，从此我开始了本书的写作。我当时的系主任 Jerome Adams，以及我现在的系主任 Karen McCurdy 在这些年里为我在这本书中的研究和其他研究提供了必要的精神上和行政上的帮助。我非常感激他们的支持。

我感谢 Alyssa Francis 在文字编辑方面所提供的帮助。

斯普林格出版社的 Jennifer Hadley 在本书的写作过程中提供了及时和有用的指导，我很感激。

最后，我感谢我的妻子，她在我写作本书期间给予了很多精神上和其他方面的支持。没有她的激励与支持，我无法完成如此重要的项目。

目 录

第一部分 消费者经济福利的基本概念

第1章 消费者经济福利

摘要：在本书中，消费者主要是指个人和家庭。关于消费者的界定，有广义和狭义两个范畴。广义的消费者是指获取和使用自然产品、市场商品和其他物资的个体。其中，自然产品是指不被私人占用和定价的产品，如空气等自然资源。市场商品是由商业企业提供和定价的产品或服务。其他物资指非营利组织提供的产品和服务。狭义的消费者是指购买和使用市场商品或服务的个体。本书中的消费者主要指狭义的消费者。本章首先讨论了几个与消费者经济福利有关的概念，如福利、主观福利、经济福利和消费者福利等。然后，本章定义和介绍了本书讨论的核心内容，即消费者经济福利。最后，本章对本书的整体架构进行了说明。

1.1 福利

在已有文献中，福利即"wellbeing"有两种可替代的拼写形式：well being 和 well-being。在本书中，使用"wellbeing"这种形式。福利有多种定义，例如，Zimmerman（1995）认为，福利指处于健康、快乐和万事顺意的状态。在本书中，我们对福利的定义进行了一定调整，将福利定义为处于健康、快乐和富有的状态。该定义说明，福利意味着人们在生理、心理和财务方面都处于良好的状态。而本书的目的，是探讨关于提高消费者福利的理论与研究。就这个目的而言，这个定义是很恰当的。在心理学文献中，福利通常强调的是主观上的测度。而在本书中，福利既可以用主观指标度量，也可以用客观指标度量。

纵观已有文献，福利被视作生活质量（Quality of Life，QOL）的同义词。在本书中，幸福感和生活质量两个概念可以互换。当代关于生活质量或福利的研究可以追溯到20世纪70年代（Campbel 等，1976）。生活质量研究领域的权威学者 Alex Michalos（2008）提出：由于人是复杂的有机体，建立适当的福利衡量指标非常复杂，需要从跨学科的视角研究这一重要主题。来自多个学科领域的几位重要学者对生活质量的相关研究进行了综合性回顾（Sirgy 等，2006b），他们分别是营销领域的 Joseph Sirgy、哲学领域的 Alex Michalos、社会学领域的 Abbott Ferriss、经济学领域的 Richard Easterlin、心理学领域的 William Pavot 和健康学领域的 Donald Patrick。根据 Michalos 的观点，生活质量可以通过状态描述来度量，也可以通过量化指标来度量，还可以主观评估或者通过相应事物的价值来度量。例如，体重是可描述的，合适的体重带有主观评价的特点。生活质量指数既可以是客观的，也可以是主观的。

幸福感既可以从个体层面进行测量，也可以从集体层面进行测量。大多数社会性指数都是从城市、州、地区、国家或全球等集体层面进行测量的。在全球层面，联合国开发计划署（UNDP）发布的年度人类发展报告，提供了有关世界人口福利和用于国家间福利比较的指标。该报告提出了几个具有国际可比性的指标，包括人类发展指数（HDI）。HDI包括3个方面：预期寿命指数、教育水平指数和国内生产总值（GDP）指数，分别从身体、心理和经济状况3个维度来衡量福利水平。上述测量指标都被认为具有客观性。例如，2013年的报告将186个国家和地区按照HDI指数和其他指标分为4类：超高层次人类发展水平、高层次人类发展水平、中等层次人类发展水平和低层次人类发展水平。基于2013年的数据，HDI指数位列前5位的国家分别是：挪威、澳大利亚、瑞士、荷兰和美国。UNDP 2013年的数据显示，中国位列高层次人类发展水平，排名第91位。

在权威学者们的协助下，从2008年开始，盖洛普和健康之路公司为美国的所有城市和州构建了福利指数。为了在个人和集体层面提供有关福利和健康的最新测度方法，它们在一年中对美国居民进行了350天的持续追踪，并且每天采访的美国居民不低于1 000人。该指数主要包括生活评价、情感健康、身体健康和工作环境等方面，具体数据可登录网址（http://www.well-beingindex.com/）查看。相关数据库已被学者们用于学术研究，并得到了一系列有趣的发现（Diener等，2010；Kahneman和Deaton，2010）。

1.2　主观福利或幸福感

1.2.1　主观福利的概念

在已有文献中，主观福利（Subjective Wellbeing，SWB）研究也被称为幸福感研究（Sirgy等，2006b）。正如心理学领域的学者William Pavot所说，这一研究可以追溯到20世纪60年代。Diener（1984）对主观福利进行的综合性回顾，被认为是幸福感领域研究发展过程中的关键节点。Diener自己也是主观福利领域的权威学者之一，并且以此为研究主题发表过大量具有重要影响力的研究成果。

主观福利的定义有很多，Diener等（1999）提出了以下定义："主观福利是非常宽泛的概念，包括人们的情绪反应、对相关领域的满意度和对生活满意度的总体判断。"该定义使主观福利成为具有更加宽泛的研究活动和兴趣的领域，而不是仅限于在特定的架构中进行研究（Sirgy等，2006）。

主观福利的测量包括3个组成部分：积极影响、消极影响和生活满意度。生活满意度是很宽泛的概念，涉及个人从整体层面上对生活做出的评价（Pavot和Diener，1993）。多重方法的纵向研究已表明，上述3个部分是相互独立的概念（Lucas等，1996）。

Diener（1984）认为主观福利有以下几个特征：第一，它是主观的，与个人独特的生活经历相关；第二，主观福利包括积极的经历，但不是没有负面因素；第三，主观福利通常从宽泛的整体层面进行评价，而不考虑某个个体具体的生活经历或生活细节。

对主观福利的测度有多个角度。从公共政策的制定角度出发，主观福利的测度可以分为3类：评价、经历和生活意义（Eudaimonic）（Dolan等，2011）。评价涉及总体的生活满意度及具体生活方面的满意度。经历主要是指在过去的生活中获得的幸福感，以及积极或消极的情绪，如昨天是忧虑的一天、精力充沛的一天，还是轻松的一天。生活意义主要针对生活目的，需要人们去确定一般意义上的生活目标，以及具体活动的目的和意义。上述3种测度可以概括为：日常生活的幸福感、生活满意度，以及度过有意义的人生。大多数现有研究主要关注日常生活的幸福感和生活满意度，而在度过有意义的人生方面的研究则明显不足。

1.2.2 金钱和幸福感

学者们对收入和主观幸福感之间的关系进行了广泛和深入的研究，并且得到了很多有意义和有价值的研究结论（Xiao，2013）。例如，Schyns（2001）对俄罗斯消费者的数据进行分析，发现收入和生活满意度之间的关系非常复杂。此外，来自5个国家的数据表明，财富和非耐用品消费对生活满意度有多种影响效应（Heady等，2008）。Blanchflower和Oswald（2004）的研究表明，金钱可以买到快乐，并且人们会更关注相对收入。Cummins（2000）的研究发现，收入通过一系列中介变量与幸福感相联系。随后，Diener和Biswas-Diener（2002）对研究收入和主观福利的文献进行回顾，提出各国的国内收入和主观福利或多或少地存在一定相关性的观点。此外，重视物质目标的消费者（除非他们很富有）的幸福感低于不以此为目标的消费者。Athaud-Day和Near（2005）的综述性研究也得出了类似的结论，该研究对国家内部和国家之间的收入与幸福感之间的关系进行了更有针对性的回顾。

上述文献研究的局限性在于，幸福感的测量方法没有统一的标准：测量方法不一，收入对幸福感的影响效应也各异。Kahneman和Deaton（2010）在研究了超过450 000份反馈数据——这些数据来自盖洛普咨询公司对1 000个美国居民的日常调查——后发现，日常生活幸福感和生活评价有着不同的相关性，收入和受教育程度与生活评价相关性更强，而健康、关怀给予、孤独感及是否吸烟能更好地预测个人的日常情绪。在研究中，他们分别以收入的对数和生活评价为横轴和纵轴做出相关图表，发现生活评价在稳定地上升。日常生活幸福感也会随着收入的对数增加而上升，但是在当年收入超过75 000美元的时候，这种上升趋势就会停止。

已有的关于幸福感的文献也讨论了随着时间推移，个人收入的适应效应对幸福感的影响。人们在收入刚刚增加时会感到幸福。这种幸福感会持续几年，但是会随着时间的推移而不断降低。德国的跟踪调查数据表明，德国的房屋拥有者[①]需要大约7年的时间去完全适应收入层次提高所带来的影响。Di Tella和MacCulloch（2010）根据欧洲的面

---

① 假定房屋拥有者比租户更富有。

板数据发现，欧洲富有国家的消费者至少需要5年的时间完全适应收入层次提高所带来的影响。在另一项研究中，学者们用德国的面板数据对收入和经济地位的幸福感适应效应进行了分析。他们发现，在短期内，经济地位增加1个单位的标准差对幸福感的影响，与收入增加0.52个单位的标准差对幸福感的影响相似。然而，从长期角度看，当年收入对幸福感的影响有65%会在接下来的4年里消失，而地位对幸福感的影响则保持不变（Di Tella等，2010）。

Alesina等（2004）的研究表明，收入不平等可能会造成不幸福，当收入不平等程度很高时，个人反映其幸福的概率较低。这种影响在欧洲比在美国更加显著（Alesina等，2004）。不平等导致的幸福感降低，可能与个人感知意义上的公平与信任有关。基于美国1972—2008年的社会综合调查数据，Oishi等（2011）发现，平均来看，美国居民在收入不平等程度较小年份的幸福感，高于在收入不平等程度较高的年份的幸福感。通过公平和信任因素，Oishi等（2011）对收入不平等与幸福感之间的负相关关系进行了论证。收入不平等与幸福感之间的负相关关系更适用于低收入群体，而不适用于中等收入和高收入群体。更重要的是，对低收入群体来说，收入的不平等与幸福感之间的负相关关系不是由家庭收入低造成的，而是由不公平和信任缺失这两个因素造成的（Oishi等，2011）。

1.2.3　幸福感能带来金钱吗？

大多数有关幸福感的研究试图验证较高的收入是否能够带来更高的幸福感。然而，也有部分学者在探究幸福感是否能够带来更高的收入。如果他们找到了幸福感与收入之间的因果关系，那么主观幸福感可能会成为提高社会生产力的影响因素。Oishi（2012）将幸福感视作重要的精神财富，并且认为精神财富对于社会的健康发展是非常重要的。

Lyubomirsky等（2005）探讨了幸福感与积极生活表现（包括经济表现）之间的因果关系。研究发现，幸福感可能会带来积极的生活表现。他们提出了一个概念性的模型，论证了幸福感与成功之间存在联系。结果显示，不仅成功会使人们感到幸福，而且幸福感也在通往成功的道路中起到了积极的作用。他们的研究结果表明，许多事件的成功及带来这种结果的行为都与幸福感相关，并且幸福感通常先于这些成功的结果出现（Lyubomirsky等，2005）。

幸福感有助于提高生产率。实验研究表明，幸福感对生产率的提高有正向促进作用（Oswald等，2009）。通过研究性情与工作成效之间的关系，学者们发现幸福感可能有助于提高工作满意度并带来高收入。Diener等（2002）研究发现，在进入大学时有很高幸福感评级的个人会拥有更高的收入，他们19年后的工作满意度也会高于那些刚进入大学时幸福感评级较低的同学，并且幸福感评级高的个人失业率也会相对较低。虽然幸福感评级对目前收入的影响是正向的，但却是非线性的，低幸福感评级的个人的当前收入比高幸福感评级的个人当前收入上升得更快（Diener等，2002）。基于俄罗斯的面板数据，Graham等（2004）研究发现，幸福感本身会影响收入、健康和其他一些因素。

例如，在1995年拥有较高"剩余幸福感"的样本个体[①]的5年后的调查结果显示，他们会赚取更多的金钱，并拥有相对更加健康的身体。

基于美国10 000多个受访个体所组成的大型且有代表性的面板数据，De Neve 和 Oswald（2012）研究发现，生活满意度较高或在积极环境中生活的青少年，成年后收入水平明显更高。当控制了教育、智力、身体健康、身高和自尊等因素后，研究结果仍然稳健。为了探究心理健康如何影响收入，学者们对中介因素进行了如下界定：处于幸福状态的人将有更大概率获得大学学位、被雇用或升职，同时会更加乐观和外向，并且更加豁达。开展上述研究的学者们认为，收入与幸福感之间的关系是动态变化的，并且会相互影响。基于幸福感研究领域的已有文献，可以看出幸福感与很多因素相关，如健康（Frey，2011）、社交网络（Fowler 和 Christakis，2008）及自尊（Lyubomirsky等，2006）。反过来，这些因素对劳动力的市场产出也具有积极的影响，因而才可能会发挥中介作用。最近的神经科学研究提供了更多主观福利与特定神经变异相关的线索，这同样与改善认知技能和经济产出有关（De Neve 和 Oswald，2012）。

幸福感较高的人会挣更多的钱，但是这种关系可能是非线性的。感到中等幸福和高度幸福的个体往往有着不同的生活表现。Oishi等（2007）发现，有着最高层次幸福感的个人在社交和志愿工作方面往往非常成功；但是那些幸福感略低一个层次的人更容易在收入、教育和政治参与方面取得成功。一旦人们感到幸福处于中等水平，幸福的最有效水平似乎就取决于定义成功的具体表现及可用的资源（Oishi等，2007）。

幸福感会影响人们的消费和储蓄行为。Guven（2012）采用来自荷兰和德国的实验数据，另辟蹊径地使用天气晴朗的天数作为衡量幸福感的指标，研究发现幸福感越高的个人通常储蓄得更多，消费得更少，并且边际消费倾向较低。幸福感更强的人会用更多的时间去做决定，并能够理性地控制支出，他们期望长寿，并且更看重长远的发展，也期望通货膨胀在未来变得更低。

幸福感与生活表现可能存在交互影响。Binder 和 Coad（2012）用来自英国家庭的跟踪调查（BHPS）数据集，考察了幸福感与收入、健康、婚姻状况及就业情况之间的关系。研究表明，幸福感的提高会带来收入、婚姻、就业和健康状况的改善。然而，在影响生活表现的变量[②]增加后，幸福感往往趋向于下降，这表明上述影响因素都存在动态适应性（Binder 和 Coad，2010）。

如果说幸福感是为了更好的生活而获取需要的资源，那么人们就应该进行自我调节，并更好地利用它。基于哈佛大学学生的调查数据，Achor（2010）提出了要充分利用"幸福感优势"的原则。这项原则的内容包括：幸福感优势（重新训练大脑捕捉积极情绪）、杠杆和支点（调整心态以获得动力，使自己更充实和更易于成功）、俄罗斯方块效应（重新训练大脑发现可能性的模式，并学会抓住机会）、大胆向前（让大脑在逆境

---

① 在 Graham等（2004）的研究中，指的是经过一般福利决定因素修正后更幸福的人。

② 不包含健康相关变量。

面前更乐观和更成功)、佐罗圆(通过首先专注于小的和可管理的目标来重新获得控制权)及社交投资(加大有利于社交支持网络方面的投资)。

1.3 经济福利

1.3.1 经济福利的历史视角

经济学领域的学者们开始研究经济福利的目的在于为公共政策的制定提供信息支持。Richard Easterlin 对经济学领域的学者们关于经济福利的研究进行了历史性回顾(Sirgy 等,2006b)。在 20 世纪后半叶,经济福利的相关研究主要集中于以下 3 个方面:开发并调整 GDP 及与经济福利相关的度量指标;开发与生活质量直接相关的具体测量指标,如食品和住房测量指标等;开发更多的与物质生活条件、寿命长短及教育等有关的更加综合的指标。上述所有指标都是客观的,因为经济学领域的学者们不认可主观度量的准确性。

国民收入或者 GDP 被认为是测度经济福利的主要指标。Pigou(1929)提出了国民收入测度方法,讨论了经济福利和社会福利之间的关系。他认为经济福利是社会福利的一部分,并且二者应该在同一个方向上获得提升。

Kuznets(1933,1946)的基础性工作奠定了国民收入测度的基本框架,他也因此成为第四位获得诺贝尔经济学奖的学者。从 20 世纪 20 年代晚期开始,在美国国家经济研究局(NBER)的赞助下,他建立了国民收入的综合性研究项目,直到现在,NBER 依然是美国实证经济研究的主导机构。在这一概念的实证研究过程中引发了对以下 3 类问题的广泛讨论,即范围、净值和评估。基于 1984 年诺贝尔经济学奖得主 Stone 的开创性研究,美国、英国等国家及联合国的统计办事处建立了国民经济核算的通用架构(Stone,1986)。

之后,经济学领域的学者们开始将研究兴趣转向调整 GDP。经济学领域中最著名的尝试,是调整 GNP 以获得更有意义的经济福利指标(Nordhaus 和 Tobin,1973),这也是当代的第一个经济福利度量框架,包括可持续经济福利指数等。

与此相反,前文所提出的可持续经济福利指数,在英国 1950—1996 年间几乎没有增长(Jackson 等,1998)。与 Nordhaus-Tobin 的测度不同,该指数包括对收入不平等、气候变化及臭氧层变化代价的大幅度调整,但不包括对闲暇的推断测量。

作为该领域的主要学者,斯坦福大学食品研究院的学者们想要为欠发达地区建立有意义的实证测量体系。为了比较 1934—1938 年国家间消费层次的不同,Bennett(1951)通过建立 16 个非货币指数来衡量消费水平的差异。该指数主要涵盖以下 5 个方面的消费:食物和烟草、医疗卫生服务、住房、教育和娱乐,以及交通和通信。Jones 和 Merat(1962)试图利用国际贸易统计数据和其他可得数据,研究撒哈拉沙漠以南非洲地区的人们的物质生活水平。这项工作预示着学者们目前正在努力开发以个人消费为基础的衡量经济福利的替代性指标,如经济福利指数。除了消费指标外,衡量经济福利的替代性指标还包含财富积累津贴和一个特别新颖的因素,即经济不安全感(Osberg,2001;Osberg 和 Sharpe,1998)。

在联合国社会事务部公布的报告中，经济福利测量体系与早期的经济学架构不同。上述报告收集了全球社会情况数据，指出了国际经济状况上的差异，如个人寿命等方面的不同（United Nations，1952；United Nations，1961）。1970年，联合国社会发展研究所的4名经济学家沿着上述研究脉络进一步深入研究，并取得了一项极具价值的成果（McGranahan 等，1970），其在今天——在社会进步权重指数的度量等方面（Estes，1995）——仍具有重要的现实意义。经济史学领域的学者 Morris（1979）提出了物质生活质量指数的概念，该指数综合了经济产出、预期寿命和教育3个方面的因素，成为每年发布的《联合国人类发展报告》中的当今人类发展指数的前身（UNDP，2002）。目前，经济史学领域的学者们沿着 Fogel（1986，1993）的研究，正致力于将身材度量作为反映生物学意义上尚未被界定的生活水平指标（Komlos，1995；Steckel 和 Floud，1997）。

1.3.2 经济增长与幸福感

Easterlin（1974）首次尝试从经济学角度，根据个人报告的幸福感和生活满意度来评估经济福利趋势。他发现，在1946—1970年期间，美国民众的平均幸福感从20世纪50年代末开始不断上升，随后开始下降，并回落至1946年的水平。此后，许多研究开始检验这一假设，并得出了很多具有争议性的结论，其在 Clark 等（2008）以此为主题进行综合性回顾的研究中就得到了充分反映。Easterlin（2010，2012）通过分析南美洲国家和中国的数据，再次验证了上述假设。在全球范围内，Easterlin 悖论对经济发展政策制定者提出了挑战，即在制定政策时如何让公众更为满意。其他经济学领域的学者们也沿着这一条主线从事相关方面的研究，如基于收入是否充足等主观数据而开展的研究（Praag 和 Frijters，1999）。大约从1990年开始，对主观福利的经济学研究呈现逐步增加的态势。这要归功于英国经济学领域的学者 Andrew Oswald 及其合作者的研究，以及长期从事经济心理学研究的 Bruno Frey（Frey 和 Stutzer，2002；Oswald，1997）。

Easterlin 悖论，是收入和幸福感研究中最具有争议性的部分。Easterlin（1974）认为，生活满意度与经济增长之间没有联系。在过去的40年里，Easterlin 和其他许多学者用发展中国家和发达国家的截面数据和纵向数据，对该结论进行反复论证（Easterlin 和 Sawangfa，2010）。Graham 等（2010）甚至得出人均收入增长率和幸福感之间是负相关的结论，这一结论也被打上了"非幸福增长悖论"的标签。还有其他一些学者的研究也为 Easterlin 悖论提供了证据。例如，Blanchflower 和 Oswald（2004）发现，在过去25年里，美国居民的幸福感水平在不断下降，英国居民的幸福感几乎保持不变。然而，美国黑人的幸福感却有所提高。自20世纪70年代以来，美国白人女性的幸福感下降得最多。上述研究的结论与 Easterlin 的假设是一致的。

同时，还有一些学者声称，他们的研究证据并不支持 Easterlin 悖论（Deaton，2008；Stevenson 和 Wolfers，2008）。然而，几个主流学者认为，这些证据支持力度太弱，并没有办法解决 Easterlin 悖论（Easterlin 和 Sawangfa，2010；Layard 等，2010）。学术界现在的普遍共识是，经济增长和幸福感之间的关系较为复杂，需要在更长时期内收集更多系统性数据，来厘清两者之间的关系（Diener 等，2010）。

许多学者都尝试着去解释这个悖论。例如，有研究通过对来自 OECD 国家的400 000 人在 1975—1997 年间的数据进行分析，发现幸福感与绝对收入、国家提供福利的慷慨程度及预期寿命之间存在正相关关系，但与平均工作时间、环境恶化、犯罪、贸易开放、通货膨胀及失业率之间呈现负相关关系（Di Tella 和 MacCulloch，2008）。学者们坚持认为，如果收入是效用函数的唯一参数，那么无法解释的幸福感趋势甚至会比可预测到的更大。换言之，遗漏变量的引入，将会进一步支持"收入增加但幸福感基本不变"的悖论。Di Tella 和 MacCulloch（2010）使用盖洛普国际幸福指数数据，研究发现经济增长可以增加落后国家居民的幸福感，但是对发达国家居民几乎没有影响。这种差异由适应效应所导致，例如在收入增加之后的几年，幸福感会逐渐降低（Di Tella 和 MacCulloch，2010）。

Clark 等（2008）对幸福感文献进行了综合回顾，强调了效用函数框架下社会比较和自我对比的重要性（Clark 等，2008）。此外，Graham 等（2010）推测，其他一些因素，如微观或者宏观数据的选择、幸福感问卷调查的设计、样本涵盖的国家及一些可能产生影响的中介因素，都会对以人均收入为代表的经济增长和幸福感之间的关系产生影响。

1.3.3 宏观经济指标与幸福感

近年来，越来越多经济学领域的学者开始关注幸福感数据，并试图将其与很多宏观经济指标相联系。他们认为，把幸福感数据运用于经济学研究是自然的趋势，因为经济学中的很多问题普遍与幸福感有关。利用幸福感数据，经济学领域的学者们可以很简单地比较不同情景下福利的测度，以及导致福利发生改变的因素（Di Tella 和 MacCulloch，2006）。

宏观经济的变化可能会影响整个国家的幸福感。Di Tella 等（2003）对来自欧洲和美国 20 世纪 70 年代至 90 年代的 250 000 个随机样本进行分析，发现受访者报告的经济福利变化与宏观经济变量（如 GDP 等）的改变存在着一定的联系。在经济萧条时期，人们精神的失落加剧了 GDP 的下降和失业率的上升。福利国家模式成为经济萧条的重要补偿举措，较高的失业率可通过较高的国民福利予以缓解（Di Tella 等，2003）。

不理想的宏观经济指标对幸福感有着不同程度的负面影响。研究表明，当通货膨胀和失业率较低的时候，人们会更开心。从边际的角度来看，失业带来的幸福感压抑，要比通货膨胀明显得多。Di Tella 等（2001）的研究表明，失业率每上升 1 个百分点对人们幸福感的影响相当于通货膨胀率上升 1.7 个百分点所带来的影响。换言之，对于消费者来说，失业似乎比通货膨胀更加令人感到痛苦（Di Tella 等，2001）。

1.3.4 经济政策与幸福感

经济学和心理学领域的学者们，试图把幸福感数据运用于经济政策的制定。为此，学者们提出了国民时间账户的概念，并且通过 U 指数把幸福感数据引入经济政策的制定过程中（Kahneman 和 Krueger，2006；Krueger，2009）。上述研究发现，国民收入账户和国民时间账户合并起来才能真正代表人们的经济福利。于是，学者们提出了一种测度主观福利的方法，即 U 指数，其表示某个个体或某个群体在不愉快的情绪状态下度过的时间的百分比。不愉快的情绪状态指的是在经济效用分析框架下将最强的消极情绪编码为1的一段时间间隔。

公众对社会政策的看法，可能会受到主观福利的影响。激进的政策制定者也需要考虑公众的看法，并且从客观角度对现存的或新的社会政策所产生的影响进行评价（Veenhoven，2002）。Wong等（2006）利用中国香港的数据进行分析，发现公众对社会性项目的看法与主观福利评价之间存在正相关的关系。消费者对不同公共政策的看法，可能会对幸福感产生差异化影响。根据对中国北京居民随机电话采访数据的研究，Sun和Xiao（2012）发现，人们感知到的社会保障公平对生活满意度的影响是收入分配政策的4倍。

1.3.5 财务满意度

财务满意度是经济福利的一种主观测度。已有研究分析了财务满意度的影响因素。收入是影响财务满意度的重要决定因素。例如，来自美国社会综合调查的数据显示，由于收入的定义不同，其对财务满意度的影响也会存在差异（Hsieh，2004）。此外，Vera-Toscano等（2006）对西班牙的国民调查数据进行分析，发现不仅收入水平会影响财务满意度，预期的收入水平也会影响财务满意度。同时，基于美国消费者的样本数据，Grable等（2013）研究发现，感知到的收入充足性与财务满意度之间呈正相关关系。

已有研究也发现了影响财务满意度的其他因素。财务满意度可能与理财行为、金融知识及风险承受力等有关，Joo和Grable（2004）采用美国文职工作人员样本数据进行研究，并得到了相关证据支持。此外，Hansen等（2008）通过研究挪威老年消费者的数据，发现财务情况（如资产负债水平）会影响财务满意度。对于转型经济体，如阿尔巴尼亚等国家，研究表明，非正式员工的财务满意度比正式员工低（Ferreri-Carbonell和Gerxhani，2011）。以欧洲9个国家的数据为例，研究发现在某种程度上收入与财务满意度是正相关的，而其他变量，如家庭特征的差异等，只解释了影响财务满意度方差的30%（Seghieri等，2006）。基于美国数据的研究表明，消费者财务满意度与消费者的理财能力密切相关（Xiao等，2014）。

1.4 消费者福利

1.4.1 消费者福利的概念

消费者福利（Consumer Wellbeing，CWB）被认为是由市场营销领域的学者们率先涉足的新兴领域，参见Pancer（2009）关于该主题的信息性历史分析。作为消费者福利研究的先驱，Sirgy（2008）从5个道德维度对有关消费者福利的研究进行了归类，即消费者主权伦理、不伤害责任伦理、利益相关者伦理、社会公平伦理及人类发展和生活质量伦理。上述伦理被认为是学者们在消费者福利领域进行深入研究的动机。

在回顾了14个有关消费者福利的概念及其测度方法的研究后，Sirgy等（2007）发现，所有的消费者福利和测量方法的研究都建立在以下直接或间接假设的基础之上，即消费者福利水平越高，他们的生活质量或生活水平也越高。从某种意义上说，消费者福利是度量生活质量的子领域之一。

Sirgy 和 Lee（2006）指出，对消费者福利进行较为理想的界定应该涵盖以下几方面内容：（1）消费者在市场参与过程中的不同体验；（2）通过消费者福利来反映个人及社会福利；（3）具有高度的可分析性和实用性，可以帮助决策者明确诱因，从而采取应对措施。

在回顾了消费者福利的 10 种测量方法后，Sirgy 和 Lee（2006）提出了他们对消费者福利的定义，即消费者在购买商品或服务过程中的体验。其中，消费体验包括消费者在既定情景中获得、准备、消费、拥有所有权、维持或处理特定种类商品和服务的过程。上述既定情景，指的是在很大程度上对消费者和社会都有利的外部条件。同时，他们强调可以从人口和地理环境特征角度，将消费人口进行分类，从而使政策制定者能够更好地应用上述对消费者福利进行度量的指标。与其他的消费者福利测量方法相比，该界定方法更加综合、宏观和实用。然而，他们认为，此定义过于局限于宏观层面，从而忽略了其他重要因素，如消费者社会化、社会活动参与及社会诱因等。进一步地，该定义在对消费者福利进行界定时，也过于强调了物质主义（Malhotra，2006）。此外，该定义尚未解决公共和个人政策制定过程中的消费者代表性问题。Sirgy 等（2006）也提出了几个具体的消费者福利概念，如基于过程、社区、产品及消费的消费者福利。

1.4.2 基于过程的消费者福利

基于过程的消费者福利，主要是从消费者整体消费过程这方面来加以考虑（Lee 等，2002）。该测量方法主要基于自下而上的溢出概念，从 5 个主要维度来衡量消费者对商品和服务的满意度，即获得、拥有、消费、维持及处理。消费者福利和生活满意度自下而上的溢出，是满意度层次模型的概念化应用。其基本假设前提是，总体生活满意度与生活的各个主要和次要方面存在函数上的相关关系。以大学生调查样本数据为例，研究发现，上述测量方法对前文提及的生活满意度 5 个维度中的 3 个维度——获得、拥有和消费——具有预测有效性。

1.4.3 基于社区的消费者福利

基于社区的消费者福利，建立在消费者所体验到的福利概念的基础之上，即消费者对当地市场消费体验的满意度，其主要涉及：（1）在当地购买所需的消费品和服务；（2）出于个人使用需求准备在当地购买的耐用消费品；（3）消费在当地购买的商品和服务；（4）拥有在当地购买的耐用消费品；（5）在当地使用维修和保养服务；（6）在当地使用销售、交易和处置等服务。Sirgy 等（2008）采用在商场访问消费者的方法，收集了 9 个国家的 10 个当地商场的数据，考察了消费者福利与生活满意度等其他类型福利的关系，所获数据支持了该测量方法的预测有效性（Sirgy 等，2008）。

1.4.4 基于产品的消费者福利

以手机的使用为例，Sirgy 等（2007）提出了基于产品的消费者福利测度方法。该测度方法基于对总体生活质量的感知，分析手机使用对消费者福利的影响，即手机用户对他们的手机在不同的生活方面——如社会生活、闲暇生活、家庭生活、教育生活、健康安全、爱情生活、工作生活及理财生活等方面——所产生影响的主观认知，决定了手机使用对生活质量的总体影响。反之，在给定的生活方面，如社会生活和闲暇生活方面，手机的影响由其在该生活方面所带来的利益和增加的成本所决定。Sirgy 等（2007）使用大学生和成人两类人群的数据分别开展两项分析，以捕捉手机使用对感知到的生活质量的成本和收益的影响。

1.4.5 基于消费的消费者福利

基于消费的消费者福利，可以用个人的出行方式来测量。该测量基于以下理论观点：个人交通出行工具的消费已经能够全面满足人类发展的需要。例如，为了满足安全、经济、家庭、社会、自尊、实现、知识和艺术品味等的需要，人们在个人出行方式方面的消费者福利会显著增强。消费者福利测度的有效性可通过已有 3 个研究中对该测度架构下的各种前因和后果的探究来进行检验（Sirgy 等，2006a）。

1.5 消费者经济福利

消费者经济福利指的是消费者有足够多的经济资源使其能够拥有舒适的生活状态。该定义与家庭视角下的家庭经济福利的定义（Xiao，2012）及个人理财规划视角下的财务福利的定义（Joo，2008）相似。消费者经济福利可以从主观和客观两个方面来测量。在客观方面，有 4 个维度的指标可以用来测量消费者经济福利，即收入、支出、负债和资产。上述指标也被称为收入、花销、借贷和储蓄。值得注意的是，在上述 4 个维度指标的基础上，可以形成更多的测度指标。例如，净资产是资产与负债之差。收入是消费者经济福利测度的最为重要的指标。由于税收和必要储蓄的存在，名义收入和实际收入会有明显的不同。消费者支出能够更好地测量消费者经济福利，因为其可以用来衡量消费者当前的消费水平。消费者负债，指的是消费者把未来的收入用于当前的消费，而消费者储蓄意味着消费者放弃当前的消费以换取未来的消费。总而言之，支出或消费是 4 个维度指标中最为重要的指标。如果消费者能够相比于同龄人或自己以前保持相当的消费水平，那么将被认为表现得不错。消费者经济福利同样也可以从主观方面进行测度，如从财务满意度、收入满意度及退休储蓄满意度等方面测度。表 1-1 列出了直接测度消费者经济福利的指标。

表 1-1　　　　　　　　　　消费者经济福利测度指标

	客观测度	主观测度
直接测度	收入	收入满意度
	负债	财务满意度
	支出	消费满意度
	资产	
	净资产	
	消费者权利	
工具性测度	理财能力	对金钱的态度
	理财行为	风险承受能力
	理财知识	

在市场活动中，个人消费者比商业企业更容易受货币和非货币因素的侵害。为了能够取得在市场中的议价权，消费者应该更加积极地参与公共政策的制定过程，从而寻求和维护自身的权益。在政治层面，消费者权利是消费者经济福利的衡量指标。

消费者经济福利也会受到工具性测度指标的影响。为了提升消费者经济福利，消费者需要有效管理他们的现金，拥有一定的理财知识，并且要有较好的理财行为。此外，消费者需要在理财的过程中权衡收入与风险，从而做出恰当的抉择（见表1-1）。

消费者经济福利会受到很多因素的影响。影响消费环境的关键因素有政府、商业企业、大众媒体和技术等，如图1-1所示。政府通过经济政策的制定影响消费者的收入、支出、负债和资产；商业企业为消费者提供赚钱和消费的机会；不同国家的政府或者商业企业会通过大众媒体来影响和引导消费者的消费行为和其他经济行为；先进的技术，尤其是信息技术，在日常生活方面改变了世界，向消费者提供新型的产品和服务，从很多方面提高了消费者生活的舒适水平。

图1-1　消费者经济福利

1.6　本书重点和框架结构

本书的重点是回顾与消费者经济福利有关的消费者收入、支出、借贷和储蓄等方面的文献，并讨论消费者经济福利指标如何受消费环境的影响。关注上述议题的已有文献主要来自消费者科学、经济学、商业和其他社会科学等多学科领域。

本书主要包括三大部分：第一部分，讨论与消费者经济福利相关的基本概念，除了本章外，将有两个章节讨论消费者权利和消费者能力；第二部分，讨论影响消费者经济福利的外在环境，包括政府、商业企业、大众媒体和互联网等；第三部分，讨论消费者经济福利的主要构成部分，包括消费者收入、支出、借贷及储蓄等。

本书将致力于从消费者的视角讨论消费者经济福利，与心理学、经济学和市场营销学等研究视角存在明显不同。从消费者的视角进行研究，更倾向于整合所有相关学科的信息以提升消费者权益。此外，本书还可为公共政策的制定者、商业专业人士和消费者领袖等人群提供有用的决策信息，以促进消费者福利的提升。个人消费者也可以通过阅读本书，认识和理解相关的研究理论和研究发现，进而有助于增加自身的经济福利。

参考文献

［1］Achor, S. (2010). The happiness advantage. New York: Random House.

［2］Alesina, A., Di Tella, R., & MacCulloch, R. (2004). Inequality and happiness: Are Europeans and Americans different? Journal of Public Economics, 88(9), 2009–2042.

［3］Arthaud-Day, M. L., & Near, J. P. (2005). The wealth of nations and the happiness of nations: Why "accounting" matters. Social Indicators Research, 74, 511–548.

［4］Bennett, M. K. (1951). International disparities in consumption levels. American Economic Review, XLI, 632–649.

［5］Binder, M., & Coad, A. (2010). An examination of the dynamics of well-being and life events using vector autoregressions. Journal of Economic Behavior & Organization, 76(2), 352 371.

［6］Blanchflower, D. G., & Oswald, A. J. (2004). Well-being over time in Britain and the USA. Journal of Public Economics, 88(7), 1359–1386.

［7］Campbell, A. C., Converse, P. E., & Rodgers, W. L. (1976). The quality of American life. New York: Russell Sage.

［8］Clark, A. E., Frijters, P., & Shields, M. A. (2008). Relative income, happiness, and utility: An explanation for the Easterlin paradox and other puzzles. Journal of Economic Literature, 46(1), 95 144.

［9］Cummins, R. A. (2000). Personal income and subjective well-being: A review. Journal of Happiness Studies, 1, 133–158.

［10］De Neve, J. E., & Oswald, A. J. (2012). Estimating the influence of life satisfaction and positive affect on later income using sibling fixed effects. Proceedings of the National Academy of Sciences, 109(49), 19953–19958.

［11］Deaton, A. (2008). Income, health and wellbeing around the world: Evidence from the Gallup World Poll. The Journal of Economic Perspectives, 22(2), 53–72.

［12］Di Tella, R., Haisken-De New, J., & MacCulloch, R. (2010). Happiness adaptation to income and to status in an individual panel. Journal of Economic Behavior & Organization, 76(3), 834–852.

［13］Di Tella, R., & MacCulloch, R. (2006). Some uses of happiness data in economics. The Journal of Economic Perspectives, 20(1), 25–46.

［14］Di Tella, R., & MacCulloch, R. (2008). Gross national happiness as an answer to the Easterlin Paradox? Journal of Development Economics, 86(1), 22–42.

［15］Di Tella, R., & MacCulloch, R. (2010). Happiness adaptation to income beyond "Basic Needs". InE. Diener, J. F. Helliwell, & D. Kahneman (Eds.), International differences in well-being (pp. 139 165). Oxford: Oxford University Press.

［16］Di Tella, R., MacCulloch, R. J., & Oswald, A. J. (2001). Preferences over inflation and unemployment: Evidence from surveys of happiness. The American Economic Review, 91(1), 335–341.

［17］Di Tella, R., MacCulloch, R. J., & Oswald, A. J. (2003). The macroeconomics of happiness. Review of Economics and Statistics, 85(4), 809–827.

［18］Diener, E. (1984). Subjective well-being. Psychological Bulletin, 95, 542–575.

［19］Diener, E., & Biswas-Diener, R. (2002). Will money increase subjective well-being? Social Indicators Research, 57(2), 119–169.

［20］Diener, E., Helliwell, J. F., & Kahneman, D. (2010). International differences in well-being. Oxford: Oxford University Press.

［21］Diener, Ed., Carol Nickerson, Richard E. Lucas, and Ed Sandvik. (2002). Dispositional affect and job outcomes. Social Indicators Research, 59(3), 229–259.

［22］Diener, E., Suh, E. M., Lucas, R. E., & Smith, H. L. (1999). Subjective well-being: Three decades of progress. Psychological Bulletin, 125, 276–302.

［23］Dolan, P., Layard, R., & Metcalfe, R. (2011). Measuring subjective well-being for public policy. Retrieved from http://eprints.lse.ac.uk/35420/1/measuring-subjective-wellbeing- for-public policy.pdf.

[24] Easterlin, R. A. (1974). Does economic growth improve the human lot? In P. A. David & M. W. Reder (Eds.), Nations and households in economic growth: Essays in honor of Moses Abramovitz. New York: Academic Press.

[25] Easterlin, R. A., McVey, L. A., Switek, M., Sawangfa, O., & Zweig, J. S. (2010). The happiness income paradox revisited. Proceedings of the National Academy of Sciences, 107(52), 22463–22468.

[26] Easterlin, R. A., Morgan, R., Switek, M., & Wang, F. (2012). China's life satisfaction, 1990–2010. Proceedings of the National Academy of Sciences, 109(25), 9775–9780.

[27] Easterlin, R. A., & Sawangfa, O. (2010). Happiness and economic growth: Does the cross section predict time trends? Evidence from developing countries. In E. Diener, J. F. Helliwell, & D. Kahneman (Eds.), International differences in well-being (pp. 166–216). Oxford: Oxford University Press.

[28] Estes, R. J. (1995). Praxis: Resources for social and economic development: A database of worldwide resources pertaining to national and international social development "published" on Lynx and the World Wide Web. Retrieved from http://caster.ssw.upenn.edu/~restes/praxis.html.

[29] Ferrer-i-Carbonell, A., & Gërxhani, K. (2011). Financial satisfaction and (in) formal sector in a transition country. Social Indicators Research, 102(2), 315–331.

[30] Fogel, R. W. (1986). Nutrition and the decline in mortality since 1700: Some preliminary findings. In S. L. Engerman & R. E. Gallman (Eds.), Long-term trends in American economic growth (pp. 439–555). Chicago: University of Chicago Press.

[31] Fogel, R. W. (1993). New sources and new techniques for the study of secular trends in nutritional status, health, mortality, and the process of aging. Historical Methods, 26 (Winter), 1–44.

[32] Fowler, J. H., & Christakis, N. A. (2008). Dynamic spread of happiness in a large social network: Longitudinal analysis over 20 years in the Framingham Heart Study. British Medical Journal, 337 (768), a2338.

[33] Frey, B. S. (2011). Happy people live longer. Science, 331(6017), 542–543.

[34] Frey, B. S., & Stutzer, A. (2002). What can economists learn from happiness research? Journal of Economic Literature, 40(2), 402–435.

[35] Grable, J. E., Cupples, S., Fernatt, F., & Anderson, N. (2013). Evaluating the link between perceived income adequacy and financial satisfaction: A resource deficit hypothesis approach. Social Indicators Research, 114, 1109.

[36] Graham, C., Chattopadhyay, S., & Picon, M. (2010). The Easterlin and other paradoxes: Why both sides of the debate may be correct. In E. Diener, J. F. Helliwell, & D. Kahneman (Eds.), International differences in well-being (pp. 247–288). Oxford: Oxford University Press.

[37] Graham, C., Eggers, A., & Sukhtankar, S. (2004). Does happiness pay?: An exploration based on panel data from Russia. Journal of Economic Behavior & Organization, 55(3), 319–342.

[38] Guven, C. (2012). Reversing the question: Does happiness affect consumption and savings behavior? Journal of Economic Psychology, 33(4), 701–717.

[39] Hansen, T., Slagsvold, B., & Moum, T. (2008). Financial satisfaction in old age: A satisfaction paradox or a result of accumulated wealth? Social Indicators Research, 89(2), 323–347.

[40] Heady, B., Muffels, R., & Wooden, M. (2008). Money does not buy happiness: Or does it? A reassessment based on the combined effects of wealth, income and consumption. Social Indicators Research, 87, 65–82.

[41] Hsieh, C. M. (2004). Income and financial satisfaction among older adults in the United States. Social Indicators Research, 66, 249–266.

[42] Jackson, T., Marks, N., Ralls, J., & Stymne, S. (1998). Sustainable economic welfare in the UK, 1950–1996. London: New Economics Foundation.

[43]Jones, W. O., & Merat, C. (1962). Consumption of exotic consumer goods as an indicator of economic achievement in ten countries of tropical Africa. Food Research Institute Studies, 3(1),35–60.

[44]Joo, S. (2008). Personal financial wellness. In J. J. Xiao (Ed.), Handbook of consumer finance research (pp. 21–34). New York: Springer.

[45]Joo, S., & Grable, J. E. (2004). An exploratory framework of the determinants of financial satisfaction. Journal of Family and Economic Issues, 25(1), 25–50.

[46]Kahneman, D., & Deaton, A. (2010). High income improves evaluation of life but not emotional well-being. Proceedings of the National Academy of Sciences, 107(38), 16489–16493.

[47]Kahneman, D., & Krueger, A. B. (2006). Developments in the measurement of subjective well-being. Journal of Economic Perspectives, 20(1), 3–24.

[48]Komlos, J. (1995). The biological standard of living on three continents: Further exploration in anthropometric history. Boulder, CO: West view.

[49]Krueger, A. B. (Ed.). (2009). Measuring the subjective well-being of nations: National accounts of time use and well-being. Chicago: University of Chicago Press.

[50]Kuznets, S. (1933). National income. In E. R. A. Seligman & A. Johnson (Eds.), Encyclopedia of the social sciences (Vol. 11, pp. 205–224). New York: Macmillan.

[51]Kuznets, S. (1946). National income: A summary of findings. New York: National Bureau of Economic Research. Layard, R., Mayraz, G., & Nickell, S. (2010). Does relative income matter? Are the critics right? In E. Diener, J. F. Helliwell, & D. Kahneman (Eds.), International differences in well-being(pp. 139–165). Oxford: Oxford University Press.

[52]Lee, D., Sirgy, M. J., Larsen, V., & Wright, N. D. (2002). Developing a subjective measure of consumer well-being. Journal of Macromarketing, 22(2), 158–169.

[53]Lucas, R. E., Diener, E., & Suh, E. (1996). Discriminant validity of well-being measures. Journal of Personality and Social Psychology, 71, 616–628.

[54]Lyubomirsky, S., King, L., & Diener, E. (2005). The benefits of frequent positive affect: Does happiness lead to success? Psychological Bulletin, 131(6), 803.

[55]Lyubomirsky, S., Tkach, C., & DiMatteo, M. R. (2006). What are the differences between happiness and self-esteem? Social Indicators Research, 78(3), 363–404.

[56]Malhotra, N. K. (2006). Consumer well-being and quality of life: An assessment and directions for future research. Journal of Macromarketing, 26(1), 77–80.

[57]McGranahan, D. V., Richard-Proust, C., Sovani, N. V., & Subramanian, M. (1970). Contents and measurement of socio-economic development: An empirical inquiry. Report No. 70.10. Geneva: United Nations Research Institute for Social Development.

[58]Michalos, A. C. (2008). Education, happiness and wellbeing. Social Indicators Research, 87(3), 347–366.

[59]Morris, M. D. (1979). Measuring the condition of the world's poor: The physical quality of life index. New York: Pergamon.

[60]Nordhaus, W. D., & Tobin, J. (1973). Is growth obsolete? In M. Moss (Ed.), The measurement of economic and social performance (pp. 509–532). New York: Columbia University Press.

[61]Oishi, S. (2012). The psychological wealth of nations: Do happy people make a happy society. Malden, MA: Wiley-Blackwell.

[62]Oishi, S., Diener, E., & Lucas, R. E. (2007). The optimum level of well-being: Can people be too happy? Perspectives on Psychological Science, 2(4), 346–360.

[63]Oishi, S., Kesebir, S., & Diener, E. (2011). Income inequality and happiness. Psychological Science, 22(9), 1095–1100.

[64]Osberg, L. (2001, November 17). Isn't it well being that we want to improve? The metric of evaluation. Paper presented at From Theory to Practice: International Conference on Evaluation Meth-

odology, Ottawa, ON.

[65]Osberg, L., & Sharpe, A. (1998, October 30-31). An index of economic well-being for Canada. Paper presented at the CSLS Conference on the State of Living Standards and Quality of Life in Canada, Ottawa, ON.

[66]Oswald, A. (1997). Happiness and economic performance. Economic Journal, 107(November), 1815-1831.

[67]Oswald, A. J., Proto, E., & Sgroi, D. (2009). Happiness and productivity. IZA Discussion Paper No.4645. Bonn: Institute for the Study of Labor.

[68]Pancer, E. (2009). What is consumer well-being? An historical analysis. In R. Hawkins (Ed.), Proceedings of the 14th Biennial Conference on Historical Analysis and Research in Marketing. Wolverhampton, UK: CHARM.

[69]Pavot, W., & Diener, E. (1993). Review of the satisfaction with life scale. Psychological Assessment, 5, 164-172.

[70]Pigou, A. C. (1929). The economics of welfare (3rd Ed.). London: Macmillan. First published 1920.

[71]Schyns, P. (2001). Income and satisfaction in Russia. Journal of Happiness Studies, 2, 173-204.

[72]Seghieri, C., Desantis, G., & Tanturri, M. L. (2006). The richer, the happier? An empirical investigation in selected European countries. Social Indicators Research, 79, 455-476.

[73]Sirgy, M. J. (2008). Ethics and public policy implications of research on consumer well-being. Journal of Public Policy & Marketing, 27(2), 207-212.

[74]Sirgy, M. J., & Lee, D. (2006). Macro measures of Consumer Well-Being (CWB): A critical analysis and a research agenda. Journal of Macromarketing, 26(1), 27-44.

[75]Sirgy, M., Lee, D., Grzeskowiak, S., Chebat, J., Johar, J., Hermann, A., et al. (2008). An extension and further validation of a community-based consumer well-being measure. Journal of Macromarketing, 28(3), 243-257.

[76]Sirgy, M. J., Lee, D., & Kressmann, F. (2006a). A need-based measure of Consumer Well Being (CWB) in relation to personal transportation: Nomo logical validation. Social Indicators Research, 79(2), 337-367.

[77]Sirgy, M. J., Lee, D., & Rahtz, D. (2007). Research on Consumer Well-Being (CWB): Overview of the field and introduction to the special issue. Journal of Macromarketing, 27(4), 341-349.

[78]Sirgy, M. J., Michalos, A. C., Ferriss, A. L., Easterlin, R. E., Patrick, D., & Pavot, W. (2006b). The quality-of-life (QOL) research movement: Past, present, and future. Social Indicators Research, 76, 343-466.

[79]Steckel, R. H., & Floud, R. (1997). Health and welfare during industrialization. Chicago: University of Chicago Press.

[80]Stevenson, B., & Wolfers, J. (2008). Economic growth and subjective well-being: Reassessing the Easterlin paradox (No. w14282). Cambridge, MA: National Bureau of Economic Research.

[81]Stone, R. (1986). Nobel memorial lecture 1984. The accounts of society. Journal of Applied Econometrics, 1(1), 5-28.

[82]Sun, F., Xiao, J. J. (2012). Perceived social policy fairness and subjective well-being. Social Indicators Research, 107(1), 171-186.

[83]UNDP. (2002). Human development report 2002: Deepening democracy in a fragmented world. New York: Oxford University Press.

[84]UNDP. (2013). The rise of the south: Human progress in a diverse world. Human Development Report 2013. New York: United Nations Development Program.

[85]United Nations Department of Economic and Social Affairs. (1961). Report on the world social situation. New York: United Nations.

[86]United Nations Department of Social Affairs. (1952). Preliminary report on the world social situa-

tion. New York: United Nations.

[87]Van Praag, B. M. S., & Frijters, P. (1999). The measurement of welfare and well-being: The Ley-
den approach. In D. Kahneman, E. Diener, & N. Schwarz (Eds.), Well-being: The foundations of
hedonic psychology (pp. 413-433). New York: Russell Sage.

[88]Veenhoven, R. (2002). Why social policy needs subjective indicators. Social Indicators Research,
58(1-3), 33-46.

[89]Vera-Toscano, E., Ateca-Amestoy, V., & Serrano-del-Rosal, R. (2006). Building financial satisfac-
tion. Social Indicators Research, 77, 211-243.

[90]Wong, C. K., Wong, K. Y., & Mok, B. H. (2006). Subjective well-being, societal condition and
social policy-The case study of a rich Chinese society. Social Indicators Research, 78(3), 405-428.

[91]Xiao, J. J. (2012). Chapter 24: Family economic well-being. In G. W. Peterson & K. R. Bush
(Eds.), Handbook of marriage and the family (3rd ed.). New York: Springer.

[92]Xiao, J. J. (2013). Chapter 8: Money and happiness: Implications for investor behavior. In H. Kent-
Baker & V. Ricciardi (Eds.), Investor behavior: The psychology of financial planning and investing
(pp. 153-169). Hoboken, NJ: John Wiley & Sons.

[93]Xiao, J. J., Chen, C., & Chen, F. (2014). Consumer financial capability and financial satisfaction.
Social Indicators Research, 118(1), 415-432.

[94]Zimmerman, S. L. (1995). Understanding family policy: Theories and applications (2nd ed.).Thou-
sand Oaks, CA: Sage.

第2章　消费者权益与经济福利

摘要：本章从政治学的视角讨论了消费者经济福利，即消费者如何通过公共决策过程在市场中行使他们的权利、维护并改善经济福利。在这一章中，我们讨论了消费者权益、消费者议题、消费者权利及消费者代表等内容。因为消费者权利中的隐私权是一种相对新兴的权利，所以我们单独用一个小节来总结关于该权利的相关研究。此外，我们还讨论了消费者主导权的概念，以及个人消费者在市场中保护自己的策略。

2.1　消费者权益

在已有文献中，很难找到消费者权益的直接定义。在早期文献中，有学者将消费者权益分成了两个部分，即经济利益和营销利益。Schooler（1982）认为，经济利益是首要的，营销利益是次要的，并且鼓励消费者权益的保护者更多地关注经济利益。这意味着，在制定经济政策时，应该支持和鼓励维持经济活动、开放市场和稳定价格的连续性。

Scott Maynes（1988）在消费经济学研究领域具有重要影响力，他在对《消费者权益研究前沿》一书进行综述的基础上，讨论了消费者权益这个问题。该书是由美国消费者权益委员会组织编撰的。美国消费者权益委员会是消费经济学研究领域中的主要学术机构，是《消费者事务期刊》的出版机构。Maynes（1976）指出，消费者权益可以从几个不同的角度来解释：（1）任何可以促进取得消费者权利的措施；（2）任何消费者知情且认可的政策、实践、制度和理念（Maynes，1976）；（3）将提案或制度的成本效益评估作为评价效率和公平的手段（Morgan，1985）；（4）消除消费者的顾虑和问题。美国消费者权益委员会支持第一个定义，并将其应用于《消费者权益研究前沿》一书中。

Mayer和Brobeck（1997）阐述了导致定义消费者权益困难的3个原因：消费者权益可以是主观的，也可以是客观的；不同的消费者群体，可能有不同的、有时甚至是矛盾的权益；个人消费者也可能有多样的、相互冲突的权益。尽管如此，他们仍然认为在以下4种情况中使用消费者权益对消费者是有帮助的，即当消费者获得必需品时；当消费者从购买过程中实现金钱效益最大化时；当从竞争、代理、信息和赔偿方面进一步改善市场流程时；当消费者权益和其他权益——公司权益、劳动力权益和环境权益——

产生矛盾时。

市场营销学教授Forbes（1987）讨论了消费者权益的特征，即权益的扩散（消费者扮演的不同角色和购买的不同产品，使得消费者权益进一步扩散）、强度较低（消费者的个人意识比社会中其他角色的意识低）、组织困难（不像商业或劳工团体那样能够有效地进行组织）、有时相互矛盾（在两个个体或群体寻求相同目标时可能会出现权益冲突）、特殊权益的特定性（与消费者相比，企业家作为生产者具有更为直接的特定利益）。他把消费者权益定义为政府在经济系统中对个人作为消费者的权益和个人或组织作为劳动力、资本提供者的权益之间所做的平衡。他认为消费者权益很难定义，但如果需要的话，应该从管理的角度来定义。

消费者和权益这些术语具有多种含义，因此定义消费者权益十分困难。正如第1章讨论的那样，消费者的含义有狭义和广义之分。狭义的消费者仅仅指使用市场上商品的人，而广义的消费者泛指存在消费的个体。根据《韦氏英英字典》（1995年修订版）的解释，权益至少有下列这些含义：权利、福利、关注、财务支出等。当消费者权益被应用到消费者研究的文献中，它就代表着消费者权利、消费者福利或者消费者关注。从政治学的角度来说，消费者权益就意味着消费者权利。如果我们采用消费者的狭义定义并考虑权益的多种含义，消费者权益可以被定义为购买或者使用市场商品时消费者的福利。从政治和法律角度看，消费者权益可以被表述成消费者权利，因为在大多数案例中，消费者权利来自于消费者的相关议题。

2.2 消费者议题

消费者所遇到的问题是指消费者在使用市场商品或服务时的不满。而消费者议题，则是指那些升级到公众层面的消费者问题。在文献中，这两个术语是可以交替使用的。Maynes等（1977）讨论了市场经济中消费者所面临的问题，即企业和消费者之间力量的不对称、弱势消费者所面临的问题、信息不完全的消费市场、垄断所引起的问题、消费者的不满，以及消费者权益无法得到维护等。消费者主权的概念，已经在Adam Smith阐述消费是经济活动的本质目标时出现过。尽管如此，由于这些消费者问题的存在，实现消费者主权这一目标任重而道远。

消费者议题在不同国家之间存在着本质上的差异。Thorelli（1988）比较了发达国家和欠发达国家的消费者相关议题。他首先创造了一个用于跨文化比较的框架，即市场生态。然后，他从消费者特征与价值观、产品、消费者搜索策略、卖家策略、市场机构和市场系统绩效几个维度比较了发达国家和欠发达国家的市场系统。他认为欠发达国家的消费者问题主要来自于产品安全、假冒伪劣产品、虚假或误导性信息、腐败、高昂的营销成本、无组织的消费者行为、超级通胀及跨国公司等。在发达国家，消费者问题则来自于产品安全、消费者信息、消费者教育、质量、非大城市市场、同质化还是个性化、信任缺失、参与、竞争质量及消费者运动的前景等。而在发达国家与欠发达国家之间共同存在的消费者问题，则是误导性广告和保护主义。尽管Thorelli的论文发表在20多年前，但是他所提及的许多在发达国家和欠发达国家的消费者问题，以及二者间的差异，仍然存在。

2.3 消费者权利

消费者权利，可以分为道德权利和法律权利。消费者道德权利，指的是消费者在市场中与商业企业交易时道义上应该拥有的权利。消费者法律权利，则是政府法律或者规章制度明确规定的权利。"肯尼迪总统"在关于消费者权利的文献中是很重要的搜索关键词，因为他首次在全球范围内提出消费者权利的概念和4种特定的消费者权利。1962年3月15日，他向国会提交的总统报告中就提到了消费者权利的相关内容，之后这一天被许多国家公认为国际消费者保护日。上述提及的4种消费者权利分别是安全权、知情权、选择权及发声权。正如肯尼迪总统的代笔者所回忆的那样，这些权利是当时总统顾问整理的国家所面临的重要问题清单中的内容（Lampman，1988）。之后，1969年10月30日，尼克松总统向国会提出了"购买者权利"这一概念。该权利被消费者领域的学者称为消费者索赔权。1975年，福特总统将消费者教育权也引入消费者权利中，但直到1994年这一概念才得到消费研究领域的学者和包括克林顿总统在内的相关专业人士的承认。1994年，克林顿总统提出消费者在服务业中应享有的权利，并将10月23日到29日确定为"全国消费周"。此外，早在1984年，国际消费者联盟组织（International Organization of Consumer Unions，IOCUs）（该组织于1995年更名为消费者国际（Consumers International，CI））提出了消费者具有享受清洁环境的权利。

提出消费者权利的概念和上述消费者权利，对美国乃至世界的消费者保护都具有长期而深远的影响。首先，这是为数不多的几次由美国总统直接提及消费者权利的提案，在当时提出消费者权利是新颖的，并且是具有革命性的举动；其次，前文所述4项权利是20世纪60年代和70年代社会改革的工作议程，许多与这些权利有关的消费者保护法已在国会提出并获得通过，成为消费者保护的相关法律；最后，与这些权利相关的议题在当代仍然具有重大意义（Swagler，1997）。

然而，这些被总统们提出的消费者权利也有一定的局限性。这些权利是从政府对消费者保护的角度提出的，并不是自下而上地赋予消费者的权利。另一个局限就是，这些权利有可能自相矛盾，如消费安全权和选择权（Swagler，1997）。另外，这些权利的综合性不足，并且忽视了其他一些重要的权利，如消费者隐私权等。

总统们所提出的消费者权利，被认为是公共政策制定三大步骤中的第一步。另外两个步骤针对的是特定消费者议题的立法和更加具体的行政法规制定。此外，为了提高效率以达到应有效果，消费者权利也应该考虑到社会成本和收益之间的平衡（Lampman，1988）。

与国际消费者权益保护有关的众多社团一直支持消费者权利这一理念。例如，国际消费者联盟组织与联合国一起工作了十年之久，最终联合国在1985年采纳了《联合国消费者保护准则》。1999年，该准则的扩充修订版颁布，体现了上述讨论的消费者权利所产生的影响。该准则主张消费者应该在以下几个方面得到保护：人身安全、经济利益、消费的商品及服务的安全和质量标准、基本消费品和服务的配套设施、使消费者获得补偿的措施、提供教育培训和信息咨询项目，以及可持续消费的推动等（United Nation，2003）。有趣的是，该准则并没有包括消费者的发声权。

消费者国际网站公布的消费者权利（Consumers International，2010）反映了国际消费者所倡导和认可的消费者权利，主要有以下几个重要方面：

第一，基本需要的满足权——能获得基本必要的商品和服务，如足够的食品、衣服、住房、医疗保障、教育、公用事业、水和卫生等。

第二，安全权——保护消费者不受那些对健康和生活有害的产品、生产过程或服务等的危害。

第三，知情权——有权获得为做出明智选择所需要的信息，防止受到虚假或误导性广告和标签等的影响。

第四，选择权——有权在一系列产品和服务中做出选择，在确保商品质量的前提下，有多种竞争性价格可供选择。

第五，听证权——政府政策的制定和执行过程，以及产品和服务的开发过程应该有消费者权益代表的参与。

第六，索赔权——公平处理正当索赔，包括对虚假信息、劣质商品或不满意服务等的赔偿。

第七，消费者受教育权——消费者应当知道基本的消费者权利、责任，以及如何行使它们，获得必要的知识和技能以做出明智和自信的商品或服务的购买决策。

第八，健康环境权——消费者的生活和工作环境不对当代及未来人口的福利造成威胁。

比较消费者国际网站上的八项权利和美国学者们（Lampman 和 Douthittt，1997）提出来的八项权利，我们会发现它们十分相似。唯一的不同就是克林顿提出的便利权，该项权利被消费者国际提出的基本需求权所代替。

《联合国消费者保护准则》的颁布推动了很多国家出台相关的消费者保护法律。《消费者运动百科全书》（Encyclopedia of Consumer Movement，ECM）中记录汇总了许多国家的消费者保护运动（Brobeck，1997）。例如，在经济增长和开放政策的要求下，中国在1984年创立了消费者协会。该协会在不同省份、城市、地区和县城拥有上百个分支协会，是一个准政府机构。1994年1月，中国消费者保护法，即《中华人民共和国消费者权益保护法》正式生效（Xiao，1997）。

2.4　消费者隐私权

消费者国际提出的消费者权利并没有包括消费者隐私权，因为它是一种相对较新的权利，直到近20年才开始显示其重要性。正因为这样，本节将着重阐述这一重要主题。隐私权这个概念，可以追溯到100多年前《哈佛法律评论》上发表的一篇文章（Warren 和 Brandeis，1890）。Westin（1967）关于隐私影响的著作对过去50年内该方面的研究、立法和商业活动都具有重要影响。较早地以消费者隐私作为研究主题的文献，可追溯到20世纪70年代（Hersbergen，1973；Rosen，1977）；也有部分综述研究汇编了最近关于消费者隐私的大量成果（Lanier 和 Saini，2008；Rapp 等，2009；Xu，2009）。

2.4.1 消费者隐私的定义

隐私一般被定义为个人、团体及机构可以决定自己在何时、如何，以及以何种程度的信息与他人进行沟通的权利（Westin，1967）。消费者对隐私的关注主要有三个方面：个人数据被收集和传播时是否透明，以及透明的程度；确保信息不受外部入侵者攻击的信息安全和程序；当个人数据被不当使用或发生错误时的责任追究和补救措施等（Milne 和 Gordon，1993）。

2.4.2 消费者隐私权

第一篇关于消费者隐私权的学术文献是由 Goodwin（1991）完成的。据其所言，消费者隐私权是由政府官员、企业经营者及学者们在 20 世纪 80 年代后期提出来的。消费者隐私，是指对信息披露和消费者交易发生环境的控制。对信息泄露及消费环境两个因素的控制或单方面控制产生了 4 种隐私状态，形成了一个 2×2 矩阵。总体控制两个因素的隐私状态，是指消费者可以同时控制消费时有谁在场，以及谁能了解自己的消费交易和行为。这种类型的交易对隐私的保护规范要求最少，例如，大部分不要求认证消费者身份的现金交易就属于此范畴。环境控制，指的是消费者可以控制环境当中在场的个体，却无法控制信息泄露。可视文本或目录购物交易就是很好的例子：消费者消费时会待在家里并且不被打扰，但是信息却可能会被隐秘地记录下来。信息披露控制，指的是虽然消费环境被入侵，但个人信息依旧安全的状态。其市场营销中的例子包括商场调查或挨家挨户的匿名调查等。在该状态下的隐私，是最容易被概念化和控制的。对两者都没有控制，则代表了这个框架内隐私保护的最低程度：消费者既控制不了消费环境中的交易对象，也控制不了入侵者传播其所收集到的信息。其在市场营销中的例子包括主动打来的陌生电话，与电话销售员、推销人员及市场其调研员之间的个人联系等（Goodwin，1991）。

确保消费者能够控制个人信息的两个机制分别是"选择进入"和"选择退出"（Fletcher，2003）。"选择进入"机制在消费者的哪些数据可以被企业所获得，哪些广告机构可以使用消费者的个人信息，以及消费者接受什么样的营销类型等方面，可以实现更大的控制权。"选择退出"机制也是控制导向型的，但要求消费者了解相关的数据库和清单，并努力寻求退出的方法（Rapp 等，2009）。

2.4.3 消费者对隐私的关注

以美国国内调查为基础，20 世纪 90 年代早期，隐私细分指标被建立起来，根据这个指标，可以把美国人口按对隐私的关注程度分成从高到低的三类人群：第一类人群对隐私的关注程度最高，其又被称为原教旨主义者，他们倡议施行新的法律来防止权利遭受侵害；第二类人群对隐私的关注程度中等，其又被称为实用主义者，他们对隐私问题有一定的兴趣，但是在特定目的下愿意让个人数据被使用；最后一类人群对隐私的关注程度低，可以说是毫不在意的，他们对信息隐私几乎不关注（Dolnicar 和 Jordaan，2007）。

学者们提出了"规避营销"的概念，指消费者努力隐藏自己的信息，继而偏离市场的行为。理论分析发现，如果在市场中收集信息的边际成本足够低的话，低效益消费者隐藏自己的行为会增加收集信息的性价比，并且使卖方在市场中的投入更多。尽管如此，高效益消费者的隐藏会导致卖方在市场中投入更少。此外，低效益消费者的隐藏会直接增加隐私危害，而且偏离市场行为带来的消费者福利损失，要大于消费者隐藏信息带来的福利增加（Hann 等，2008）。

2.4.4 营销和消费者福利

直接邮寄广告、互联网和神经营销这三种营销渠道，会潜移默化地侵害消费者的隐私。

（1）隐私和直接邮寄广告

学者们提出了四个关键的属性，以判定消费者是否会参与到直接邮寄广告的营销活动中，即直接邮寄广告的目标性、数量、许可和补偿。研究发现，对消费者来说最重要的是补偿水平，其次是偏好内容少的广告邮件，再次是目标更加合心意的邮件，即可满足特定需求的邮件，最后才是许可因素（Milne 和 Gordon，1993）。此后，有研究显示，与消费权益倡导者和政策制定者所认为的不同，消费者们对于自身隐私的关注可能相对较少，只有25%的被调查者想要从邮件名单上移除自己的身份信息，并且当营销人员的目的和手段细化之后，这个百分比会进一步下降（Milne 和 Rohm，2000）。

（2）隐私和互联网

大多数消费者不了解自己的个人信息将会如何被处理和使用。部分消费者不会使用要求提供个人数据才能注册的网站，这也使得另一些消费者为了登录而提供一些虚假的或不完整的信息（Sheehan 和 Hoy，1999）。消费者可能会采用决策演算法，将私人信息相关的潜在曝光问题与网站上可用内容的感知价值进行权衡（Rapp 等，2009）。受欢迎的收集消费者数据的方式就是网络横幅广告和弹出式广告（Palmer，2005）。当网上消费者点击促销商品信息时，就会留下cookie（储存在用户本地终端上的数据），而这些cookie会把消费者在电脑系统中的搜索记录保存下来（Charters，2002）。这些cookie留在电脑里，网站管理者可以通过再次访问这些cookie来辨别使用者，从而有针对性地根据消费者的兴趣调整广告。正是由于市场营销人员能够通过潜在的成千上万的各种网站获取相关数据，并将其结合起来积累关于消费者的信息，隐私问题在此时就出现了。同时，又由于这些cookie未经允许就被下载下来，隐私问题就被进一步放大了。此外，很多人使用网络时，并没有意识到可以通过避免一些选择来减少隐私暴露的危害，或者认为在想要访问特定网站时自己并没有其他选择（Palmer，2005）。Miyazaki（2008）考察了cookie的使用作为一种非自愿识别的方式，其信息披露和实践的交互影响如何作用于网络用户的情感或行为。研究发现，cookie的使用和披露都在增加，但是这些cookie的隐蔽使用仍然是一个问题。消费者对cookie使用的消极反应明显地减少，因为他们之前访问网站时就已经泄露了cookie。

（3）隐私和神经营销

新型潜在的隐私入侵包括在不同测试条件下用神经影像来扫描个人大脑（Wilson 等，2008）。随着大脑扫描和其解读的发展，隐私问题可能会加剧。已有实践表明，如果信息与消费者偏好相关，或者信息通过直接广告或互联网使用强化了已经收集到的数据，就可能形成广泛的信息共享。另外一个关注点是，从神经科学研究角度看，偶然病理发现概率为1%~2%，如果将这些数据提供给一些如保险中介那样的公司，就会把消费者置于一种新形式的风险之下，即将他们排除在所需的服务之外，而不是帮助他们获得服务（Rapp等，2009）。

2.4.5 消费者隐私的概念范畴

隐私被认为是一个动态和辩证的概念，其概念范畴广泛且多样化（Margulis，2003a；Margulis，2003b）。信息隐私的概念范畴，可以通过三种不同的方法来解释：第一种方法是从信息互换的角度来解释，即把隐私看成一种有助于理解交易的"隐私运算"，而上述交易则指当消费者为了获取特定利益而乐意互换信息的交易（Klopfer和Rubenstein，1977；Stone和Stone，1990）；第二种方法是从社会契约的角度来解释，即基于社会契约综合理论，构建将信任与组织和个人在信息隐私方面相联系的讨论框架（Donaldson和Dunfee，1994；Donaldson和Dunfee，1995；Donaldson和Dunfee，1999）；第三种方法是从信息控制的角度来解释，在解释隐私现象时强调了感知控制的作用（Westin，1967；Margulis，2003b）。

Xu（2009）把上述理论综合起来，提出了组织概念模型，即消费者在B2C电子商务视角下的信息交互概念模型。根据这个模型，消费者的信息披露决策取决于四个一般因素：（1）隐私态度，如隐私关注度等；（2）与隐私相关的信念，如感知风险、信任和对感知信息的控制等；（3）对个人信息类型的要求；（4）社会性规范。另外，为了回应消费者对隐私日益增加的关注，电子商务网站实施与保护隐私法律相适应的措施，制定相关隐私政策，加入隐私和安全保密计划，并且利用隐私加强技术来保护消费者的个人信息（Xu，2009）。

Culnan和Bies（2003）从公正的角度提出了分析消费者隐私的框架。他们认为，在分配公正、程序公正和互动公正得到满足的前提下，消费者将乐意披露个人信息。分配公正与个人所感知到的结果是否公平有关。消费者在经过成本-收益分析（如果提供个人信息的收益高于成本）或社会比较（比较为不同公司提供相似个人信息的结果）之后，可能会愿意提供个人信息。程序公正，指的是对程序及程序制定过程的公平感知。例如，消费者在个人信息被使用和分享之前，有权将他们的名字从营销名单上移除。互动公正，是指个人从其他人处应受到公平的对待。从消费者交易层面来说，企业会用这个方法来收集消费者的信息，并且以此决定用什么方式来对待消费者（Culnan和Bies，2003）。

2.4.6 消费者隐私的政府保护

关于隐私，Xu（2009）提出了三种主要保护途径：隐私加强技术、行业自我管制和政府立法。欧盟的隐私法和美国的隐私法代表了两种主要的隐私管制模式——综合性立法途径和自我管理途径。上述两种迥异的隐私管制模式反映了两种差异化的隐私观点，即：把隐私看成是基本权利，如人权；把隐私看成是一种工具，如商品。持第一种观点的学者，把隐私看作基本人权，如自由权和生命权（Sopinka，1997；Walczuch和

Lizette，2001）。原教旨主义者认为，隐私是和一系列权利联系在一起的，如自治权和尊重权等（Beaney，1966）。持第二种观点的学者则认为，隐私具有外在价值，而非一种基本权利，也就是说隐私的价值在于它支持、促进和保护了我们所珍惜的其他东西。

美国联邦贸易委员会（Federal Trade Commission，FTC）根据《金融服务现代化法案》（Financial Services Modernization Act，FSMA）（1999）出台了几条有关财务隐私的规定，同时根据《公平信用报告法案》（Fair Credit Reporting Act）（1970）和《儿童在线隐私保护法案》（Children's Online Privacy Protection Act）（1998）对消费者采取了类似的保护。美国联邦贸易委员会（1998）针对数据的收集和使用，提出了五条相关指导原则。这五条主要原则包含了通知（营销人员和广告商告知消费者收集信息的意图）、选择（消费者有权决定个人信息是否可以和如何被使用）、获得（消费者能够看到和获得被收集的数据）、安全（市场营销人员和广告商有义务保护消费者的个人信息）和赔偿（加强确保补偿的机制）。立法机构也考虑了几个法案，用来加强对消费者隐私的保护（Franzak等，2001）。

经济合作与发展组织（Organization for Economic Cooperation and Development，OECD）提出了可代替准则的公平信息实践（Fair Information Practices，FIPs），即根据消费者的需要和期望，给予消费者关于个人信息泄露与随后信息被如何使用的控制权（Culnan，2000）。

2.4.7 企业在消费者隐私方面的自我管制

企业的自我管制，指的是行业组织或认证机构制定的标准，以及成员或协会自愿遵守的标准。在自我管制条件下，企业制定规则，并且强化替代政府监管的程序（Swire，1997）；同时还以许可的形式发放证书，保证了企业行为确实符合它们所声称的公平信息实践的做法（Culnan和Bies，2003）。例如，直销协会（Direct Marketing Association，DMA）将符合其隐私原则作为拥有会员资格的条件（DMA，2003）。此外，还有其他相似的例子，如电子商务上的私人印章，以及在线隐私联盟或TRUSTe等提供的电子服务网站（Xu，2009）。

2.5 消费者代表

2.5.1 国家层面上的消费者权益保护的倡导者

消费者权益保护的倡导者积极倡议、游说和促进消费者权利保护。在美国，消费者权益保护组织代表消费者权益，并且在公共政策制定中对消费者加以保护。主要的消费者权益保护组织包括美国消费者联合会（Consumer Federation of America，CFA）、消费者联盟（Consumer Union，CU）、国家消费者联合会（National Consumers' League，NCL）和公共利益研究团体（Public Interest Research Groups，PURGs）等。《消费者运动百科全书》列举了20多个活跃在美国的消费者权益保护组织（Brobeck，1997）。部分人士，如Ralph Nader、Esther Peterson和Colston Warne等在改变美国消费者保护现状的消费者权益保护运动中做出了重要贡献。

Brobeck（2006）是美国消费者联合会的长期执行负责人，他阐述了该组织在消费者权益保护中使用的策略。当消费者权益保护倡导者寻求消费者保护政策时，他们需要区分事实、偏好和大众利益。事实不仅跟产品的物理特征有关，而且与其对消费者的影响也有关，这些都可以由产品检测来完成。偏好是一种主观的特质，能够通过消费者对产品的选择体现出来，每一个消费者的偏好都是不一样的。而大众利益是指产品的可获得性、可负担性、品质、安全性、便捷性和给予消费者的服务等。上述方面普遍存在，并且影响消费者的相关政策。Brobeck（2006）指出了倡导支持消费者保护政策的几个困境。第一，建立重要的事实并不容易，这些事实包括汽车贷款发放中的歧视现象。第二，消费者偏好并不总是与大众利益相一致，例如，发起设立一种汽车贷款，但消费者实际上却无法负担。第三，在大众利益中存在着权衡，高安全性就意味着更少的可获得性。第四，由于消费者个人与消费者团体的需求不同，大众利益也不尽相同。可负担性对于低收入的消费者来说更重要，而对于中等收入消费者来说，安全性却更重要。第五，与产品有关的大众利益可能与其他社会价值相矛盾，例如，为提高交通效率而提高限速标准的同时，会降低汽车的安全性。Brobeck（2006）建议在支持消费者政策方面采用三个步骤：第一步，了解消费者偏好；第二步，出于效率和公平的考虑，从大众利益的角度评估相关政策；第三步，从更广泛的社会影响方面加以考虑。同时，Brobeck还用机动车燃料效率标准来解释上述三个步骤在支持消费者政策方面是如何发挥作用的。

从社会运动理论中可知，消费者权益保护运动的支持者可分为三类，即为自己寻求利益、为他人寻求利益和为大多数公众寻求利益的人。此外，组织领导者可以分为志愿者和专业人士两类。使用上述区分标准，消费者组织就可以被分成四类（Herrman等，1991）。第一种类型，指的是志愿者领导的以受益者为导向的组织，如抗议食品价格和租金上涨的罢工活动等。第二种类型，指的是志愿者领导的以道德为导向的组织，如州或地方性的消费者团体等。第三种类型，指的是专业人士领导的以受益者为导向的组织，如消费者联盟等。第四种类型，指的是专业人士领导的以道德为导向的组织，如Nader组织等。这四种类型的消费者组织就是按上述顺序在美国历史上出现的。随着不同时期的经济发展，上述四种类型的消费者组织也陆续在其他国家出现。Herrmann等（1988）介绍了上述几种类型的消费者组织及其特征。

2.5.2 州和地方层面的消费者权益保护的倡导者

尽管没有付薪的员工和更多的资源，消费者权益保护组织仍然遍布美国所有的州（Xiao和Richardson，2003）。因此，这些组织经常在私人家庭之外使用邮局信箱开展活动。根据1992年的调查，该类组织的数量已经超过了400个。往往在大城市和污染严重的州，消费者权益保护组织的实力更强（Brobeck，1997）。

有的消费者保护组织专攻贫困问题，如高息信贷条款及高手续费现金支票等问题，或其他一些的具体问题，如公共服务的供给等。许多专门的消费者权益保护团体在立法委员、行政部门成员和新闻界中享有很高的声誉。大多数州和地方上的消费者权益组织都至少发挥了以下三种一般作用中的一种：解决投诉问题、消费者教育和信息传播、游说和监管干预政府对消费者相关政策的制定。

基层消费者权益保护组织一般有以下几个重要特征（Xiao 和 Richardson，2003）：第一，组织内部实现完全自治或者大部分自治；第二，几乎所有的基层政府官员都认为政府在消费者权益保护方面扮演了至关重要的角色；第三，大多数组织更关注利益相关点，如欺诈和滥用的销售行为、价格欺诈和销售有缺陷的产品等；第四，尽管资源有限，但是大多数基层组织由于可以被很多新闻报道，因此拥有较高的透明度（Brobeck，1997）。

州立消费者权益保护组织是最古老的基层消费者组织类型。这些组织由处于中产阶级的专业人士进行运营和维持。他们的主要关注点在于说服州政府推行有效的消费者保护法律。上述组织中，最有成效的组织是弗吉尼亚市民消费者委员会（Virginia Citizens Consumer Council，VCCC）。该组织的主要成就有颁布《弗吉尼亚消费者保护法案》、设立地方消费者保护办公室、促成通过了强有力的《伪劣商品赔还法》（Lemon Law），以及公众代表得到卫生监督管理委员会（Health Regulatory Boards，HRB）的授权。

地方消费者行动组织是基层消费者组织的第二种主要类型。在 20 世纪 60 年代后期，从费城消费者教育和保护组织（Consumer Education and Protective Association，CEPA）中发展起来的投诉组织模式，影响了很多类似的组织。消费者教育和保护组织要求投诉者参与到解决他人投诉的工作中，以此来组织消费者，并将其作为解决他们本身问题的条件。这种解决方法是：消费者通过写投诉信来表达不满和陈述需要解决的问题，然后由 CEPA 成员组成的代表团与商户讨论该投诉，最后组织每周"教育纠察"，直至商户同意解决问题为止。除了应用这种模式之外，上述组织还举行了一些支持性和教育性活动。类似的比较著名的组织包括旧金山消费者行动组织（Consumer Action in San Francisco）、芝加哥消费者联盟（Chicago Consumer Coalition）、克利夫兰消费者保护协会（Consumer Protection Association in Cleveland）和西雅图消费者行动网络（Seattle Consumer Action Network）。

基层消费者权益保护组织的第三种类型是公共利益研究团体。在 20 世纪 70 年代末期和 80 年代早期，在超过 20 个州的大学里，都存在公共利益研究团体。在其发展的早期，研究团体所有的基金都来自于学生活动经费。后来，为了拓宽资金来源渠道，公共利益研究团体开展了全国范围内的挨家挨户的游说，每年可以筹措到上百万美元的资金。部分国家层面上的公共利益研究团体也会给州和地方层面上的组织提供支持。该类型组织重点关注在州范围内对消费者、环境、政府管理及学生等问题的建议。

基层消费者组织的第四种类型是市民公用事业委员会（Citizen Utility Boards，CUBs），其由 Nader 支持且大部分是由公共利益研究团体负责组织的。州级层面的消费者公用事业支持组织，是通过民营公用事业允许市民公用事业委员会使用邮件吸纳自愿缴纳会费的成员的方式建立起来的。市民公用事业委员会的作用受到限制，因为其他使用州资金的公用事业支持组织在大多数州业已建立，如消费者公用事业顾问组织等。此外，由于美国最高法院（US Supreme Court）禁止各州授予公用事业支持组织访问它们邮件系统的权利，削弱了市民公用事业委员会的影响力。现存的市民公用事业委员会，要么可以访问一些特定州的邮件，要么利用其他非营利性组织所采用的传统方法来筹措资金。

其他的基层消费者组织还包括：协作和劳动委员会的州消费者联盟；将消费者问题作为日常工作一部分的全国性组织的州和地方办事处，如 AARP 等；隶属于大学法学院的消费者组织，如威斯康星大学法学院公共代表中心（Center for Public Representation at University of Wisconsin Law School）等；由于消费者抵制而形成的组织，如芝加哥消费者联盟等。

上述地方性消费者权益保护组织的活动和美国两大历史传统是一致的，即公民行动主义和公民参与志愿组织。它们创造并推动了"消费者意识"，即消费者意识到他们的权益与卖方不同，消费者在与卖方交易时有权并且有能力加强相应权利的使用（Brobeck，1997）。

2.5.3 消费主义：一个不断变化的概念

消费主义这一术语最早出现在 1944 年，与消除浪费和不必要收费的利益有关，同时与当时的合作运动相联系（Swagler，1994）。从 20 世纪 60 年代起，消费主义的两种基本含义被广泛使用。第一种含义是指维护消费者利益的社会运动或意识形态。20 世纪 60 年代至 70 年代，是美国消费者权益保护运动第三次浪潮的全盛时期，在此期间，消费主义的第一种含义在媒体及专业文献中常被提及。消费主义的第二种基本含义，是指过度的物质主义。该含义在相同时期被一些畅销书作者所使用，如《浪费者》的作者 Vance Packard。从 20 世纪 80 年代开始，第二种含义在一些受欢迎的专业文献中更为常见，如教皇约翰·保罗二世（Pope John Paul II）1991 年所著的《百年》通谕（Centesimus Annus）等（Swagler，1994）。近年来，消费主义逐渐成为积极的营销术语，是指营销人员通过关注消费者需求来帮助其进行决策管理（Rotfeld，2010）。当专业人士阅读有关消费主义的文献时，他们需要区分消费主义的不同含义。

2.5.4 消费者运动

消费者运动是由个人私有的非营利组织为增强消费者权利和集体福利而做出努力的有组织的活动。消费者运动的主要目的是提高市场效率与促进市场公平（Herrmann 和 Mayer，1997）。

纵观美国历史，在 20 世纪有三次消费者权益保护运动的浪潮（Cohen，2003；Cohen，2010；Herrmann 和 Mayer，1997）。无论是 20 世纪初的"进步时代"（Progressive Era），还是 20 世纪三四十年代的"新政"（New Deal），又或者是 20 世纪 60 年代的"伟大社会"（Great Society），三次浪潮都与更广泛的改革时期相一致。在 20 世纪的三次消费者运动浪潮中，女性充当了很多次消费者权益保护运动的策划者，并成为消费者权益保护运动中的"突击部队"。此外，另一个经常被传统政策排除在外的社会群体——非洲裔美国人，也成为消费者权益保护领域的积极分子。在上述三次消费者运动浪潮中，第三次被认为是最有影响力且意义最为重大的一次。之所以说第三次消费者运动浪潮的影响最大，主要有以下两个方面的原因：第一，在这次浪潮中通过了里程碑式的法律，从而可以更好地在市场中保护消费者；第二，其为有关消费者利益的联邦监管机构注入了活力，大幅增加了代表普通美国人利益的经济和社会监管机构的数量，其中社会监管机构数量的增加尤为明显，这些机构包括环境保护署（Environmental Protection Agency，EPA）、职业安全与健康管理局（Occupational Safety and Health Administration，OSHA）和美国消费品安全委员会（Consumer Product Safety Commission，CPSC）。Cohen（2003，2010）通过估算发现，在1970—1975年期间，社会监管机构数量的增长幅度超过了200%。

消费者权益保护运动的第四次浪潮是否已经到来？基于当前的金融危机和消费者权益保护方面的立法进程，第四次浪潮可能已经开始。近年来，与信用卡、医疗保健和理财产品保护等相关的保护消费者权益的法律，已经通过并得以实施。其主要原因是当前的金融危机对消费者的生活产生了连带性的负面影响。在经济困难时期，消费者权益保护最容易被政治化，此时消费者会在经济上感到不安，并为自己作为生产者和消费者的脆弱性而感到担忧（Cohen，2010）。

美国消费者权益保护运动的前三次浪潮有一个重要的共同特征，即降低了公众对商业企业的信心，而加强了公众对政府的信心，从而导致了新的监管控制。美国消费者运动的其他特征还包括：制度化，即在联邦和州政府及大公司中建立消费者事务部门；专业化，即部分消费者组织将自身培养为某些专业领域的权威，如食品安全与营养、医疗保健、机动车安全和信用卡使用等领域；职业化，即领导者可以在消费者事务和公众权益保护工作中成就一番事业，促使其成为一份全职工作；策略转变，即不再针对影响消费者产品选择方面做出过多努力，而是更多地通过立法及管理措施直接影响卖方行为；国际化，即美国消费者保护运动在影响其他国家的同时也被其他国家所影响，使得与国际贸易和环境保护有关的消费者问题变得更加国际化（Herrmann 和 Mayer，1997；Mayer，1989）。

2.6　消费者主导权

消费者主导权，指的是消费者可以在一定程度上对经济发展形成重要的影响。在消费者主导权之下，消费者的偏好可以决定经济中的商品生产安排。通过支出决策，个人消费者可以同时控制经济中资源的分配和商品的分配（Hildebrand，1951）。上述情况需要满足三个假设：第一，消费者足够理性，并且能够做出最优选择；第二，消费者能得到足够的信息去做出最优选择；第三，消费者在完全竞争市场中购买商品。社会学领域的学者们从多个角度质疑了这种观点。第一个问题是消费者主导权是否可以产生一种经济产出，该种产出不同于只有政府可以提供的经济产出。答案是不可以。第二个问题是这种观点面临着很多现实存在的不切实际性：（1）消费者是非理性的；（2）消费者缺乏足够的信息，以至于无法在充分知情的情形下做出抉择；（3）营销人员可能改变消费者偏好，导致消费者购买不必要的商品；（4）消费者可能具有不会追求最大公共利益的消费行为，比如在涉及环境等问题时。当前经济发展的推动力，如全球化等，是在加强而不是在削弱消费者的主导权，因为消费者相比之前有更多的选择和机会（Saving，2006）。

从历史的角度来看，消费者主导权这个术语可以追溯至 Hutt 的著作。Hutt（1936）对消费者主导权做出这样的定义："当消费者作为公民，即使通过增加或抑制需求，政治机构也不能剥夺其在社会上行使的权利时，就可以认为消费者是拥有主导权的。"之后，Hutt（1940）又重新解释了他的定义："简单地说，它（消费者主导权）指的是自由的个体——而不是社区资源的保管人，为了某些目的而控制资源，因为可供这些目的使用的资源是稀缺的。"Hutt认为，消费者主导权与投票主导权类似。消费者使用他们的金钱来进行投票。同时，Hutt还认为，消费者极有可能根本不了解自己的最大利益或最大福利。他还认为，社会缺少就某种消费模式达成一致的能力，而这种模式可能会成为另一种重要的社会规则。在这种认识基础之上，形成了宽容的社会价值基础。实现消费者主导权的关键价值，不是在于在任何情况下都要实现福利的最大化，而是要包容他人的诉求。当社会可以在短期内强调包容时，Hutt希望消费者主导权也可以在长期内对社会进步做出贡献（Persky，1993）。

Waldfogel（2005）开展了一项研究，即比较消费者收到的礼物和直接购买类似礼物的价值，以此探讨是否有直接的证据支持经济学领域的学者们对消费者主导权的观点。来自大学生的数据显示，消费者自己购买的东西会比作为礼物收到的类似物品的价值高出10%~18%，这说明在此情境下消费者会做出更好的选择，并且支持了在消费者主导权下的消费者理性消费假设。然而，在该研究中引用的许多跨时期和概率情景下，消费者理性消费假设却难以得到支持（Waldfogel，2005）。

从法律视角来看，反垄断和消费者权益保护相关法律相互支持，并组成了对立统一的整体。这种对立统一指的是消费者主导权被描述为一种状态，即消费者为其个人利益做出决定的能力未受损害，而市场在对这些决定的总体影响做出反应时能有效运作的状态（Averitt和Lande，1997）。反垄断和消费者权益保护法律有一个共同目的，就是促进消费者主导权的行使和消费者的有效抉择。反垄断法的目的是确保通过市场竞争，消费者能够进行一系列有意义的抉择。消费者权益保护法律的目的则是为消费者自由抉择能力提供保护。以美国通信政策为例，消费者主导权问题是通过一系列零散的纠纷诉讼来反映的，主要是对相关储蓄条款进行解释。反之，其他国家正在表现出更强的能力或意愿，它们对消费者保护的补救措施进行全面的审查和协调（Cherry，2010）。

Eika（2009）以养老院病人为例，在服务方面对有限的消费者主导权进行了概念性分析。养老院中的受照顾者不能通过强化法律权利来提升所接受的服务质量，因而有效质量需求（Quality-effective Demand）不高。正统经济分析中将导致接受照顾者处于弱势地位的原因归结于信息不对称。然而，另一个原因是接受照顾者由于生理、心理和社交能力的匮乏，无法维护个人权益，即他们有"有限的消费者主导权"。对于无行为能力者，即使服务质量信息可以及时获取，他们也无法优化质量，因而在服务质量监控方面出现了一个基础性激励问题。这类群体所享受的服务复杂且无法审核，因而外部监控变得更加困难。为了在低质量有效需求领域提升消费者主导权，Eika（2009）提出了几个方法，如加强服务接受者的发声权和选择权，以及协助有能力的个人和组织进行外部监测等。

随着不发达国家对外贸易的发展和经济开放程度的加深，消费者主导权可能会被进一步强化。研究显示，自20世纪80年代以来，巴西对外贸易和资本账户的开放程度有所提高，表明为实现经济目标，巴西行使国家主权的力度有所减弱，而消费者主导权的行使力度则相应增强。上述两种主导权对巴西来说都是成本和收益并存的。宏观经济政策的制定受到越来越多的限制，同时个人的选择也越来越多。然而，后者的增加被高度扭曲的收入分配制度所限制。不管经济政策上产生如何深刻的变化，这种现象也依然存在（Baer 和 Coes，2002）。

从商业道德角度来看，Sirgy 和 Su（2000）认为，消费者主导权在一个与日俱增的高科技时代中，更多地体现了幻想而非现实。高科技时代承载了越来越多的机会、能力、商业企业竞争动力和消费者做出理性决定等方面所带来的改变。消费者主导权不能用来维持经济的繁荣；相反，它还需要设计出满足组织中各利益相关者需求的绩效标准（Sirgy 和 Su，2000）。

2.7 个人消费者策略

2.7.1 消费者感知到的消费者权利

普通的消费者是如何看待消费者权利和责任的呢？以澳大利亚悉尼拥有信用卡负债的普通消费者为例进行定性分析，Henry（2010）提出了关于社会历史塑造政治神话（Sociohistorically Shaped Political Myths）的研究框架，该研究中涉及的消费者既在政治上不活跃，又不是消费者权益保护的倡导者。Henry（2010）的框架中主要包含四个方面，即个人自治、社会平等、消费者主导权和企业主导。基于此框架，他对几种类型的消费者进行了案例访谈。Henry 发现，一种更为广泛的政治思想，即将消费实践与企业、社会和国家的因果关联交织在一起的意识形态，在消费者中逐渐流行起来。消费者在这四个方面之间进行协调和平衡，如进行个人自治与社会平等的权衡、消费者主导权与企业主导权的对抗等。这种意识形态在消费者中引发了对自己和他人关于感知到的应得利益的道德判断，并在消费者、企业和政府参与者中分摊不同程度的责任及过失（Henry，2010）。

2.7.2 消费者智慧

为了使后代成为有能力的消费者，McGregor（2011a）提出了消费者智慧这一概念。该概念的提出借鉴了最近文献中出现的商业智慧的概念。消费者智慧使消费者更加敏锐和有洞察力，提升了消费者才智，消费者能快速地感知和识别不断变化的经济环境，从而提升自己的决策能力水平。消费者智慧可以被定义为把如下两件事联系起来的艺术：（1）对外部消费者环境的深刻评估；（2）通过实际执行的消费者管理策略来达到预期的消费目标。消费者智慧主要包含以下 6 个维度：浏览和解释复杂经济状况的能力；观察现有模式并建立联系；大局观；保持高强度的脑力活动；全面把握不确定性与期望；担任消费者的领袖。

基于培养未来有能力的消费者的目的，McGregor（2011b）讨论了消费者教育哲学。她提出一个最基本的前提，即人们作为消费者角色的社会化本质取决于消费教育者的教育哲学观，而树立消费者的社会化角色也正是教育的目的所在。McGregor（2011b）区分了消费教育中两大对立统一的意图：（1）个人利益高于公司利益；（2）通过公民的支持获得权利，并成为更具社会化的、伦理的和道德责任感的消费者。她还探讨了11种主流的教育理念和4种消费者教育类型之间的关系。McGregor（2011b）认为，如果消费教育工作者希望摆脱消费者社会中亟待解决的道德和伦理多重困境，他们可以从哲学悟性和哲学包容性中获得启发。

2.7.3　矫正策略：个人消费者索赔

Burley（2006）在他的《Unscrewed》一书中，从自己的生活和工作经历出发，给出了平衡消费者和企业之间的力量，以及确保消费者索赔权利的策略。他用真实故事来解释他的想法，同时用"5P's"——原则、目的、承诺、有力工具和计划——来表示"矫正策略"。原则，指的是商业企业只会开展最终能为它们带来经济利益的活动。目的，指的是用最少的时间和精力来获得金钱、资产或股权。承诺，指的是消费者向违规企业表明决心，他们将花费无限的时间和精力，以获得他或她应该得到的退款或商品更换。有力工具，指的是5种传统的技术，即电话、传真、计算机与打印机、互联网、电子邮件，以及一种非技术性手段，如个人拜访，来支持消费者应对违规商业企业。计划，包括可接受的目标、对对手的研究、具体的战略、现实可行的时间表和对当前情况的客观评估。此外，他还提出了一些处理与小企业、大企业、特大企业和政府之间问题的策略。处理与小企业问题的办法有街头公告、客户投诉广告、直接表达消费者不满、告知竞争对手和持续的投诉等。与大企业协商的策略包括拨打800热线、持续地发送传真、在企业网站上投诉、使用消费者评论网站，以及作为股东联系利益相关部门。与特大企业和政府对话的策略，对于较低层次员工可以是通知监管者，对于较高层次管理者可以是策划发布新闻，对于具有影响力的官员可以是采取取消政治权利的措施等。

2.8　总结

本章主要是关于消费者政治学的相关内容。消费者政治学，指的是在公共决策过程中消费者如何代表自己的利益在市场中获得合理且合法的权利。消费者权益是一个有着多重含义的术语。在消费者政治视角中，它特指消费者权利。

为了获得消费者经济福利，消费者需要通过政府管理来保障基本的消费者权利。在美国，消费者权利保障是通过相关的政府法律和规章制度得以实现的。大多数消费者权利的提出，来源于对消费者经济利益有不利影响的消费者议题。肯尼迪总统在20世纪60年代提出了消费者权利的概念和四种具体的消费者权利。之后，多位美国总统和部分消费者组织相继提出了不同类型的消费者权利。联合国也接受了消费者权利这一概念，并提出了相关指导原则，以便其他国家在制定消费者保护法律时参考。

近几十年来，消费者隐私权受到了公共政策制定者、企业经营管理者及消费者领袖们的关注。越来越多的消费者开始意识到个人信息的价值，以及其应该受到法律保护。

消费者权益保护的倡导者代表了广大消费者的利益，从国家层面来看，它们主要有美国消费者联合会等全国性组织及其在美国的分支组织等。上述组织主要处理中低收入消费者的问题，并且在公共政策决策过程中致力于从国家、州和地方层面对消费者权益保护的立法予以倡导。此外，这些组织还通过它们的出版物给消费者提供有益信息，如消费者联盟出版的《消费者报告》等。

　　消费者主导权概念，是部分经济学领域的学者们在研究工作中的基本假设。该概念假设市场中的企业和消费者在进行一场博弈，相较而言，消费者主导着博弈。这个假设在理论上是可能的，但在实际中却并非如此。

　　在典型的市场经济中，尤其是在买方市场中，消费者应当被优先考虑。如果个体消费者了解自己应享有权利的范畴，以及必要时如何行使这些权利，那么他们就可以实现对这些基本权利的保护。个体消费者还需要知道，当他们需要表达自己的担忧时，应该从哪里寻求帮助；当新技术、新产品或新服务出现新问题时，他们应该如何获取新的权利。

参考文献

[1] Averitt, N. W., & Lande, R. H. (1997). Consumer sovereignty: A unified theory of antitrust and consumer protection law. Antitrust Law Journal, 65, 713-756.

[2] Baer, W., & Coes, D. V. (2002). National sovereignty and consumer sovereignty: Some consequences of Brazil's economic opening. Quarterly Review of Economics and Finance, 42(5), 853-863.

[3] Beaney, W. M. (1966). Right to privacy and American law. Law and Contemporary Problems, 31, 253-271.

[4] Brobeck, S. (Ed.). (1997). Encyclopedia of the consumer movement. Santa Barbara, CA: ABC-CLIO.

[5] Brobeck, S. (2006). Defining the consumer interest: Challenges for advocates. The Journal of Consumer Affairs, 40(1), 177-185.

[6] Burley, R. (2006). Unscrewed: The consumer's guide to getting what you paid for. Berkeley, CA: Ten Speed Press.

[7] Charters, D. (2002). Electronic monitoring and privacy issues in business-marketing: The ethics of the double click experience. Journal of Business Ethics, 35(February), 243-254.

[8] Cherry, B. (2010). Consumer sovereignty: New boundaries for telecommunications and broad band access. Telecommunications Policy, 34(1/2), 11-22.

[9] Cohen, L. (2003). A consumers' republic: The politics of mass consumption in postwar America. New York: Knopf.

[10] Cohen, L. (2010). Colston E. Warne Lecture: Is it time for another round of consumer protection? The lessons of twentieth-century U.S. history. Journal of Consumer Affairs, 44(1), 234-246.

[11] Consumers International. (2010). Consumer rights. Retrieved from http://www.consumers international.org/who-we-are/consumer-rights.

[12] Culnan, M. J. (2000). Protecting privacy online: Is self-regulation working? Journal of Public Policy and Marketing, 19(Spring), 20-26.

[13] Culnan, M. J., & Bies, R. J. (2003). Consumer privacy: Balancing economic and justice considerations. Journal of Social Issues, 59(2), 323-342.

[14] DMA. (2003, April). Privacy promise member compliance guide. Retrieved April 1, 2005, from http://www.the-dma.org/privacy/privacypromise.shtml.

[15] Dolnicar, S., & Jordaan, Y. (2007). A market-oriented approach to responsibly managing information privacy concerns in direct marketing. Journal of Advertising, 36(Summer), 123-149.

[16] Donaldson, T., & Dunfee, W. T. (1994). Towards a unified conception of business ethics: Integrative social contracts theory. Academy of Management Review, 19, 252-284.

[17] Donaldson, T., & Dunfee, W. T. (1995). Integrative social contracts theory: A communication conception of economic ethics. Economics and Philosophy, 11, 85-112.

[18] Donaldson, T., & Dunfee, W. T. (1999). Ties that bind: A social contracts approach to business ethics. Cambridge, MA: Harvard Business School Press.

[19] Eika, K. (2009). The challenge of obtaining quality care: Limited consumer sovereignty in human services. Feminist Economics, 15(1), 113-137.

[20] Fletcher, K. (2003). Consumer power and privacy: The changing nature of CRM. International Journal of Advertising, 22, 249-272.

[21] Forbes, J. D. (1987). The consumer interest: Dimensions and policy implications. New York: Croom Helm.

[22] Franzak, F., Pitta, D., & Fritsche, S. (2001). Online relationship and the consumer's right to privacy. Journal of Consumer Marketing, 18(7), 631-641.

[23] FTC. (1998). Privacy online: A report to congress. Washington, DC: Author.

[24]Goodwin, C. (1991). Privacy: Recognition of a consumer right. Journal of Public Policy and Marketing, 10(1), 149-166.

[25]Hann, I. H., Hui, K. L., Lee, S. Y. T., & Png, I. P. (2008). Consumer privacy and marketing avoidance: A static model. Management Science, 54(6), 1094-1103.

[26]Henry, P. C. (2010). How mainstream consumers think about consumer rights and responsibilities. Journal of Consumer Research, 37(December), 670-687.

[27]Herrmann, R. O. (1991). Participation and leadership in consumer movement organizations. Journal of Social Issues, 47(1), 119-134.

[28]Herrmann, R. O., & Mayer, R. N. (1997). U.S. consumer movement: History and dynamics. InS. Brobeck (Ed.), Encyclopedia of the consumer movement (pp. 584-601). Santa Barbara, CA:ABC-CLIO.

[29]Herrmann, R. O., Walsh, E. J., & Warland, R. H. (1988). The organizations of the consumer movement: A comparative perspective. In E. S. Maynes (Ed.), The frontier of research in the consumer interest (pp. 470-494). Columbia, MO: American Council on Consumer Interests.

[30]Hersbergen, R. L. (1973). Regulating commercial exploitation of name lists and direct mail solicitation under the fair credit reporting act-a victory for consumer privacy? Ohio Northern Law Review, 1(1), 1-30.

[31]Hildebrand, G. H. (1951). Consumer sovereignty in modern times. American Economic Review,41 (2), 19-33.

[32]Hutt, W. (1936). Economists and the public: A study of competition and opinion. London: Honathan Cape. reprinted New Brunswick: Transaction Publishers, [1990].

[33]Hutt, W. (1940). The concept of consumers' sovereignty. Economic Journal, 50, 66-77.

[34]Klopfer, P. H., & Rubenstein, D. L. (1977). The concept privacy and its biological basis. Journal of Social Issues, 33, 52-65.

[35]Lampman, R. J. (1988). JFK's four consumer rights: A retrospective view. In E. S. Maynes (Ed.), The frontier of research in the consumer interest (pp. 19-33). Columbia, MO: American Council on Consumer Interests.

[36]Lampman, R. J., & Douthitt, R. A. (1997). The consumer bill of rights: Thirty-five years later. Advancing the Consumer Interest, 9(2), 4-6.

[37]Lanier, C. D., & Saini, A. (2008). Understanding consumer privacy: A review and future directions. Academy of Marketing Science Review,12(2). Retrieved December 9, 2010, from http://www.amsreview.org/articles/lanier02-2008.pdf.

[38]Margulis, S. T. (2003a). On the status and contribution of Westin's and Altman's theories of privacy. Journal of Social Issues, 59(2), 411-429.

[39]Margulis, S. T. (2003b). Privacy as a social issue and behavioral concept. Journal of Social Issues, 59(2), 243-261.

[40]Mayer, R. N. (1989). The consumer movement: Guardians of the marketplace. Boston: Twayne.

[41]Mayer, R. N., & Brobeck, S. (1997). Consumer interest. In S. Brobeck (Ed.), Encyclopedia of the consumer movement (pp. 153-155). Santa Barbara, CA: ABC-CLIO.

[42]Maynes, E. S. (1976). Decision-making for consumers: An introduction to consumer economics. New York: Macmillan.

[43]Maynes, E. S. (1988). The first word, the last word. In E. S. Maynes (Ed.), The frontier of research in the consumer interest (pp. 3-16). Columbia, MO: American Council on Consumer Interests.

[44]Maynes, E. S., Morgan, J. N., Vivian, W., & Duncan, G. J. (1977). The local consumer information system: An institution-to-be? Journal of Consumer Affairs, 11(1), 17-33.

[45]McGregor, S. L. T. (2011a). Consumer acumen: Augmenting consumer literacy. Journal of Con-

sumer Affairs, 45(2), 344–357.

[46] McGregor, S. L. T. (2011b). Consumer education philosophies: The relationship between education and consumption. Journal for International Education Research and Development Education, 34(4), 4–8.

[47] Milne, G. R., & Gordon, E. M. (1993). Direct mail privacy-efficiency trade-offs within an implied social contract framework. Journal of Public Policy and Marketing, 12(2), 206–215.

[48] Milne, G. R., & Rohm, A. (2000). Consumer privacy and name removal across direct marketing channels: Exploring opt-in and opt-out alternatives. Journal of Public Policy and Marketing, 19(2), 238–249.

[49] Miyazaki, A. D. (2008). Online privacy and the disclosure of cookie use: Effects on consumer trust and anticipated patronage. Journal of Public Policy & Marketing, 27(1), 19–33.

[50] Morgan, J. N. (1985). What is the consumer interest? In K. P. Schittgrund (Ed.), Proceedings, 31st Annual Conference of the American Council on Consumer Interests (pp. 1–7). Columbia, MO: ACCI.

[51] Palmer, D. E. (2005). Pop-ups, cookies, and spam: Toward a deeper analysis of the ethical significance of Internet marketing practices. Journal of Business Ethics, 58(May), 271–280.

[52] Persky, J. (1993). Consumer sovereignty. The Journal of Economic Perspectives, 7(1), 183–191. Rapp, J., Hill, R. P., Gaines, J., & Wilson, R. M. (2009). Advertising and consumer privacy: Old practices and new challenges. Journal of Advertising, 38(4), 51–61.

[53] Rosen, C. E. (1977). Institutional intimidation and consumer privacy. Journal of Consumer Affairs, 11(2), 94–100.

[54] Rotfeld, H. J. (2010). A pessimist's simplistic historical perspective on the fourth wave of consumer protection. Journal of Consumer Affairs, 44(2), 423–429.

[55] Saving, J. L. (2006). Consumer sovereignty in the modern global era. Journal of Private Enterprise, 22(1), 107–119.

[56] Schooler, R. D. (1982). The consumer's interests—The super ordinate and the subordinate. Journal of Consumer Affairs, 16(1), 166.

[57] Sheehan, K. B., & Hoy, M. G. (1999). Flaming, complaining, abstaining: How online users respond to privacy concerns. Journal of Advertising, 28(Fall), 37–51.

[58] Sirgy, M. J., & Su, C. (2000). The ethics of consumer sovereignty in an age of high tech. Journal of Business Ethics, 28(1), 1–14.

[59] Sopinka, J. (1997). Freedom of speech and privacy in the information age. Information Society, 13(2), 171–184.

[60] Stone, E. F., & Stone, D. L. (1990). Privacy in organizations: Theoretical issues, research findings, and protection mechanisms. Research in Personnel and Human Resources Management, 8(3), 349–411.

[61] Swagler, R. (1994). Evolution and applications of the term consumerism: Theme and variations. Journal of Consumer Affairs, 28(2), 347–360.

[62] Swagler, R. (1997). Consumer rights. In Encyclopedia of the consumer movement (pp. 168–169). Santa Barbara, CA: ABC-CLIO.

[63] Swire, P. P. (1997). Markets, self-regulation, and government enforcement in the protection of personal information. In W. M. Daley & L. Irving (Eds.), Privacy and self-regulation in the information age (pp. 3–19). Washington, DC: Department of Commerce.

[64] Thorelli, H. D. (1988). Consumer problems: Developed and less developed countries. In E. S. Maynes (Ed.), The frontier of research in the consumer interest (pp. 523–546). Columbia, MO: American Council on Consumer Interests.

[65] United Nation. (2003). United Nations guidelines for consumer protection. New York: Author.

[66]Walczuch, R. M., & Lizette, S. (2001). Implications of the new EU Directive on data protection form ultinational corporations. Information Technology & People, 14(2), 142.

[67]Waldfogel, J. (2005). Does consumer irrationality trump consumer sovereignty. Review of Economics and Statistics, 87(4), 691-696.

[68]Warren, S. D., & Brandeis, L. D. (1890). The right to privacy. Harvard Law Review, 4(5),193-220.

[69]Westin, A. F. (1967). Privacy and freedom. New York: Atheneum.

[70]Wilson, M., Gaines, J., & Hill, R. P. (2008). Neuro marketing and consumer free will. Journal of Consumer Affairs, 42(Fall), 389-410.

[71]Xiao, J. J. (1997). Consumer movement in China. In S. Brobeck, R. Mayer, & R. Herrmann (Eds.),Encyclopedia of the consumer movement (pp. 104-109). Santa Barbara, CA: ABC-CLIO.

[72]Xiao, J. J., & Richardson, L. (2003). Consumer protection at the state level. In K. Meier & E. T. Garman (Eds.), Regulation and consumer protection (4th ed., pp. 403-422). Cincinnati, OH: Thompson Learning.

[73]Xu, H. (2009). Consumer responses to the introduction of privacy protection measures: An exploratory research framework. International Journal of E-Business Research, 5(2), 21-47.

第3章　消费者理财能力与经济福利

摘要：消费者的理财能力是影响消费者经济福利的重要因素。理财能力，指的是能够运用适当的金融知识实施令人满意的理财行为，从而实现理财目标和增加个人财务福利的能力。实证研究表明，在许多国家，人们的金融素养要低于预期水平。消费者所做出的理财行为也不都尽如人意。本章首先讨论了消费者理财能力、金融素养和理财行为的概念。然后，本章介绍了两种具体的行为理论：计划行为理论，可用于帮助理解消费者的行为；跨理论行为改变模型，主要用于帮助消费者改变行为。本章同时也讨论了如何利用上述两种理论，帮助消费者增加金融知识、优化理财行为及增强理财能力。最后，本章讨论了有关如何提升消费者理财能力等方面的进一步研究方向。

3.1　理财能力

理财能力，可以被认为是能够运用适当的金融知识，并做出令人满意的理财行为，从而增加财务福利的能力。近年来，英国的 Atkinson（2006）率先在该领域开展了研究，之后，奥地利的 Fessler（2007）、加拿大的 Arrowsmith 和 Pignal（2010）、爱尔兰的 O'Donnell 和 Keeney（2009），以及美国的 Lusardi（2011）等学者的研究，已经将该领域研究关注的焦点从提升消费者金融素养转向增强消费者理财能力。

在《经济心理学期刊》（Journal of Economic Psychology）的一期有关理财能力的专刊的引言部分中，两位客座编辑 Hoelzl 和 Kapteyn（2011）简要地总结了有关理财能力研究的现状。根据他们的介绍，研究理财能力和金融素养是为了理解消费者如何做出理财行为，进而提升其理财能力。一方面，这与消费者的知识水平有关；另一方面，它又与消费者的实际行为及其他必要的条件，如技能和态度等密切相关。金融素养主要关注对经济、金融概念（如复利等）及金融工具的知识（如共同基金和股票等）的理解。对于金融素养的研究并不都尽如人意：在许多国家中，调查对象的金融素养普遍偏低。金融素养低通常被认为与社会地位低（如受教育程度低、属于少数群体等）和不良的经济表现（如储蓄少、退休金规划较差等）有关。早在十年前，许多国家就已经开始设立金融教育项目。然而，对金融素养和金融教育有效性的研究至今仍未得出一致结论。虽然具有特定目标的项目，如储蓄匹配项目等，显示出积极效应，但旨在提高一般金融素养的项目却很难发挥明显的作用（Hozelzl 和 Kapteyn，2011）。理财能力同样也被认为是一个较为宽泛的概念，它强调个体的行动和行为，以及与外部机构和监管的关联性等（Johnson 和 Sheraden，2007）。

已有研究对理财能力的分析通常基于以下几个视角。Kempson 等（2005）认为，理财能力会从三个方面影响理财行为：（1）知识和理解力；（2）技能；（3）信心和态度。在英国的理财能力调查中，该概念通过理财行为的五个方面进行测度：（1）财务管理：保持收支相抵，如是否存在承担金融性债务方面的问题；（2）财务管理：跟踪消费情况，如对支出进行持续关注；（3）提前规划，如是否以未来为导向而进行理财等；（4）选择理财产品，如是否在理财事务中始终保持理性决策；（5）保持信息畅通，如是否主动搜寻理财产品和经济状况方面的信息（Atkinson 等，2006）。

De Meza 等（2008）认为，理财能力的变化，更多的是来自心理因素的变化，而并非来自信息的改变。他们列出了几个可能存在的偏见，这些偏见会阻碍人们将足够的信息转化为目标导向的行为：心理账户、信息超载、对现状的偏见、拖延症、易后悔心理，以及损失厌恶程度。上述认知性偏见可能并不容易被克服，我们还需要对理财行为的矫正进行深入研究。De Meza 等（2008）认为，提升理财能力的项目不应该仅依赖于内容传递，还应该同时考虑行为矫正。

英国是世界上率先开展全国性理财能力调查的国家。基于理财能力的基线调查（Baseline Survey of Financial Capability，BSFC），Atkinson 等（2007）对理财能力的分布情况进行了描述性统计，从而对具有相似理财能力的人群进行了划分。此外，也有研究在探寻能够识别最有可能陷入过度负债风险的人群的方法（Kempson 和 Atkinson，2006）。BSFC 数据也用于研究人们需要哪些读写和计算能力来提高理财能力（Atkinson，2007）。上述研究发现，具有读写和计算能力的成年人在理财能力测度得分方面存在相当大的差异。此外，这些研究认为将理财能力看作是基于读写或算术能力的是不恰当的。例如，在没有学历且处于工作年龄的成年人中，有17%的人凭借理财能力得分使其处于收支相抵项目的前20%，同时这些人中有10%处于提前规划项目的前20%。上述结果非常清楚地表明，记录和跟踪财务状况不只是受过教育的人们才会关注的领域。然而，预算作为理财能力的一个方面，在涉及个人理财时通常会受到特别关注。

2009年开展的美国国民理财能力调查（US National Financial Capability Study）包含三个相关调查：（1）全国性调查；（2）州际调查；（3）军队调查。Lusardi（2011）分析了2009年5月至7月全国性调查的结果。美国国民理财能力调查的主要研究目标是对理财能力的关键指标进行基准测试，并评估这些指标与潜在的人口、行为、态度和金融素养特征之间的差异。理财能力的评估不应该只关注一个指标，相反，它应当涉及行为的诸多方面。与其他国家的调查结果相一致，和理财能力相关的行为包括人们如何管理他们所拥有的资源、如何做出理财决策、做出这些决定所采用的技能，以及如何在做出决策时收集和加工必要的信息。Lusardi（2011）将焦点放在以下四个方面来评估美国居民的理财能力：（1）保持收支相抵；（2）提前规划；（3）选择和管理理财产品；（4）金融素养和自我技能评价。这项调查于2012年再次进行，展示了美国消费者的理财能力情况（FINRAIEF，2013）。

Taylor（2011）提出了不同的方法来度量消费者的理财能力，即将理财行为和理财结果结合起来形成一个指数。基于英国家庭跟踪调查（British Household Panel Survey）的数据，研究结果表明在家庭中未就业的单身成年人和其他没有工作的成年人的理财能力，均处于最低水平；相反，拥有全职工作且拥有配偶的较为年长的男性和女性的理财能力水平最高（Taylor，2011）。

此外，也有学者采用不同的方法测量理财能力，即提出综合性的测量方法，包括客观的金融素养、主观的金融素养、理想的理财行为、不当的理财行为，以及感知的理财能力。美国2009年州际理财能力调查数据的结果显示，感知的理财能力和理财满意程度之间存在正相关关系。同时，研究也发现，理想的理财行为会增加财务满意度，而不当的理财行为则会降低财务满意度。主观的金融素养对于财务满意度具有积极的影响。客观的金融素养和财务满意度之间的正相关关系只存在于双变量相关分析中，而在多变量回归分析中则不显著。研究显示，为了提高消费者财务福利，消费者金融教育项目应当加强行动落实并鼓励消费者尽量避免出现不当的理财行为，更多地参与到理想的理财行为中，从而提高理财的自我效能（Self-efficacy）（Xiao等，2014a）。Xiao等（2014d）研究发现，财务管理能力也会有助于提高青年人的财务独立能力。

采用相同的方法，Xiao等（2015）考察了理财能力的年龄差异。在他们的研究中，理财能力通过五个变量进行测量：客观金融素养、主观金融素养、理想的理财行为、感知的理财能力，以及理财能力指数（前四个变量的Z得分之和）。在该项研究中，理财能力预期将会随着年龄的增长而提高。该项研究采用了美国2012年国民理财能力调查（National Financial Capability Study，NFCS）的数据进行分析。多元回归结果显示，年龄差异对上述四项理财能力测量相关变量的影响模式基本相似。在对人口学和经济特征变量进行控制之后，处于18~24岁的青年人在客观金融素养、主观金融素养、感知的理财能力及理财能力指数四个方面的得分最低。年龄对理财行为的影响模式十分复杂，还有待未来进行深入研究（Xiao等，2015）。

相同的理财能力测度方法，也被用于探讨美国消费者金融教育和理财能力之间的相互关系。基于美国2012年国家理财能力研究的数据，学者们发现在对人口学特征和金融变量进行控制之后，接受过金融教育的受访者在客观金融素养、主观金融素养、理想的金融行为、感知的理财能力及理财能力指数五个方面的得分也较高。此外，高中、大学和工作场所的金融教育相关变量与以上五个理财能力变量之间也表现出正相关关系。上述结果说明，在高中、大学及工作场所中开展的金融教育，可以提高消费者的理财能力（Xiao和O'Neill，2014）。

3.2 金融素养

根据标准的经济学理论，消费者通常掌握着充分的信息，并且能够在长期的金融规划中做出理性决策，从而使整个生命周期的效用水平达到最大化。然而，实证研究表明，实际上消费者并不能获得完全的信息，甚至在信息可得的情况下也很难做出理性决策（Campbell等，2011）。

消费经济学领域的学者们对于消费者金融素养的研究已经有很长的历史（Hira，2010；Burns，2008）。作为一位经济学领域的学者，同时也是金融素养领域的权威学者，Lusardi（2011）对金融素养领域的经济学文献进行了梳理。在过去的二十多年中，已有研究开始关注个体是否掌握了足够支持他们做出理性金融决策的知识。研究表明，很多美国消费者的金融素养水平仍较低（Bernheim，1995；Bernheim，1998）。大多数美国人甚至无法理解基本的金融概念，尤其是涉及债券、股票及共同基金等方面的概念（Hilgert等，2003）。Moore（2003）在对华盛顿州居民的研究中发现，人们通常不能很好地理解消费者贷款和按揭的具体条款与条件。国家经济教育委员会（National Council on Economic Education，NCEE）的报告显示，高中生群体对于经济学的基础概念普遍缺乏了解（NCEE，2005）。这与个人金融素养入门联盟（Jump$tart Coalition for Personal Financial Literacy）的研究结果相一致（Mandell，2008）。缺乏金融素养不仅是美国居民所面临的问题，Smith和Stewart（2008）在对其他一些国家进行研究时，也得出了其居民金融素养水平较低的结论。与此类似，在欧洲开展的大规模调查中，受访者在金融计算能力和金融素养得分方面也表现较差（Christelis等，2010）。与以美国为例的研究结论相一致，英国的调查结果显示，借款人对按揭贷款和利率的理解水平也较差（Miles，2004）。

Lusardi和Mitchell（2014）构建了生命周期储蓄模型，该模型强调了金融素养的作用。该模型显示，金融素养是由生命周期内生决定的。消费者会投入时间和金钱成本到金融知识的学习上，直到投入的边际成本等于所获得的边际收益。上述模型表明，接受过金融教育的消费者的财务管理能力将会提高，并且比没有接受过金融教育的消费者在理财方面表现得更好。还有研究表明，金融教育和金融素养有着十分密切的联系，并且都有助于消费者实施理想的理财行为（Xiao等，2012；Xiao和O'Neill，2014）。Xiao等（2014）以大学生为例进行研究，发现早期的金融素养会对个人日后的理财行为产生影响。

在金融素养研究领域中，主观和客观的测度指标体系会因为研究者的不同而有所区别。研究发现，主观和客观这两类金融素养度量指标，对于消费者理财行为会产生不同的影响效应。例如，以大学一年级学生为例，Xiao等（2011）发现，相比于客观金融知识，主观金融知识更有可能阻止人们做出风险性信贷行为。

3.3　理财行为

理财行为涉及人们与财务管理相关的行为（Xiao，2008）。通常所说的理财行为包括收入、支出、借贷和储蓄等行为。理财行为应体现消费者的理财能力。较高的理财能力应当与理想的理财行为相联系。理想的理财行为的前提是具有与该行为水平相匹配的金融知识，从而增强消费者的经济福利。对经济福利产生消极影响的理财行为往往都不是理想的行为，有时候甚至是有害的行为。例如，在到期日之后还款，就是不理想行为，因为消费者会因此而支付延期手续费，并且承担其他包括降低个人信用评级等在内的不良财务后果。

对理财行为所开展的已有研究可划分为特定主题研究和一般主题研究两类。学者们对特定的理财行为，如支出、借贷和储蓄等，已经进行了大量研究。Dew 和 Xiao（2011）针对理财行为这一整体架构，采用来自全美国具有代表性的成年人样本数据，开发出一套理财管理行为测度量表。该量表包含四个子量表：财务管理、信用管理、储蓄与投资及保险量表。Dew 和 Xiao（2011）还研究了量表的心理测量特征，发现量表与其他财务管理行为的测量结果高度相关，因此能够很好地预测参与者的实际储蓄和消费负债水平（Dew 和 Xiao，2011）。关于理财行为理论和研究的回顾，以及对于消费者金融教育政策含义的理解，可以参考 Xiao 等（2010，2011）的相关研究。

关注消费者经济福利水平的专业人士应当更好地理解消费者理财行为，并且帮助消费者实施可取的理财行为。在已有的研究文献中，有许多理论可用于理解消费者行为，并帮助消费者实施理想的行为。其中有两个重要的理论，分别是近年来广泛应用于消费者理财行为研究的计划行为理论（Theory of Planned Behavior，TPB）和跨理论行为改变模型（Transtheoretical Model of Behavior Change，TTM）（Xiao，2008）。

3.4 理解行为

3.4.1 计划行为理论

计划行为理论在理性行动理论（Theory of Reasoned Action，TRA）的基础上进行了深入的扩展（Ajzen，1991）。理性行动理论，是 1967 年由 Fishbein 率先提出的，并在 20 世纪 70 年代的相关研究中得到进一步界定、发展和检验。该理论由 Fishbein 和 Ajzen（1975）在其著作中进行了总结性概括。理性行动理论主要用于预测和帮助理解人们的行为。根据理性行动理论，个人的行为是由其行为意图所决定的。而行为意图又由人们对行为的态度、主观规范，以及态度和主观规范之间的相对重要性所决定。理性行动理论的不断发展，主要是因为现有的态度理论不能够对人们的行为进行预测（Ajzen 和 Fishbein，1980）。之后，该理论进一步将感知控制纳入模型框架中，用以确定行为意图和行为。扩展后的理论，也被称为计划行为理论（Ajzen，1991）。

计划行为理论主要关注影响个体实际行为决策的因素。该理论中有三个影响行为意图的因素，即对目标行为的态度、主观规范及感知的行为控制。反之，行为意图也会影响个人的行为模式（Ajzen，1991；Ajzen 和 Fishbein，1980）。对行为的态度通常被认为是对相关行为的积极或消极评价，是由个人对感知行为表现结果的显著信念所构成的。主观规范与人们对行为是否认可的感知显著相关。

为了反映行为非自主性的一面，计划行为理论包含了一个附加变量——感知的行为控制，该变量是传统的态度行为模型所没有的（Fishbein 和 Ajzen，1975）。感知的行为控制，即对行为表现的感知困难水平，反映了过去的经历及预期的障碍。作为一个普遍的法则，对行为的态度越支持，获得的感知性社会认可越强；同时，感知的行为表现越简单，行为意图将越强烈，而行为意图越强烈，该行为越可能被实施。此外，感知的行为控制可能会对行为产生直接影响（Ajzen，1991）。

计划行为理论及其之前的理性行动理论，已经被广泛应用于许多领域，如减肥、职业定位、家庭规划、消费者行为、选举、酗酒（Ajzen和Fishbein，1980）、打猎（Hrubes等，2001）、购买转基因食品（Cook等，2002）、技术应用（Lynne等，1995）、消费者申诉（East，2000），以及在线调查等（Bosnjak等，2005）。关于理性行动理论和计划行为理论应用的参考文献列表，已由Ajzen进行整理，并发布到其网站上（http://www-unix.oit.umass.edu/~aizen/index.html）。

有几篇综述性文献对计划行为理论及理性行动理论的有效性进行了系统性回顾和研究。Armitage和Conner（2001）对185项独立研究的文献进行回顾，发现该理论在总体上是有效的。尽管如此，此项评估研究发现了几个与该理论应用相关的问题。第一，自我报告并不是可靠的信息来源。如果条件允许，研究者应该使用更加客观的和可观察到的变量来测度行为。第二，感知控制是一个不同于自我效能的概念，与通常的假设不同。和感知控制相比，自我效能是更好的行为预测变量。第三，意图有可替代的测量指标，如欲望和自我预测等，其中意图和自我预测比欲望能更好地进行行为预测。第四，主观规范相比于其他两种变量——态度和感知控制——而言，是较弱的预测指标。因此，需要提供其他的备选分类，如道德规范和描述性规范等。

3.4.2 理财行为的应用

已有相关研究将计划行为理论应用到消费者在金融服务领域的行为方面，如投资决策、按揭的使用和信用咨询等。基于计划行为理论，East（1993）采用英国消费者样本数据分析消费者的投资决策，研究发现亲朋好友及容易获得资金将会对投资决策产生重要的影响。以按揭客户的样本数据为例，Bansal和Taylor（2002）对消费者服务转换行为进行了分析，发现感知的控制和意图、感知的控制和态度，以及态度和主观规范之间的相互作用，会显著地影响行为意图。采用来自全国性消费者咨询机构的客户样本调查和账户数据，Xiao和Wu（2008）分析了在完成债务管理计划过程中与消费者行为相关的影响因素。他们发现，对行为的态度及感知的控制会影响实际行为，但是主观规范却不会。此外，一个并未在理论中予以明确的因素——对于债务管理项目服务的满足感，同样也会影响实际行为。Guo等（2009）在其研究中也得到了与之相似的结论。

计划行为理论，同样也被应用于电子商务中的消费者行为研究，如网上购物和电子购物券的使用等。基于该理论，Lim和Dubinsky（2005）对信念架构进行分解，并在修正后的模型中加入显著信念的交互项。以大学生样本数据为例，研究发现，上述附加变量会对消费者网上购物的意图产生影响（Lim和Dubinsky，2005）。进一步地，Shim等（2001）运用该理论，对消费者的网上购物意图进行了研究。基于全国计算机使用者的样本调查数据，研究发现使用互联网进行信息搜索的意图可以作为影响的前置变量——如态度、感知的控制和过去的经历等——和网上购物意图结果变量的中介变量；态度和过去的购物体验，同样会直接影响购买意图。基于计划行为理论，Fortin（2000）提出用于解释消费者使用购物券和电子购物券行为的理论框架。在使用电子购物券的情况下，Kang等（2006）在对比了理性行动理论和计划行为理论后，发现计划行为理论在解释消费者购买意图方面效果更佳。

进一步地，有研究应用计划行为理论分析了大学生如何形成理财行为，如财务管理、信用管理及储蓄管理等（Shim等，2009；Xiao等，2011b）。研究发现，行为意图的三个前置变量都与意图相关，而意图又对行为有影响。

3.5 改变行为

3.5.1 跨理论行为改变模型

跨理论行为改变模型，是20世纪70年代由罗德岛大学的心理学教授James Prochaska及其同事研究开发出来的（Prochaska，1979；Prochaska等，1992）。在统一的框架下，他们将几种主要的心理学理论综合起来，构建了跨理论行为改变模型，用以帮助人们戒除不良行为。在该模型的命名中，"Transtheoretical"一词表示将理论转向于具体的实践应用，表明了开发该模型的初衷就是将其应用于咨询服务。该模型早期主要应用于戒烟，随后又应用于其他与健康有关的行为方面，如酗酒、药物滥用、高热量饮食与体重控制、心理压抑及阳光暴晒等（Prochaska等，1994）。此外，也有部分研究将该理论应用到其他领域，如组织变革和提供协调性服务等方面。更多关于该模型及其成果的信息，可以查询ProChange Behavior System网站（http://prochange.com/）。

TTM模型的主要框架包括改变的阶段、改变的过程、自我效能和决策权衡。TTM模型识别了行为改变的五个阶段：意向前期、意向期、准备期、行动期和保持期。如果一个人不打算在六个月内进行改变，说明其处于意向前期。如果一个人打算在六个月内进行改变，说明其处于意向期。如果一个人打算在三十天内进行改变，说明其处于准备期。如果一个人已经开始改变，且时间少于六个月，说明其处于行动期。如果一个人改变行为超过六个月，且少于十八个月，说明其处于保持期。如果一个人改变行为超过十八个月，我们就认为其行为已经改变。当然，部分人也有可能再度回到原来的阶段。通常，行为改变可能会需要经历多个循环过程。TTM还定义了行为改变的十个过程，在每个过程中都有相应的策略或干预手段去帮助人们改变不良行为。TTM行为改变的过程及其定义见表3-1。根据TTM模型，如果上述策略能和行为改变的具体阶段相匹配，那么将会发挥更有效的作用。

行为改变成功的两个指标是决策权衡和自我效能（或自信）。当人们越处于行为改变的后期，他们的行为改变将会以更少的投入获得更多的回报。同时，当他们再次面对困难境况时，会更有信心规避不利行为。

同其他行为改变模型相比，TTM模型有以下独到之处：（1）它将主要的心理学理论整合到一个框架中，从而可以提供更为有效的干预措施；（2）它与行为规范不同，定义了多个行为改变的阶段，具备适用于所有达到或未达到某个目标性行为情况的潜力；（3）它将干预策略与行为改变的不同阶段进行匹配，从而使其比其他干预措施更为有效；（4）它更强调个体的自我控制（Prochaska等，1996）。

表3-1   改变阶段及匹配策略

改变阶段	改变策略	定义
意向前期	产生意识	发现并了解到一些有助于健康的行为改变的新的事实、观点和建议
	剧烈解脱	经历了一些不健康行为所带来的负面情绪
	对环境重新评估	意识到不健康行为或健康行为对周边环境和身体的消极或积极影响
意向期	自我重新评估	意识到行为改变是体现个人特质的一个重要方面
准备期	自我解放	对行为改变做出坚定承诺
行动/保持期	加强管理	增加行为改变中的积极回报，并降低不健康行为的负面影响
	他人帮助	为了行为改变而寻求其他人的帮助
	对抗条件反射	用备选的健康行为和认知来取代不健康的行为和认知
	刺激控制	消除可能导致不健康行为的诱因，同时增加可以促进健康行为的暗示
所有阶段	社会解放	意识到社会规范正在朝着支持健康行为转变的方向发展

资料来源：Xiao et al.(2004b).

　　TTM模型，是众多阶段理论模型之一。在由心理学领域的学者Armitage和Conner（2000）回顾归纳的五种多阶段理论中，TTM模型得到了最多的实证研究支持。和激励理论相比，多阶段理论要更加精致。然而，也有学者对多阶段理论提出了几点疑问，主要包括：（1）从心理学角度看，每个阶段实际发生了什么？（2）当人们改变其行为时，是按照连续的阶段来完成吗？（3）从行为改变决定因素的角度来看，不同阶段真的就不同吗？

3.5.2　在理财行为上的应用

　　TTM模型在理财行为研究领域的应用开始于20世纪90年代后期。Kerkman（1998）率先通过案例来探讨TTM模型在金融咨询领域的应用，并论证了相关的研究方法。Bristow（1997）认为，该模型可以应用到Money2000（USDA的合作推广项目）中，以改变人们的理财行为。Money2000作为成功的金融教育项目，相继被美国的29个州所采用，据报道其总的货币化影响达到了近2 000万美元（O'Neill，2001）。基于1998年新泽西州和纽约州的相关项目参与者的样本数据，研究结果表明报告行为发生改变的参与者，会更频繁地使用前文所述的特定行为改变过程（Xiao等，2004c）。此外，还有研究将TTM模型应用于信贷咨询领域，并开发出量表帮助消费者改变行为，进而消除其信用卡的不良负债（Xiao等，2004a；Xiao等，2004b）。TTM模型同样可以应用到金融教育项目领域以帮助低收入消费者，在TTM框架下还开发出了特定的教育策略（Shockey和Seiling，2004）。进一步地，TTM模型也用于为女性提供建议，从而帮助她们成为更好的投资者（Loibl和Hira，2007）。

3.6　消费者理财能力的研究展望

　　未来应当开展更多的研究，并更加清晰地界定理财能力，以及更有效地测度这一重要概念。进一步地，在未来的研究中还应当关注理财能力、金融素养和理财行为之间的关系。从理论上看，上述三个概念之间呈正相关关系，这需要进一步的实证数据予以验证。同时，这三个概念和消费者经济福利之间有何关系，在后续研究中也应当加以关注。

在已有的诸多研究中，理财能力常通过理财行为加以度量，参见前文"理财能力"章节中对相关研究的回顾。更多有关理财行为的深入研究，也应进一步开展。相关领域的学者们应该制定有关理财行为领域的研究清单，将消费者金融领域的方方面面都包括进来。在众多现有的研究中，理财行为的定义常因研究目的不同而各异，并且其中多数定义的表述并不全面。具有可靠性和有效性的理财行为领域研究清单，对于金融教育者和研究人员将十分有用，尤其是当他们对金融项目进行评估，以及度量相关项目对人们行为的改变和生活品质的影响时，会大有裨益。

本章中提到的消费者行为改变的两大理论，已经被应用到特定理财行为和特定人群之中，它们还可应用到其他更多的行为和多样化的群体当中。例如，在许多州都设立了退税点，用以帮助低收入消费者退税。另一个案例是美国财政部发起的 Go Direct 运动，用以鼓励人们使用美国社保部门发行的福利支票电子存折。消费经济学领域的学者们还应当与政府机构和金融机构进行合作，从而应用这些理论设计出更加有效的教育和拓展服务项目，使得上述社会性倡议进一步产生更大的影响。

作为多阶段理论模型的代表，TTM模型具有许多优势，可帮助消费者改变不良理财行为并逐步形成积极的理财行为。基于该理论所开发出来的策略可以帮助大众群体，其强调特定行为改变阶段所对应的特定策略，能产生更广泛的社会影响，从而形成更为经济有效的方法。诸如此类的方法策略，还应当更具有人性化的特征。以在线自我评估工具为例，尽管其用户数量有上百万，但仍然能够结合用户反应向用户提供个性化的反馈（O'Neill和Xiao，2006）。

本章回顾的行为理论都是在经过众多科学研究检验之后才逐步完善地构建起来。消费金融领域的学者可以沿用已有研究中的相关策略、技术和技巧，为金融教育者和消费者提供更多实用性信息。

基于上述理论，政府可建立一些自助性网站，以帮助下定决心的消费者改变不良行为；出于相同目的，还应当汇编一些自助手册。此外，对自助性网站和手册的使用应进行一定的监测和研究，从而识别更为有效的激励和促进行为改变的影响因素。

消费者理财行为研究的目的之一，是更好地理解理财行为形成和变化的影响因素。具体地说，金融教育者的兴趣点在于了解金融教育在理财行为形成和改变过程中的作用。此外，金融教育者需要了解金融教育项目的重要特征，使其不仅能够授予人们金融知识，还能够鼓励人们形成积极的理财行为，并改变自身的不良理财行为。在后续研究中，应当归纳和总结对金融教育者开发金融教育项目有直接指导意义的信息和发现。

未来的研究还应当进一步考察金融教育、理财行为和生活质量三者之间的关系。大多数金融教育者和机构——尤其是州立大学——的宗旨是通过提供有效的金融教育来提高人们的生活质量；希望金融教育能够对人们的理财行为产生直接影响，进而提升人们的金融福利水平。要在这一主题下开展研究，需要收集更多有关金融教育、理财行为及生活质量方面的相关数据。

理想的理财行为可能会改善健康水平。在控制了初始健康状态、人口、工作类型及收入等差异因素之后，Gubler 和 Pierce（2014）分析了哪些员工更有可能改善健康水平，他们发现当前的退休金缴费机制和未来健康水平的改善是高度相关的。通过投资401k计划为将来进行储蓄的员工，在验血结果异常方面有明显改善，并且他们的健康行为比未参与者多出大约27%（Gubler和Pierce，2014）。不同生活领域的理想行为之间可以起到互相强化的作用。以存在金融压抑的消费者样本为例，研究表明，健康水平的改善和理想的理财行为之间具有相关关系。关于这方面的研究，未来应当进一步拓展。

在本章所提到的行为理论中，仍有两个议题没有得到解决：理财行为的结构，以及理财行为之间的相互影响。第一个议题主要考虑的是当消费者采取不同的理财行为时，是否存在一个固定的模式。已有研究表明理财行为的实施可能会呈现层次化模式，消费者在实施理财行为之前，只可能会采取某种特定行为。根据美联储研究人员Hilgert等（2003）的研究，消费者似乎会首先采取财务管理行为，然后是信用行为，最后是储蓄和投资行为（Xiao和Noring，1994）。针对储蓄动机（Xiao和Noring，1994）和金融资产份额（Xiao和Anderson，1997）的研究，也呈现上述研究中所体现的层次化行为模式的特点。上述模式具有普遍的有效性吗？如果答案是肯定的话，那么它的理论基础又是什么？这一议题还有待解决。第二个议题是积极的理财行为之间是否会互相强化？积极的理财行为是否会引致其他理想的理财行为？如果是的话，我们可以将焦点集中于推动特定的理财行为，同时希望该行为的形成会促进其他理想理财行为的实施。有研究表明，自我感知的理财行为表现和自我报告的积极理财行为之间具有相关关系（Xiao等，2006）。因此，要解决上述议题，还需要开展更多的理论和实证研究。

3.7 总结

随着经济和社会的发展，个体消费者为他们个人的长期财务保障——如退休时的经济保障等——承担了越来越多的责任和风险，因此大多数国家的政府越来越关注消费者的能力。理财能力的假定是消费者能够运用适当的金融知识，采取合理的理财行为，从而获得和维持他们的经济福利。金融素养可以通过整个生命周期的学习行为，以及利用政府和非政府组织所提供的公共教育服务来获得。计划行为理论和跨理论行为改变模型等行为理论的研究成果，可以帮助人们理解理财行为并对其进行修正，使其朝着理想的方向发展。

参考文献

[1] Ajzen, I. (1991). The theory of planned behavior. Organizational Behavior and Human Decision Processes, 50, 179-211.

[2] Ajzen, I., & Fishbein, M. (1980). Understanding attitudes and predicting social behavior. Englewood Cliffs, NJ: Prentice-Hall.

[3] Armitage, C. J., & Conner, M. (2000). Social cognition models and health behavior: A structured review. Psychology and Health, 15, 173-189.

[4] Armitage, C. J., & Conner, M. (2001). Efficacy of the theory of planned behavior: A meta-analytic review. British Journal of Social Psychology, 40, 471-499.

[5] Arrowsmith, S., & Pignal, J. (2010). Initial findings from the 2009 Canadian financial capability survey. Task Force on Financial Literacy.

[6] Atkinson, A. (2007). Financial capability amongst adults with literacy and numeracy needs. Working paper. Bristol: University of Bristol.

[7] Atkinson, A., McKay, S., Kempson, E., & Collard, S. (2006). Levels of financial capability in the UK: Results of a baseline survey. Consumer Research Report 47. London: Financial Services Authority.

[8] Bansal, H. S., & Taylor, S. F. (2002). Investigating interactive effects in the theory of planned behavior in a service-provider switching context. Psychology & Marketing, 19, 407-425.

[9] Bernheim, D. (1995). Do households appreciate their financial vulnerabilities? An analysis of actions, perceptions, and public policy. Tax Policy and Economic Growth, 3, 11-30.

[10] Bernheim, D. D. (1998). Financial illiteracy, education, and retirement saving (No 96-7). Pennsylvania, PA: Wharton School Pension Research Council, University of Pennsylvania.

[11] Bosnjak, M., Tuten, T. L., & Wittmann, W. W. (2005). Unit (non)response in web-based access panel surveys: An extended planned-behavior approach. Psychology & Marketing, 22(6),489-505.

[12] Bristow, B. J. (1997). Promoting financial well-being: Running a successful MONEY 2000 campaign. Ithaca, NY: Cornell Cooperative Extension.

[13] Burns, S. A. (2008). Promoting applied research in personal finance. In J. J. Xiao (Ed.), Handbook of consumer finance research (pp. 411-418). New York, NY: Springer.

[14] Campbell, J. Y., Jackson, H. E., Madrian, B. C., & Tufano, P. (2011). Consumer financial protection. Journal of Economic Perspectives, 21(1), 91-113.

[15] Christelis, D., Jappelli, T., & Padula, M. (2010). Cognitive abilities and portfolio choice. European Economic Review, 54(1), 18-38.

[16] Cook, A. J., Kerr, G. N., & Moore, K. (2002). Attitudes and intentions towards purchasing GM food. Journal of Economic Psychology, 23(5), 557-572.

[17] De Meza, D., Irlenbusch, B., & Reyniers, D. (2008). Financial capability: A behavioral economics perspective. Consumer Research Report 69. London: Financial Services Authority.

[18] Dew, J., & Xiao, J. J. (2011). The financial management behavior scale: Development and validation. Journal of Financial Counseling and Planning, 22(1), 43-59.

[19] East, R. (1993). Investment decisions and the theory of planned behavior. Journal of Economic Psychology, 14(2), 337-375.

[20] East, R. (2000). Complaining as planned behavior. Psychology & Marketing, 17, 1077-1095.

[21] Fessler, P., Schürz, M., Wagner, K., & Weber, B. (2007). Financial capability of Austrian households. Monetary Policy & the Economy Q, 3, 50-67.

[22] FINRAIEF. (2013). Financial capability in the United States: Report of findings from the 2012 National Financial Capability Study. Washington, DC: FINRA Investor Education Foundation.

[23] Fishbein, M., & Ajzen, I. (1975). Belief, attitude, intention, and behavior: An introduction to theory and research. Reading, MA: Addison-Wesley.

[24] Fortin, D. R. (2000). Clipping coupons in cyberspace: A proposed model of behavior for deal prone

consumers. Psychology & Marketing, 17, 515-534.

[25]Gubler, T., & Pierce, L. (2014). Healthy, wealthy, and wise: Retirement planning predicts employee health improvements. Psychological Science, 25(9), 1822-1830.

[26]Guo, L., Xiao, J. J., & Tang, C. (2009). Understanding the psychological process underlying customer satisfaction and retention in a relational service. Journal of Business Research, 62, 1152-1159.

[27]Hilgert, M. A., Hogarth, J. M., & Beverly, S. G. (2003). Household financial management: The connection between knowledge and behavior. Federal Reserve Bulletin, 89, 309-322.

[28]Hira, T. (2010). The NEFE quarter century project: Implications for researchers, educators, and policy makers from a quarter century of financial education. Retrieved from http://www.nefe.org/LinkClick.aspx?fileticket=A2P8jPulqkw%3d &tabid=934.

[29]Hoelzl, E., & Kapteyn, A. (2011). Financial capability. Journal of Economic Psychology, 32(4), 543-545.

[30]Hrubes, D., Ajzen, I., & Daigle, J. (2001). Predicting hunting intentions and behavior: An application of the theory of planned behavior. Leisure Sciences, 23, 165-178.

[31]Johnson, E., & Sherraden, M. S. (2007). From financial literacy to financial capability among youth. Journal of Sociology & Social Welfare, 34(3), 119-146.

[32]Kang, H., Hahn, M., Fortin, D. R., Hyun, Y. J., & Eom, Y. (2006). Effects of perceived behavioral control on the consumer usage intention of e-coupons. Psychology & Marketing, 23(10),841-864.

[33]Kempson, E., & Atkinson, A. (2006). Overstretched: People at risk of financial difficulty. London: Genworth Financial Inc.

[34]Kempson, E., Collard, S., & Moore, N. (2005). Measuring financial capability: An exploratory study. Consumer Research Report 37. London: Financial Services Authority.

[35]Kerkman, B. C. (1998). Motivation and stages of change in financial counseling: An application of a transtheoretical model from counseling psychology. Financial Counseling and Planning,9(1), 13-20.

[36]Levesque, D. A., Prochaska, J. M., & Prochaska, J. O. (1999). Stages of change and integrated service delivery. Consulting Psychology Journal, 51, 226-241.

[37]Lim, H., & Dubinsky, A. J. (2005). The theory of planned behavior in e-commerce: Making a case for interdependencies between salient beliefs. Psychology & Marketing, 22, 833-855.

[38]Loibl, C., & Hira, T. K. (2007). New insights into advising female clients on investment decisions. Journal of Financial Planning, 20(3), (68-75).

[39]Lusardi, A. (2011). Americans' financial capability (No. w17103). National Bureau of Economic Research.

[40]Lusardi, A., & Mitchell, O. S. (2014). The economic importance of financial literacy: Theory and evidence. Journal of Economic Literature, 52(1), 5-44.

[41]Lynne, G. D., Casey, C. F., Hodges, A., & Rahmani, M. (1995). Conservation technology adoption decisions and the theory of planned behavior. Journal of Economic Psychology, 16(4),581-598.

[42]Mandell, L. (2008). Financial literacy of high school students. In J. J. Xiao (Ed.), Handbook of consumer finance research (pp. 163-184). New York, NY: Springer.

[43]Miles, D. (2004). The UK Mortgage Market: Taking a longer-term view. London: Final Report and Recommendations.

[44]Moore, D.L. (2003). Survey of financial literacy in Washington State: Knowledge, behavior, attitudes, and experiences. Washington State Department of Financial Institutions.

[45]NCEE. (2005). What American teens and adults know about economics. Washington, DC: National Council on Economic Education.

[46]O'Donnell, N., & Keeney, M. J. (2009). Financial capability: new evidence for Ireland (No. 1/RT/09). Dublin: Central Bank of Ireland.

[47]O'Neill, B. (2001). Updated MONEY 2000™: Impact data. Message to MONEY 2000™ electronic mail group, MONEY2000-NATIONAL-L@cce.cornell.edu.

[48]O'Neill, B., & Xiao, J. J. (2006). Financial fitness quiz findings: Strengths, weaknesses, and disconnects. Journal of Extension, 44(1).

[49]O'Neill, B., Xiao, J. J., Sorhaindo, B., & Garman, E. T. (2005). Financial distressed consumers: Their financial practices, financial well-being, and health. Financial Counseling and Planning, 16 (1), 73–87.

[50]Prochaska, J. O. (1979). Systems of psychotherapy: A transtheoretical analysis. Homewood, IL: Dorsey.

[51]Prochaska, J. M. (2000). A transtheoretical model for assessing organizational change: A study of family service agencies' movement to time limited therapy. Families in Society, 80(1), 76–84.

[52]Prochaska, J. O., DiClemente, C. C., & Norcross, J. C. (1992). In search of how people change: Applications to addictive behaviors. American Psychologist, 47(9), 1102–1114.

[53]Prochaska, J. O., Redding, C. A., Harlow, L. L., Rossi, J. S., & Velicer, W. F. (1994). The transtheoretical model of change and HIV prevention: a review. Health Education Quarterly, 21, 4.

[54]Prochaska, J. O., Redding, C. A., & Evers, K. E. (1996). The transtheoretical model and stages of change. In K. Glanz, F. M. Lewis, & B. K. Rimer (Eds.), Health behavior and health education: Theory, research, and practice (2nd ed., pp. 60–84). San Francisco, CA: Jossey-Bass.

[55]Shim, S., Easlick, M. A., Lotz, S. L., & Warrington, P. (2001). An online prepurchase model: The role of intention to search. Journal of Retailing, 77, 397–416.

[56]Shim, S., Xiao, J. J., Barber, B., & Lyons, A. (2009). Pathway to life success: A conceptual model of financial well-being for young adults. Journal of Applied Developmental Psychology, 30, 708–723.

[57]Shockey, S. S., & Seiling, S. B. (2004). Moving into action: Application of the transtheoretical model of behavior change to financial education. Financial Counseling and Planning, 15(1), 41–52.

[58]Smith, B., & Stewart, F. (2008). Learning from the experience of OECD countries: Lessons for policy, programs and evaluations. In A. Lusardi (Ed.), Overcoming the saving slump: How to increase the effectiveness of financial education and saving programs (pp. 345–367). Chicago: University of Chicago Press.

[59]Taylor, M. (2011). Measuring financial capability and its determinants using survey data. Social Indicators Research, 102(2), 297–314.

[60]Xiao, J. J. (2008). Applying behavior theories to financial behavior. In J. J. Xiao (Ed.), Handbook of consumer finance research (pp. 69–81). New York, NY: Springer.

[61]Xiao, J. J., Ahn, S., Serido, J., & Shim, S. (2014c). Earlier financial literacy and later financial behavior of college students. International Journal of Consumer Studies. Online First.

[62]Xiao, J. J., & Anderson, J. G. (1997). Hierarchical financial needs reflected by household financial asset shares. Journal of Family and Economic Issues, 18(4), 333–356.

[63]Xiao, J. J., Chatterjee, S., & Kim, J. (2014b). Factors associated with financial independence of young adults. International Journal of Consumer Studies, 38, 394–403.

[64]Xiao, J. J., Chen, C., & Chen, F. (2014c). Consumer financial capability and financial satisfaction. Social Indicators Research, 118(1), 415–432.

[65]Xiao, J. J., Chen, C., & Sun, L. (2014d). Age differences in consumer financial capability. International Journal of Consumer Studies. Forthcoming.

[66]Xiao, J. J., Collins, M., Ford, M., Keller, P., Kim, J., & Robles, B. (2010). A review of financial behavior research: Implications for financial education. Commissioned report submitted to National Endowment on Financial Education.

[67]Xiao, J. J., Ford, M. E., & Kim, J. (2011a). Consumer financial behavior: An interdisciplinary re-

view of selected theories and research. Family and Consumer Science Research Journal, 39 (4), 399-414.

[68]Xiao, J. J., Newman, B. M., Prochaska, J. M., Leon, B., Bassett, R., & Johnson, J. L. (2004a). Applying the transtheoretical model of change to debt reducing behavior. Financial Counseling and Planning, 15(2), 89-100.

[69]Xiao, J. J., Newman, B. M., Prochaska, J. M., Leon, B., & Bassett, R. (2004b). Voice of consumers in credit card debts: A qualitative approach. Journal of Personal Finance, 3(2), 56-74.

[70]Xiao, J. J., & Noring, F. E. (1994). Perceived saving motives and hierarchical financial needs. Financial Counseling and Planning, 5, 25-44.

[71]Xiao, J. J., & O'Neill, B. (2014). Financial education and financial capability. In V. J. Mason (ed.), Proceedings of the Association for Financial Counseling and Planning Education (pp. 58-68).

[72]Xiao, J. J., O'Neill, B., Prochaska, J. M., Kerbal, C. M., Brennan, P., & Bristow, B. J. (2004c). A consumer education program based on the transtheoretical model of change. International Journal of Consumer Studies, 28(1), 55-65.

[73]Xiao, J. J., Serido, J., & Shim, S. (2012). Financial education, financial knowledge, and risky credit behaviour of college students. In D. Lamdin (Ed.), Financial decisions across the lifespan: Problems, programs, and prospects (pp. 113-128). New York, NY: Springer.

[74]Xiao, J. J., Sorhaindo, B., & Garman, E. T. (2006). Financial behavior of consumers in credit counseling. International Journal of Consumer Studies, 30(2), 108-121.

[75]Xiao, J. J., Tang, C., Serido, J., & Shim, S. (2011b). Antecedents and consequences of risky credit behavior among college students: Application and extension of the theory of planned behavior. Journal of Public Policy & Marketing, 30(2), 239-245.

[76]Xiao, J. J., & Wu, J. (2008). Completing debt management program in credit counseling: An application of the theory of planned behavior. Financial Counseling and Planning, 19(2), 29-45.

第二部分　消费者经济环境

第4章　政府与消费者经济福利

摘要：政府可通过多种方法来提高消费者的经济福利。其中一个主要途径是通过市场监管使消费者和企业之间的力量能够得到平衡。本章的重点是介绍与消费者保护有关的政府监管方式。本章首先对监管进行了定义和分类；然后讨论了相关的管制理论；接下来，介绍了公共政策制定理论，并讨论了美国总统在与消费者保护相关的法律制定过程中所扮演的角色；在简短地介绍了消费者保护的相关法律（包括州级法律）之后，又分析了政府在消费者安全权与消费者金融方面的监管方式；最后，在国际范围内对政府实施的消费者保护措施做了横向比较。

4.1　政府对消费者保护的监管

Meier 等（2003）编撰的《政府监管和消费者权益保护》（Regulation and Consumer Protection）一书对美国的政府监管和消费者权益保护做了详细的综述。政府监管，指的是由政府采取的，用以调控居民、企业或其他政府行为的措施。政府监管的形式是多样的，包括价格管制、特许经营或许可证交易、标准制定、直接配置资源、提供激励、促进公平竞争及信息提供等形式（Meier，2003）。

政府监管常被视作决策过程的子系统。有关的小组委员会、机构和利益集团之间的动态交互构成子系统，美国总统、立法机构和法院作为外部环境的影响因素，共同对该子系统产生影响。除了上述制定政策的监管子系统，还有其他因素影响公共政策的决策过程，如经济因素、技术因素、历史因素、文化因素和公众观点等（Licari，2003）。

对消费者与日俱增的监管响应，是政府监管改革的主要方向。为增强监管机构的响应能力，出现了两种正式机制，即消费者权益保护机构（Agency for Consumer Advocacy，ACA）和运用公共基金来支持消费者参与相关机构的政府监管流程。创建消费者权益保护机构的想法早在 20 世纪 70 年代就已被提出，但由于各种政治原因，这种机制从未得以实现（Smith，2003）。

4.2　消费者保护措施的分类

消费者保护措施分为四大类：选择限制、选择扩大、个人赋权（Individual Empowerment）和集体赋权（Collective Empowerment）（Friedman，1991）。选择限制，主要涉及具体产品和人群的健康安全问题，如儿童的健康等。选择扩大，主要是利用强制性指令为消费者提供所需要的产品信息和服务信息。个人赋权，是指通过消费者教育提高消费者胜任力。集体赋权，是指为消费者权益保护组织提供资源，将消费者的意见纳入公共决策过程中。上述措施提供了以消费者为导向的政府保护。为更好地保护消费者权益，联邦政府还通过限制企业行为来提高消费者福利，如提高市场竞争水平、抵制市场欺诈，以及限制企业采取针对消费者的不公平商业行为。

4.3 管制理论

4.3.1 管制俘虏理论

Stigler（1971）认为，管制作为一种规则是由行业获得的，其主要是根据特定行业利益来设计和运行的，因而管制也常被打上"获得性"的标签。同时，Stigler（1971）还提出了另外两种行业管制的观点。第一种观点是，管制措施主要是为了保护公众或某个特定群体的利益而制定的。第二种观点认为，行业管制是政治程序的结果，而这个政治程序无法用理性的经济学原理来解释。政府监管的内容，主要包括直接补贴、准入控制和价格调控等方面。上述监管措施是通过利润最大化来实现的，受到三个方面的政治性局限：（1）小公司通常会得到更多的福利；（2）公共程序所需的程序保障代价高昂；（3）政治程序自动允许强大的局外企业进入行业委员会。获得立法的成本与市场化进程不同，这主要有三个方面的原因：（1）决策必须由许多人同时做出；（2）民主决策过程必须包含不同团体的所有党派，而不仅仅包括那些与决策直接相关的群体；（3）寻求政治权力的行业，必须要找到合适的卖家——政党，并准备支付政党需要的两样东西，即选票和资源。Stigler（1971）的文章以职业许可为例，论证了立法的成本问题。

4.3.2 软家长主义

在研究管制的相关文献中，家长主义（Paternalism）是指政府严格监管以限制企业和消费者行为。软家长主义（Libertarian Paternalism）是一种相对较弱的、温和的和非侵入式的家长主义，因为消费者的选择没有被阻止、隔离或受到显著影响（Thaler和Sunstein，2003；Thaler和Sunstein，2009）。在政府监管中，对决策架构的任一方面小小的推动（Nudge），都会在不禁止任何选择或不显著地改变经济刺激的条件下，以可预测的方式改变人们的行为。如果要把干预仅仅视作小小的推动，那么干预必须是很容易或只需花费很低的成本就能够避免的。小小的推动不是命令。好的抉择框架需要遵循六项原则，即NUDGES（Thaler和Sunstein，2009），具体如下：

激励（iNcentive），即需要了解谁来使用、谁来选择、谁来支付，以及谁来获利的问题。成本和收益的显著相关性，能够引起人们的注意。实例：医疗费用。

理解映射（Understanding Mappings），即提高消费者的映射能力以改善他们的福利。复杂的决策需要有效的映射来辅助。为了达到映射目的，建议政府进行RECAP干预：记录（Record）、评估（Evaluate）和可替代品价格比较（Compare Alternative Price）。实例：进行信息披露。

默认状态（Defaults），即为消费者福利提供默认的选项。实例：参与401k计划。

给予反馈（Give Feedback），即及时让消费者了解自己是否已经做得很好或已经犯了错误。实例：数码相机拍摄的即时照片。

预期误差（Expect Error），即通过预先设计来避免消费者可能犯的错误，以及产品可能存在的缺陷。实例：加油站不同尺寸的喷嘴对应不同型号的汽油。

将复杂选择结构化（Structure Complex Choices），即当备选项变得越来越多且抉择易在更多维度上发生变化时，人们更有可能采取简化策略。政策制定者需要开发合适的选择体系，因为这一体系提供了结构化的选择方式，而这种结构化又会对结果产生影响。实例：油漆商店的漆轮。

4.4 政策议程设定

Mayer（1991）分析了公共政策议程设定的过程等消费者相关议题。消费者的问题，可以定义为消费者在个人层面上不满意的状态。消费者议题，指的是那些从个人层面上升到公众层面的，并受到公众、大众媒体和政策制定者关注的消费者问题。消费者问题是如何发展成为消费者议题，并进一步推动消费者保护立法的呢？现有如下两种对立观点：第一种观点认为，这些问题是由媒体公之于众，引发舆论效应，进而使公共政策制定者对这些问题予以关注；第二种也是大多数观点认为，上述过程有时也会发生逆转，消费者议题可能会率先由政策制定者提出。

为了研究公共政策议程设定的过程，需要明确三个相应议程，即媒体议程、公众议程和政策议程。媒体议程，指的是大众媒体所高度重视的内容，可通过新闻报道、纪录片和社论等渠道来衡量。公共议程，是指公民心目中最关心的一系列问题，可以通过民意调查，以及消费者针对企业和政府的抱怨来反映。政策议程，包括政府决策者认为需要深思熟虑的问题，可以通过总统演讲、立法机构提交的法案和监管机构发起的法规制定程序来衡量。Mayer（1991）发现，在1960—1987年间，消费者议题在政策议程中被首次提出，后来联邦政府开始关注消费者问题，通过早期的行政和立法措施使其合法化。在此期间，部分消费者议题因意外事故和丑闻而出现在媒体、公众和政策议程上，但这些孤立的事件并不能解释消费者议题的总体模式。上述研究表明，公共政策议程的设定过程是多方向的，而不是单向的，即公众和政策制定者会同时发挥作用。

4.5 总统和消费者保护

几位美国总统在消费者权益保护监管方面都发挥了重要的作用（Waterman 和 Garman，1997）。通常情况下，民主党的总统们都比共和党的总统们更加支持消费者权益保护运动。有两个潜在因素影响了所有总统在消费者权益保护问题上的立场。第一个因素是公众需要扩大消费者权益保护的范畴。当这种需求变得明显时，总统们要么就带头推动新的消费者权益保护措施实施，要么就加入消费者权益保护运动中，成为他们的一员。第二个因素是总体经济状况。如果经济增长放缓、企业重组，以及外国的经济竞争加剧，总统们将关注新的消费者权益保护措施可能对经济产生的影响。进一步地，企业可以通过对他们的竞选捐款和游说活动，影响消费者权益保护法律的制定和实施。

纵观美国的历史可以看出，后来的总统们一直致力于维护消费者权益，他们积极协助通过和颁布消费者权益保护方面的重要法律。1906年，罗斯福总统在推动两部早期的消费者权益保护相关法律通过方面，发挥了至关重要的作用。这两部法律分别是《肉类检验法》（Meat Inspection Act）和《纯净食品和药品法》（Pure Food and Drug Act）。他不仅在推动联邦政府通过《食品、药品和化妆品法》（Federal Food，Drug，and Cosmetic Act）方面发挥了作用，而且在国家复兴局（National Recovery Administration，NRA）的制度架构下，建立了消费者咨询委员会（Consumer Advisory Board，CAB）。肯尼迪总统在向国会提交的第一份关于保护消费者利益的总统特别咨文中，提出了消费者权利的概念，并明确了四项消费者权利，即消费者有权获得安全保障、有权获得准确信息、有权自由选择，以及有权提出消费意见。约翰逊总统被认为是消费者权益保护的最伟大的捍卫者，他新设了一个白宫职位，即消费事务特别助理，并成立了消费者权益总统委员会（President's Committee on Consumer Interests），颁布了多项有关消费者权益保护的改革提案，还签署了多项重要的消费者权益保护条例，并促成它们列入法律。尼克松总统向国会提交了关于消费者权益保护的特别咨文，提出了《买方权利法案》（Buyer's Bill of Rights），并在消费者权利清单中增加了索赔权。福特总统提出了"消费者受教育的权利"。卡特总统支持的建立联邦消费者权益保护机构的提案未能在国会表决通过。克林顿总统提出了"服务权"（Right to Service）的概念，并重点关注医疗改革这一消费者议题。奥巴马总统在2009年签署了《信用卡业务相关责任和信息披露法案》（Credit CARD Act），随后在2010年签署了《多德-弗兰克华尔街改革和消费者保护法案》（Dodd-Frank Act，以下简称《多德-弗兰克法案》），创建了消费者金融保护局（Consumer Financial Protection Bureau，CFPB），并且颁布了抵押贷款保护条例。与上述几位总统的态度相反，里根总统反对监管，大幅削减了消费者权益保护机构的财政预算，并在消费者监管机构中任命持反对管制观点的官员。然而，隶属于"小布什"总统麾下的美国货币监理署署长办公室则宣布，各州反掠夺性贷款法规优先适用于国民银行。

4.6 消费者保护法律

消费者保护法律包括两个部分，即公共消费者保护法律和个人消费者保护法律（Rustad，2007）。公共消费者保护法律是行政法律的一个子集，管理着企业与政府之间的关系。联邦和州政府通过民事处罚和刑事罚款来执行公共消费者保护法律，这些罚款由联邦或州财政部收取。联邦和各州颁布公共消费者权益保护法律的目的，是发现和惩治那些对大多数消费者而非个人消费者有害的行为。其另一个目的是阻止不当行为。进一步地，公共机构有时也会以协商解决的方式对权益受损的消费者进行补偿。

个人消费者保护法律包括了由受损消费者提出赔偿的有关规定，以弥补消费者因有缺陷的产品或服务造成的人身伤害、经济损失或财产损失。公共消费者法律旨在规范消费者市场，保护消费者不受掠夺性或不公平行为的侵害。而私人诉讼则是挽回消费者货币损失的唯一切合实际的方法。消费者可以通过小额索赔法庭挽回损失。该类法庭的特殊性在于，可以让消费者在非正式诉讼中主张自己的利益，但消费者可以索取赔偿的金额有上限。当案件较大且复杂时，消费者需要聘请律师来进行处理（Bevans，2011；Rustad，2007）。集体诉讼还可以将许多小额索赔聚集起来，以便受损消费者可以在案件中更有效地提起诉讼。

4.7 消费者安全保护

4.7.1 食品安全

美国国会已经将食品安全授权分配给9个联邦机构，它们分布在内阁的4个不同部门和2个独立机构中。在上述食品安全机构中，有两大机构对美国消费者的食品安全负首要责任。其中，美国农业部（Department of Agriculture）的食品安全检验局（Food Safety and Inspection Service，FSIS）主要负责加强对肉类和家禽的监管，美国卫生与公共服务部（Health and Human Services，DHHS）下属的食品和药物管理局（Food and Drug Administration，FDA）主要负责对其他所有食品的监管（Carsky，2003）。

4.7.2 药品安全

美国卫生与公共服务部下属的FDA负责监管药品安全。FDA的职责如下：

（1）确保食品的安全、健康和卫生；保证人用药物和兽用药物，以及生物制品和医疗设备的安全和有效；确保化妆品的安全；保证电子产品的辐射在安全范围之内。

（2）确保被监管产品所提供信息的真实性和准确性。

（3）确保相关产品符合法律和FDA相关规定；FDA需要对不符合规定的产品进行识别和纠正，同时负责从市场上撤下不安全或不合法的产品（Grant和Olmstead，2003）。

4.7.3 消费品安全

美国消费品安全委员会是独立的联邦监管机构，主要负责监管消费品安全，保护消费者在大概1.5万种不同消费品的购买过程中不受侵害。根据1972年颁布的《消费品安全法案》（Consumer Product Safety Act），消费品安全委员会的宗旨是保护公众免受不合常理的消费品风险的侵害。该机构有权制定强制性标准、发布产品禁令、下令召回不安全产品，以及对商品标签进行规范。消费品安全委员会还负责执行以下6种法案：《消费品安全法案》、《联邦危险物品法案》（Federal Hazardous Substances Act）、《防毒物品包装法案》（Poison Prevention Packaging Act）、《易燃纺织品法案》（Flammable Fabrics Act）、《冰箱安全法案》（Refrigerator Safety Act）、《防火香烟法案》（Fire Safe Cigarette Act）（Fise，2003）。

4.7.4 运输安全

美国国家公路交通安全管理局（National Highway Traffic Safety Administration，NHTSA）是美国运输部的下属机构，负责监管运输安全。该机构的主要监管领域包括运输中的安全性、易损性和燃油的经济性。NHTSA有权制定汽车及相关产品的制造商所必须达到的最低安全标准。例如，在美国生产和销售的轮胎、儿童安全座椅和摩托车头盔等均应有相应的安全标准要求。除此之外，该机构还管理那些为各州开展交通安全活动而进行的资助项目，相关的交通安全活动包括严禁酒后驾驶、使用安全带、控制车速、安全驾驶摩托车及提供紧急医疗服务等（Stone，2003）。

4.7.5 环境安全

美国在 1969 年颁布的《国家环境政策法案》（National Environmental Policy Act）中，明确了联邦政府机构在执行日常政府工作时需要预防环境破坏和降低环境破坏程度这一目标。该法案要求无论何时，如果联邦政府机构的活动可能会对环境造成损害，都需要准备相应的环境影响陈述报告。环境安全由环境保护署，即 EPA 负责监管，该独立机构直接向总统进行汇报。EPA 是美国最大的监管机构，负责 20 多个法案的实施和监管。EPA 使用的政策工具包括禁止、指挥控制监管、许可和使用限制、市场化激励、财政刺激和信息提供等。EPA 的监管领域主要包括空气质量、水质、有害废弃物排放和农药使用等（Ringquist，2003）。

4.8 消费者金融保护

4.8.1 反垄断监管

反垄断监管的目的是在市场中鼓励竞争。美国的反垄断监管主要由隶属于司法部（Department of Justice）的反垄断局（Antitrust Division，AD）和独立的联邦贸易委员会负责。反垄断局负责执行《谢尔曼法案》，而联邦贸易委员会负责执行《联邦贸易委员会法案》。《克莱顿法案》由它们共同负责执行。联邦贸易委员会有权以不公平竞争为由，对违反《谢尔曼法案》的大多数商业行为进行惩治。反垄断监管范围包括独占、共谋、兼并、价格歧视和排他性商业实践等（Anderson，2003）。

4.8.2 公平贸易监管

美国联邦贸易委员会是独立的联邦机构，负责监管市场中的不公平和欺诈行为，管辖权几乎涉及所有行业。20 世纪 70 年代，为响应消费者权益保护者的请求，联邦贸易委员会在保护消费者权益方面表现得非常活跃。联邦贸易委员会通过实施法律保护来保证消费者的公平交易权，所依据的法律包括《马格努森–莫斯产品保证法案》（Magnuson-Moss Warranty Act）等，并根据联邦贸易委员会相关法案，预防欺诈和不公平现象的发生，保护消费者隐私。因为联邦贸易委员会是独立的联邦机构，因此相关行政举措不受制于总统。总统的职权仅限于任命委员、从委员中提名主席，以及向联邦贸易委员会提交国会拨款。20 世纪 80 年代，在里根总统的影响下，联邦贸易委员会制定了一系列决议来表明它正在退出激进的消费者保护政策。克林顿总统在任期间，联邦贸易委员会专注于信息高速公路（Information High-way）等领域的消费者权益保护问题（Silbergeld，2003）。

4.8.3 储蓄机构监管

储蓄机构主要包括商业银行、储蓄协会、储蓄银行和信用社等。在美国，有一系列的联邦机构可对储蓄机构进行监管，如货币监理署（Office of the Comptroller of the Currency，OCC）、美联储（Federal Reserve System）、联邦存款保险公司（Federal Deposit Insurance Corporation，FDIC）、因被《多德–弗兰克法案》废除而并入 OCC 的储贷监理署（Office of Thrift Supervision，OTS）、国家信用社管理局（National Credit Union Administration，NCUA）等。所有的州都有自己的银行监管部门。联邦政府进行银行监管的主要目的首先是保护银行、储户及银行所在社区不受银行倒闭的影响；其次是提高银行业的竞争力；最后是保护消费者在办理银行信贷业务和接受服务时不受歧视、免于遭受欺诈，并且防止储蓄机构滥用相关储蓄条款等（Xiao，2003）。

4.8.4 信贷监管

在美国，信贷市场的监管涉及一系列的联邦政府机构，这与储蓄机构的监管类似。消费者信贷保护法律所涵盖的范围包括消费者信息、消费者权益保护和公平有效的信贷资源配置等方面。上述监管要求贷款机构告知消费者有关信贷利率和融资费用等信息。同时，消费者信贷保护法律还规定了贷款利率的上限，限制了债务催收程序，建立了坏账处理程序，从而保护消费者免受潜在信贷条款滥用的损害。相关条例还禁止贷款方根据借款方的社会人口学特征来歧视消费者，从而确保有效和公平的信贷资源配置（Hong和Heck，2003）。

相比于联邦法律对消费者信贷的保护，如对信用卡的监管，大多数州的高利贷法律更加行之有效。当某个州的放款机构向另一个州的消费者发放贷款时，放款机构所在州的高利贷法律适用于该笔贷款业务。作为回应，大多数放款机构会在特拉华州和南达科他州等州设立办事处，以利用有利的高利贷法律将它们的消费信贷业务开展到其他州。结果，正如Jeff Sovern所认为的那样，除了像发薪日贷款这样的州内交易外，高利贷法律的重要性有所下降①。消费者信贷法律可能也需要改进，以更好地保护消费者权益。Sovern（2014）认为，旨在使消费者能够明智地借贷的《诚信贷款法案》（Truth in Lending Act），不仅不能帮助次级借款者达到这一目标，反而促使放款机构提供误导性的信息披露，从而说服借款者承受超出其还款能力的贷款负担，同时还提出相关策略以强化消费者的信息披露。

4.8.5 房地产监管

房地产交付系统涉及一系列在房地产开发商、买卖双方、政府政策制定部门及监管机构之间的复杂关系。尽管房地产市场具有地域性特点，但也存在多层级的房地产市场监管体系。房地产市场的监管内容包括建筑物、可获得性、安全性和住房环境等问题。联邦一级的住房建设监管主要由住房和城市发展部（Department of Housing and Urban Development，DHUD）负责。房地产市场中与可获得性相关的监管，主要侧重于禁止歧视这一方面。例如，《公平住房法案》（Fair Housing Act）禁止基于社会经济特征的住房歧视。房地产市场的安全性问题包括消防安全、含铅油漆的清除、楼梯安全及应对自然灾害的能力等方面。房地产市场的住房环境问题包括能源节约、室内空气质量和房屋周边的湿地等方面（Meeks，2003）。

4.8.6 证券市场监管

在美国，证券市场主要由独立于联邦政府的证券交易委员会（Securities and Exchange Commission，SEC）负责监管。证券交易委员会可运用的监管工具包括信息披

---

① 2014年9月18日，Jeff Sovern在接受个人访问时，做出了上述论断。

露、强制执行和自我监管等。1933年颁布的《证券法案》（Securities Act）和1934年颁布的《证券交易法案》（Securities Exchange Act）规定，已在证券交易委员会登记发行的股票，在公开发售前需要进行信息披露。证券交易委员会有权要求公司披露信息，有权通过行政手段对市场专业机构提起诉讼，有权申请禁止令，有权在公司违反证券法律的情况下将案件提交至司法部进行刑事起诉。1990年颁布的《证券执法救济规则和低价股票改革法案》（Securities Enforcement Remedies and Penny Stock Reform Act），赋予了证券交易委员会在行政听证或放弃非法市场活动所得利润时实施清缴制裁的权力。尽管证券交易委员会在构建和监管交易活动方面拥有很大的决策权，但它仍需要与市场运行相配合，以维持由其所负责的自我监管体系的有序运行（Khademian，2003）。

4.8.7 金融服务监管

Warren（2007）在《民主》期刊中提出，联邦机构应在金融产品行业中关注消费者权益保护。《民主》创办于2006年，主要聚焦政策讨论等议题。Warren（2008）文章的修订版增加了参考文献，由《消费者事务期刊》刊出。Warren（2008）认为，如果消费品安全委员会的建立是为了确保市场上没有不安全的消费品的话，那么也应该有类似的机构来监督管理金融产品。其原因在于，由于缺乏对金融产品的监管，消费者容易在按揭和信用卡等金融领域遭受不公平商业行为和市场欺诈所带来的损害。例如，极低的优惠利率、负摊销、增加使用成本、交叉违约条款、罚息率和双循环计息等，使得大量消费者出现破产、丧失抵押品赎回权及拖欠债务等现象。消费者权益保护相关法律常被金融机构滥用而使得消费者更加困惑，并没有起到保护消费者权益的作用。例如，企业信息披露就是一种使消费者困惑而非知情的行为。20世纪80年代，信用卡合同只有1页，现在已经超过了30页，写满令人费解的内容。另一个需要成立新的金融服务监管机构的原因，是现有的监管机构不足。多数次贷产品不受联邦政府相关机构的监管，并且监管机构也没有保护消费者权益的积极性。毕竟上述机构的主要任务是确保金融机构的稳定和安全。为了使美国政府更好地服务于美国国民，许多学者和政策分析人士在《民主》期刊中提出了相关建议。然而，这也只是走出了建立新的消费者权益保护机构的第一步。

在回顾了有关消费者能力不足的问题和企业利用消费者对信贷市场产品设计的了解不足而获利的大量证据之后，BarGill和Warren（2008）建议新的监管机构至少应该具备三个特点：第一，监管机构应重点依赖事前监管，而不是事后诉讼；第二，应由监管机构制定规则，而不是由立法机构制定规则；第三，监管机构应基于销售的产品进行监管，而不是基于销售商的身份进行监管。

2010年，《多德–弗兰克法案》由国会通过，并在奥巴马总统签署后正式生效，进而授权增设了消费者金融保护局，对消费者金融产品进行监管。建立这一新机构的立法过程已被详细收录于相关著作中（Kirsch和Mayer，2013；Kirsch等，2014）。与Warren所希望的不同，新机构并不是独立的，而是隶属于美联储，并且具有制定监管规则和独立执法的权力。消费者金融保护局的任务，是依据联邦政府的消费者金融保护相关法律，进行规则制定、监督和执行；限制不公平、欺诈或滥用有关条款的行为或做法；接受消费者投诉；推进金融教育；研究消费者行为；为消费者监控金融市场新风险；执行相关法律，在机构网站上公布禁止金融领域的消费者歧视和其他不公平待遇等（详见：http://www.consumerfinance.gov/the-bureau/）。

通过政府监管向消费者提供金融保护这一基本原理，是由哈佛大学几位学者提出的（Campbell 等，2011）。从标准经济学的角度来看，政府监管可以弥补市场失灵所带来的外部性、信息不对称、市场势力及协调失灵等问题。另外，行为经济学中越来越多的证据表明，消费者金融素养和金融决策认知能力的缺乏，会导致次优金融决策，从而减少消费者金融福利。进一步地，由于消费者经济水平与认知能力的多样化，低收入和受教育程度较低的消费者，最终将会为多数金融产品支付更高的价格。在解决这些问题上，政府监管起到了一定作用。Campbell 等（2011）建议，新的消费者金融服务监管机构应该专注于向消费者提供信息，从而帮助消费者理解并做出正确决策。改进后的信息披露，不仅应着力于提高消费者对信息的理解，还应防止消费者支付高昂的价格。Campbell 等（2011）也为新的消费者金融服务机构提供了其他建议，如鼓励双重定价方案、允许灵活调控、允许在提高消费者福利方面的金融创新，以及避免政治进程给消费者带来意想不到的负面结果。Campbell 等（2011）认为，政客们扩展低收入家庭信贷渠道的愿望，是次级抵押贷款市场发展的促成因素，导致了之后的房地产和信贷泡沫，并最终引发了 2007—2009 年的金融危机。

4.9　州和地方政府对消费者的保护

4.9.1　州和地方政府的消费者保护机构

Xiao 和 Richardson（2003）分析了美国州和地方层面的消费者保护。州和地方政府都有很多类似的消费者权益保护机构，主要包括消费者保护机构、总检察长办公室（Offices of Attorneys General，OAG）、保护公共事业消费者机构，以及其他各州和地方的相关机构等。

最常见的州一级消费者保护机构是州总检察长办公室下属的相关部门或单位。有些州在总检察长办公室下设有消费者保护司或科，其他州在总检察长办公室的民事司或科下设有消费者保护单元（Consumer Protection Unit，CPU）。有些州在相关部门下设有积极的消费者保护部门或单元，只有为数不多的几个州设有独立的消费者事务办公室，如加利福尼亚州、康涅狄格州、马萨诸塞州和纽约州等（Xiao 和 Richardson，2003）。

州和地方各级的消费者保护机构在规模和可供支配资源方面存在很大差异。一项由隶属于州消费者保护机构的协会进行的调查表明，在它们的成员机构中，最小的部门仅有一名兼职职员，预算为 5 000 美元，而最大的机构部门预算高达 2 200 万美元。接受服务的人口数量从 4 万到 3 500 万不等。上述机构为消费者提供下列服务：举办教育推广或公众信息宣传活动、对接受网上投诉的网站进行维护、提供免费的消费者咨询及推荐服务、提供投诉调解协助，以及落实消费者保护法规等。受访的 60 家机构在 2003—2004 年间共收到 445 676 条投诉意见。在 2003—2004 年间，它们通过投诉调解、案件执行和监管行动，为消费者追回超过 8 850 万美元的损失金额。随着每个案件的完结，每个投诉的消费者平均获得513美元的赔偿（NACAA，2005；CFA，2005）。

负责处理投诉的消费者保护机构的工作人员，首先试图说服双方达成调解协议。如果这样行不通，消费者保护机构就会选择一系列其他应对措施。消费者保护机构可以向不合作的商家发出传票，也可以在违法行为情节严重且无须进一步调查的情况下提起民事诉讼。有时也可以通过行政裁决听证会和仲裁程序对案件进行裁决。除了处理消费者投诉，此类机构也举办消费者及商户的教育活动，落实消费者保护的相关法律，先于立法机关对消费者权益起到保护作用，承担授予许可和其他责任，以及与其他机构合作来解决消费者问题等（Gregg，1997）。

州一级的总检察长由选举产生。总检察长主要对选民而非州长负责，其消费者保护活动主要包括落实和处理消费者投诉等。总检察长的独特之处，是将监管权力与行政权力相结合，这也使得州长在这方面的作用变得不那么重要。许多州在总检察长办公室，而非政府的行政部门设立消费者保护部门。总检察长的核心职责是执行具体的消费者保护法律。在大多数州，上述职能正在进一步扩展，并且随着总检察长办公室重要性的增加而不断衍生出新的职能。总检察长的具体相关职能包括解决消费者争端、公众宣传和消费者教育，以及消费者保护政策和立法宣传等。另外，各州为保护消费者权益这一共同目标展开了广泛合作。基于多个州的调查数据，研究表明总检察长制度已经发展出了与消费者保护相关的志愿指导方针、联邦政府改革提案，以及树立州级解决行业性问题的立法规范等职能（Blanke，1997）。

受监管的公共事业具有垄断专营权，其一般受选举或委任的公共服务委员会（Public Service Commission，PSC）或公共事业委员会（Public Utilities Commission，PUC）的行政当局管辖。公共服务委员会，可以对出租车及其他职责进行监管。为了确保消费者权益在公共事业监管过程中得到体现，大多数州都有公共事业领域的消费者权益保护机构。多数州都有一个隶属于公共服务委员会的机构，这些机构通常被称为国民法律顾问或消费者法律顾问（People's Counsel or Consumer Counsel），其所颁布的政策指令也比公共服务委员会更能代表消费者权益。州一级的相关法律主要针对公共事业领域的消费者权益保护机构，赋予了其保护公共事业纳税人免受滥用垄断和牟取暴利的权利之害。上述消费者权益保护机构独立于各州的公共事业委员会，代表着40多个州和哥伦比亚特区的纳税人权益。在19个州中，州总检察长通常代表了消费者在公共事业领域的权益。20世纪70年代以来，相关消费者权益保护机构通过干预费率制定程序并诉诸法庭的手段为消费者在公共事业方面节省了数十亿美元。上述机构还建立了有关公共事业服务质量和条款的判例，从而进一步保护消费者权益。加利福尼亚州和其他一些州并没有完全独立于公共事业消费者权益保护委员会的消费者权益保护机构，取而代之的是实行"干预补偿"计划，即向基层消费者权益保护组织支付事后费用，以对其参与消费者权益保护监管进行补偿（Spratley，1997）。

由于存在部分对某些行业具有权威性的州一级专业监管机构，消费者权益保护职能变得更加复杂。被任命的行政机构往往通过保险委员会、银行委员会、证券委员会或其某种组合，来管理大多数保险和金融机构。部分州还对消费者信贷公司和消费者金融公司实行专门的金融监管。这一监管工作通常由总检察长办公室的下属机构或独立的执行机构来负责。在可选择的基础上，各州对其他大多数行业进行监管，相关机构主要设置在行政部门的各种分支职能办公室中，如度量部门、许可授权和职业监管部门及农业监管部门等（Xiao 和 Richardson，2003）。

地方政府层面的消费者权益保护往往存在"碰运气"的情形。有些市和县设有消费者保护机构管理各种法律，具有传统的授权许可、卫生检查或度量等职能。但是，一般来说，除最大的市和县外，大多数市和县都没有专门的消费者投诉中心，更没有管理和执行消费者保护的相关法律。有此类机构存在的地方，它们通常都在当地发挥着重要作用，因为它们可以为公共决策和消费者权益保护提供信息支持。在地方一级，与消费者保护相关的法律法规大多会通过特区或州的检察长或检察长办公室来实施。特区和州检察长通常由任命或选举产生，在行政上与市长或县级行政长官分开。地方执法部门的工作日程通常与刑事犯罪有关，因此在美国各地与日常消费者保护有关的案件几乎都被列为优先级较低的事项（Xiao 和 Richardson，2003）。

4.9.2　州级消费者保护相关法律

20世纪60年代后期到20世纪70年代早期，规范的消费者保护相关法律相继由各种组织提出。由于这些只是立法规范，州一级立法机构可以自由地以全部或某种修正形式采纳上述法律，也可以完全不采纳这些法律，这取决于上述法律中是否有与特定州消费者利益相适应的条款（Xiao 和 Richardson，2003）。

《统一欺骗性贸易实务法案》（Uniform Deceptive Trade Practices Act，UDTPA）于1964年起草，并于1966年修订。UDTPA的颁布和实施先于美国联邦贸易委员会对各州起草的《消费者保护法提案》。它代表着一种尝试，以规避州与州之间颁布的消费者保护法律有关规定的不一致问题。UDTPA列出了11项被禁止的商业活动，其中有一项"包罗万象的规定"，即禁止"……会造成类似困惑或误解的行为"。UDTPA以一种立法规范的形式，允许权益受损的消费者在商家未来违反该法案的商业行为时寻求法律救助，但是它并没有对货币化损害或赔偿做出具体规定。尽管UDTPA对通过该法案的州的消费者提供了有限的救济，但UDTPA只是走出了保护消费者权益的第一步。

1967年，联邦贸易委员会与州政府委员会建议的州立法委员会（Committee on Suggested State Legislation of the Council of State Governments）共同起草了《不公平贸易实务和消费者保护法案》（Unfair Trade Practices and Consumer Protection Act，UTPCPA）。UTPCPA授权州总检察长能够采用法规、签发传票和举行听证会。它还允许总检察长在某些情况下寻求设施法律救济和民事处罚，并要求没收违反该法案的公司的特许经营权。联邦贸易委员会在1971年起草了一份修正案，第一次提供了个人消费者对违法行为的个人诉因，并允许总检察长代表受损害的消费者寻求赔偿，从而大大加强了对消费者权益的保护。

1971年，《统一消费者销售实务法案》（Uniform Consumer Sales Practices Act，UCSPA），由全国统一州法律委员会（National Conference of Commissioners on Uniform State Laws）批准通过。该法案旨在为商家的行为提供可预测的标准，并通过使其行为标准与

联邦贸易委员会的政策相一致，使各州与消费者有关的销售行为的法律趋于一致。作为立法规范，该法案禁止不合理的和欺诈性销售活动，并将11项欺诈性销售行为列入非排他性清单（Non-exclusive List）。这和UDTPA中的11项禁止性贸易行为十分相似。此外，如法院在显失公平的索赔评估中所考虑的因素那样，这为消费者权益提供了强有力的保护。

直到1981年，所有州和哥伦比亚特区，都至少通过了上述三项拟议法规中的一项——要么是规范形式，要么是混合版本。这些州的法律以《联邦贸易委员会法案》为范本，被称为"小联邦贸易委员会法案"，通常由州总检察长办公室在州一级实施。上述法律体现了《联邦贸易委员会法案》的本质，因为它们采纳了联邦贸易委员会的授权和解释，并提供了适用于消费者要求的赔偿和其他补救的措施。尽管"小联邦贸易委员会法案"在州与州之间各不相同，但是在某个州的不合法行为可能在其他所有州也会被认定是不合法的。

事实上，现在所有州的消费者权益保护相关法律都为受损消费者提供了个人诉因，该条款赋予个人消费者和政府实体起诉的权利，而《联邦贸易委员会法案》中则没有相应条款。各州的法律允许权利受损的消费者或律师寻求损害赔偿。大约35个州的法律提供了超过实际损害赔偿的救济，包括双倍损害赔偿、三倍损害赔偿、惩罚性损害赔偿或最低法定损害赔偿等。同时，大约40个州的法律允许胜诉的原告追讨律师费（Xiao和Richardson，2003）。

4.10　消费者保护的国际比较

Mayer（2003）对国际消费者权益保护进行了较为全面的探讨。他运用四个因素——国内生产总值（GDP）水平、政府对经济的干预程度、消费者参与政治的开放程度及关于集体福利相比于个人自由和机会的文化重视等——从国际视角对消费者权益保护进行了分析。基于上述因素，他将国家分为七大类：英美资本主义集团（Anglo-Capitalists）、北欧集体主义集团（Northern European Corporatists）、贸易一体化主义集团（Trade Integrationists）、前中央计划集团（Former Central Planners）、认真奋斗集团（Earnest Strivers）、充满希望的初建集团（Hopeful Starters），以及极度贫困和（或）深受内乱之苦的尚未命名的第七类。

英美资本主义集团具有较高的GDP，政府经济干预程度较低，强大的私营社团参与程度较高，重视个人自由、个人机会和私有财产。具有上述特点的国家有：美国、英国、加拿大和澳大利亚。这些国家的消费者保护政策在一定程度上是合理的，有助于自由市场的有效运行。鼓励消费者安全和索赔方面的政策制定会进一步纠正市场失灵。上述国家具有积极的消费者保护组织，但其中大多数组织都是自给自足的。与其他西方国家相比，美国对驾驶、饮酒和吸烟等行为的法律限制相对较少。

北欧集体主义集团具有很高的GDP，政府对经济采取适度的干预政策，工会和政党活动参与度较高，重视集体福利和对弱势群体的保护。这些国家有瑞典、挪威、荷兰和德国等，它们被称为"福利国家"，基本上都有中央政府设立的消费者权益保护机构和专门的消费者权益代表组织。例如，北欧国家具有由政府资助的消费者申诉机构。消费者合作组织十分活跃，促使私营销售者积极响应和满足消费者的需求。这些国家致力于向不那么幸运的消费者提供基本消费品，并保护脆弱的消费者。上述国家主要推行家长主义政策对消费者安全进行监管。

贸易一体化主义集团具有中等偏上水平的GDP，适度地强调促进出口，并对单一政党制持温和态度。它们的价值观千差万别，且不能一概而论。具有上述特点的国家有：意大利、日本、马来西亚和墨西哥等。在这些国家中，消费者权益保护被视为参与国际贸易体系的一部分，而不是作为对国内消费者需求的响应。贸易一体化主义集团正致力于制定与国际惯例相匹配的消费者保护标准。在这些国家中，私人和独立的消费者权益倡导团体较少。

前中央计划集团具有中等偏上和中等偏下水平的GDP，私有化程度虽高但有降低的趋势，民主制度力量虽小却日益增强，重视由政府提供基本消费品和公共用品。具有上述特点的国家有：波兰、匈牙利、俄罗斯和拉脱维亚等。这些国家正在向市场经济转型，由于消费品供给短缺，导致黑市形成。上述国家有实施消费者保护政策的动机，因为公民认为国家领导者应该承担更多的责任。进一步地，这些国家希望在申请加入国际贸易组织时与欧盟成员国等西方国家（或地区）具有同等地位。

认真奋斗集团具有中等偏上和中等偏下水平的GDP，政府适度干预经济，鼓励外商投资，民主水平低但军事影响力大，注重社会等级及群体和家庭的重要性。具有上述特点的国家有：印度尼西亚、菲律宾、萨尔瓦多和土耳其等。这些国家正在努力帮助其公民满足基本需求，并开始要求制定消费者保护法律和设立消费者保护机构，对包括安全权、知情权、选择权、代表权、受教育权和索赔权等在内的消费者权益进行保护。

充满希望的初建集团具有中等偏下和低水平的GDP，政府适度干预经济，并随着经济结构调整而减少其干预，民主制度力量薄弱，并伴随严重的种族分裂，注重种族认同、传统主义和宿命论等观念。具有上述特点的国家有：印度、肯尼亚、圭亚那及孟加拉国等。上述国家的大部分人口缺乏生活基本必需品，如干净的水、食物和燃料。对这些国家来说，西方式的消费者保护措施似乎过于奢侈。这些国家的消费者组织更多地关注极其基本的消费者问题，如婴儿奶粉配方及基本药物清单等。此外，这些国家的消费者偏爱外国产品，这可能会损害他们自身的福利。因为这些产品或者被禁止，或者受到严格限制，又或是曾经广泛使用的产品再次被倾销到上述国家的市场。

4.11　总结

为了确保市场经济的有效公平运行，平衡消费者和企业之间的力量对比，政府颁布了与消费者保护相关的法律，并进一步加强监管。政府监管分为消费者选择限制、消费者选择扩大、消费者个人赋权和消费者集体赋权四类。

本章讨论了管制的相关理论。管制俘获理论认为，为了更好地保护相关行业的利益，受监管行业更青睐于遵守相关管制。然而，这个理论只能反映在部分经济活动实践中。软家长主义理论强调小小的推动，即限制很少的小幅度监管，其在提高消费者经济福利方面具有很大的灵活性。公共议程设定理论阐述了美国公共政策的制定过程。本章也讨论了美国总统们在消费者保护立法中的作用。肯尼迪总统被认为是消费者权利的倡导者，他提出了消费者权利的概念，并提出了四项消费者道德权利。这四项权利在美国乃至全世界的相关立法过程中仍具有重要影响力。与消费者保护相关的法律假定消费者在市场上相对于商业企业处于弱势地位，在多数情况下应该受到法律保护。

美国的消费者保护措施可分为安全保护和金融保护两大类。美国政府制定了许多相关法律，并设立了相应机构对消费者权益进行保护。消费者安全保护领域主要涉及食品、药品、运输、消费品和环境等方面。消费者金融保护领域主要涉及反垄断、公平贸易、储蓄机构、信贷、房地产、证券和金融服务等方面。与消费者保护相关的法律也包括担保法和隐私法。美国各州的消费者保护相关法律都有所不同。从国际视角来看，消费者保护措施在哲学、关注点及方法上都有所不同。而这种差异，主要与经济发展水平、政治社会制度、文化价值和各国历史等紧密相关。

参考文献

[1] Anderson, J. (2003). Chapter 4: Antitrust regulation. In K. J. Meier, E. T. Garman, & L. R. Keiser(Eds.), Regulation and consumer protection: Politics, bureaucracy, and economics (4th ed., pp.75-108). Mason, OH: Thomson.

[2] Bar-Gill, O., & Warren, E. (2008). Making credit safer. University of Pennsylvania Law Review, 157, 1-101.

[3] Bevans, N. R. (2011). Consumer law & protection: A practical approach for paralegals and the public. Durham, NC: Carolina Academic Press.

[4] Blanke, D. (1997). State attorneys general. In S. Brobeck (Ed.), Encyclopedia of the consumer movement. Santa Barbara, CA: ABC-CLIO.

[5] Campbell, J. Y., Jackson, H. E., Madrian, B. C., & Tufano, P. (2011). Consumer financial protection. Journal of Economic Perspectives, 21(1), 91-113.

[6] Carsky, M. L. (2003). Chapter 10: Food safety regulation. In K. J. Meier, E. T. Garman, & L. R. Keiser (Eds.), Regulation and consumer protection: Politics, bureaucracy, and economics (4th ed., pp. 235-258). Mason, OH: Thomson.

[7] Fise, M. E. R. (2003). Chapter 11: Consumer product safety regulation. In K. J. Meier, E. T.Garman, & L. R. Keiser (Eds.), Regulation and consumer protection: Politics, bureaucracy, and economics (4th ed., pp. 259-280). Mason, OH: Thomson.

[8] Friedman, M. (1991). Research on consumer protection issues: The perspective of the "human sciences". Journal of Social Issues, 47(1), 1-19.

[9] Grant, A., & Olmstead, S. (2003). Chapter 9: Regulating drugs. In K. J. Meier, E. T. Garman, & L. R. Keiser (Eds.), Regulation and consumer protection: Politics, bureaucracy, and economics(4th ed., pp. 212-233). Mason, OH: Thomson.

[10] Gregg, B. B. (1997). State and local consumer affairs offices. In S. Brobeck (Ed.), Encyclopedia of the Consumer Movement. ABC-CLIO: Santa Barbara, CA.

[11] Hong, G.-S., & Heck, K. Z. (2003). Chapter 14: Credit regulation. In K. J. Meier, E. T. Garman, & L. R. Keiser (Eds.), Regulation and consumer protection: Politics, bureaucracy, and economics (4th ed., pp. 331-352). Mason, OH: Thomson.

[12] Khademian, A. M. (2003). Chapter 16: Securities market regulation and investor protection. In K. J. Meier, E. T. Garman, & L. R. Keiser (Eds.), Regulation and consumer protection: Politics, bureaucracy, and economics (4th ed., pp. 367-386). Mason, OH: Thomson.

[13] Kirsch, L., & Mayer, R. N. (2013). Financial justice: The people's campaign to stop lender abuse. Santa Barbara, CA: ABC-CLIO.

[14] Kirsch, L., Mayer, R. N., & Silber, N. I. (2014). The CFPB and payday lending: New agency/old problem. Journal of Consumer Affairs, 48(1), 1-16.

[15] Licari, M. J. (2003). Chapter 2: The policy process. In K. J. Meier, E. T. Garman, & L. R. Keiser (Eds.), Regulation and consumer protection: Politics, bureaucracy, and economics (4th Ed., pp. 11-40). Mason, OH: Thomson.

[16] Mayer, R. N. (1991). Gone yesterday, here today: Consumer issues in the agenda-setting process. Journal of Social Issues, 47(1), 21-39.

[17] Mayer, R. N. (2003). Chapter 19: Consumer protection—a global perspective. In K. J. Meier, E. T. Garman, & L. R. Keiser (Eds.), Regulation and consumer protection: Politics, bureaucracy, and economics (4th ed., pp. 423-440). Mason, OH: Thomson.

[18] Meeks, C. B. (2003). Chapter 15: Housing regulation. In K. J. Meier, E. T. Garman, & L. R. Keiser (Eds.), Regulation and consumer protection: Politics, bureaucracy, and economics (4th ed., pp. 353-366). Mason, OH: Thomson.

[19] Meier, K. J. (2003). Chapter 1: Myths of regulation and consumer protection. In K. J. Meier, E. T.

Garman, & L. R. Keiser (Eds.), Regulation and consumer protection: Politics, bureaucracy, and economics (4th ed., pp. 1-10). Mason, OH: Thomson.

[20]Meier, K. J., Garman, E. T., & Keiser (Eds.). (2003). Regulation and consumer protection: Politics, bureaucracy, and economics (4th ed.). Mason, OH: Thomson.

[21]NACAA/CFA. (2005). Thirteenth Annual NACAA/CFA Consumer Complaint Survey Report. http://www.nacaa.net/pdf/survey.pdf.

[22]Ringquist, E. J. (2003). Chapter 7: Environmental protection regulation. In K. J. Meier, E. T.Garman, & L. R. Keiser (Eds.), Regulation and consumer protection: Politics, bureaucracy, and economics (4th ed., pp. 143-180). Mason, OH: Thomson.

[23]Rustad, M. L. (2007). Everyday law for consumers. Boulder, CO: Paradigm.

[24]Silbergeld, M. (2003). Chapter 5: The revitalization of the federal trade commission. In K. J.Meier, E. T. Garman, & L. R. Keiser (Eds.), Regulation and consumer protection: Politics, bureaucracy, and economics (4th ed., pp. 109-120). Mason, OH: Thomson.

[25]Smith, K. B. (2003). Chapter 20: Reforming regulation. In K. J. Meier, E. T. Garman, & L. R.Keiser (Eds.), Regulation and consumer protection: Politics, bureaucracy, and economics (4th ed., pp. 441-474). Mason, OH: Thomson.

[26]Sovern, J. (2014). Fixing consumer protection laws so borrowers understand their payment obligations. Journal of Consumer Affairs, 48(1), 17-33.

[27]Spratley, W. A. (1997). State utility consumer advocates. In S. Brobeck (Ed.), Encyclopedia of the consumer movement. Santa Barbara, CA: ABC-CLIO.

[28]Stigler, G. J. (1971). The theory of economic regulation. Bell Journal of Economics and Management Science, 2, 3-21.

[29]Stone, J. L. (2003). Chapter 12: Automobile safety regulation. In K. J. Meier, E. T. Garman, & L. R. Keiser (Eds.), Regulation and consumer protection: Politics, bureaucracy, and economics(4th ed., pp. 281-302). Mason, OH: Thomson.

[30]Thaler, R. H., & Sunstein, C. R. (2003). Libertarian paternalism. American Economic Review, 93 (2), 175-179.

[31]Thaler, R. H., & Sunstein, C. R. (2009). Nudge: Improving decisions about health, wealth, and happiness. New York, NY: Penguin.

[32]Warren, E. (2007). Unsafe at any rate. Democracy, Summer, 5, 8-19.

[33]Warren, E. (2008). Product safety regulation as a model for financial services regulation. Journal of Consumer Affairs, 42(3), 452-460.

[34]Waterman, R. W., & Garman, E. T. (1997). Presidents and the consumer movement. In S. Brobeck (Ed.), Encyclopedia of the consumer movement (pp. 433-438). Santa Barbara, CA: ABC-CLIO.

[35]Xiao, J. J. (2003). Chapter 13: Depository institutions regulation. In K. J. Meier, E. T. Garman, & L. R. Keiser (Eds.), Regulation and consumer protection: Politics, bureaucracy, and economics(4th ed., pp. 303-330). Mason, OH: Thomson.

[36]Xiao, J. J., & Richardson, S. L. (2003). Chapter 18: State and local consumer protection. In K. J. Meier, E. T. Garman, & L. R. Keiser (Eds.), Regulation and consumer protection: Politics, bureaucracy, and economics (4th ed., pp. 403-422). Mason, OH: Thomson.

第5章　商业企业与消费者福利

　　摘要：消费者和商业企业是市场的两个重要组成部分。消费者在经济贡献中扮演着双重角色，他们一方面为商业企业工作以获得收入，另一方面又从商业企业手中购买商品。当市场参与者都遵循那些使经济有效率且能够帮助市场公平运行的规则时，市场就是有效的。但实际上，市场并不是完全有效的，商业企业的行为也是好坏并存的。具有良好商业行为的企业，不仅会考虑它们自己的利益，也会考虑与交易行为存在直接或间接联系的消费者或其他群体的利益。不良的商业行为，指的是损害消费者福利和公共利益的行为，如营销欺诈和营销盘剥。本章回顾了几个体现良好商业行为的概念，如企业社会责任及生活质量营销等。同时，本章也回顾了与营销欺诈、营销盘剥和受损消费者等相关的文献。

5.1　与良好商业行为有关的概念

5.1.1　企业社会责任

　　企业社会责任（Corporate Social Responsibility，CSR），是反映良好商业行为的重要概念。尽管企业社会责任还没有统一的定义，但它总是特别关注商业活动对伦理、社会及环境的影响。企业社会责任的商业实践涉及社会、环境及经济学等领域。Kolk 等（2010）关于 CSR 的研究显示，其具体的实践内容包括对社区的捐赠和时间投入、在当地进行的采购和雇佣、纳税、可循环材料的使用、开展反浪费运动，以及实施公平的劳动、供给政策和消费者政策等方面（Kolk 等，2010）。

　　Careoll 和 Shabana（2010）对企业社会责任的概念和商业实践进行了较为全面的考察。20世纪40年代，企业社会责任的概念开始出现。20世纪70年代，关于企业社会责任的理论交流和争论开始变得活跃起来（Frederick，1978）。20世纪90年代和21世纪初，关于企业社会责任的学术研究更倾向于关注全球化与 CSR，以及与 CSR 有关的可持续发展等议题。在众多的 CSR 概念界定中，最常用的概念是：企业社会责任是指在特定时期，整个社会对企业在经济、法律、道德和自由选择（之后涉及慈善）等方面的期望（Carroll，1979；Carroll，1991）。在上述四个方面的责任中，经济和法律责任是最基本层次的要求，伦理责任是期许层次的要求，而慈善责任则是理想层次的要求。CSR 实质上是企业对社会伦理和慈善方面的责任。Kotler 和 Lee（2005）认为应该将 CSR 看作企业对社会公众的一种承诺，在这种承诺的推动下，企业通过慈善商业行为及利用自有资源来提高公众的福利。更多在学术层面上对企业社会责任概念的界定，可以参考Carroll（1999）的相关探讨。

提高 CSR 对商业企业来说是有益的，因为它具有以下作用：（1）降低企业成本和风险；（2）增强企业合法性和声望；（3）形成企业自身的竞争优势；（4）通过构建协同效应达到双赢等（Kuracz 等，2008）。

CSR 的商业企业实践问题涉及了从企业经济或财务角度为 CSR 倡议提供合理定位的观点。该观点认为市场将会从经济和财务两个角度奖励实施 CSR 活动的企业。当 CSR 对企业的财务绩效产生直接且显著的影响时，具体的商业企业实践就证明了 CSR 倡议的可取性。在大多数情况下，具体的商业实践主要关注直接成本的节省。相对而言，当 CSR 对企业经营产生直接或间接影响时，广义的商业实践证明了 CSR 倡议的可取性。相比于具体的商业实践，广义商业实践的优势在于，它允许企业从 CSR 中获益。不仅具体的商业企业 CSR 实践可以通过减少成本、降低风险、提高合法性和声望使企业获益，广义的 CSR 商业实践还可以提高企业的竞争优势，让企业与利益相关者建立双赢的合作关系（Carroll 和 Shabana，2010）。研究表明，理想水平的 CSR，可以由管理者通过成本−收益分析确定。此外，研究还发现 CSR 和财务绩效之间并不具有显著关系（McWilliams 和 Siegel，2001）。

有关 CSR 对企业财务绩效影响的研究，尚未得出一致结论。例如，对研发的投资可能是企业经营状况的重要影响因素之一，当其被纳入分析框架中时，CSR 对企业财务绩效具有中性影响（McWilliams 和 Siegel，2000）。整体来看，该研究似乎揭示了 CSR 和企业财务状况之间存在正相关关系。但是，现实中也存在与此结论不一致的情形。从广义的 CSR 商业实践角度来看，上述不一致情形不仅可能带来方法上的不同和解释上的偏差，还可能造成中介变量和情境性突发事件的发生（Carroll 和 Shabana，2010）。

从国际视角来看，CSR 存在着有趣的国别差异。在对中国八个最大零售商进行的 CSR 调查研究中，四个公司来自中国本土，另外四个来自其他国家（或地区）（Kolk 等，2010）。在中国和国际两种不同的背景下，对中、英文企业社会责任/可持续发展维度的分析存在着明显的差异。有趣的是，国际零售商位于中国的子公司和位于东道国的母公司对于 CSR 的关注存在明显差异。其中，家乐福的表现尤为明显，沃尔玛次之。在中文语境下，中国和国际零售商也存在明显差异（本土企业与外资企业）。

从经济学视角出发，Kitzmueller 和 Shimshack（2012）在批判性文献综述中指出，CSR 对公共产品的提供仅能实现次优水平。他们提出了三种类型的 CSR，即道德风险型 CSR、非营利型 CSR 和策略型 CSR，并且不同的股东和包括消费者等在内的利益相关者的偏好组合产生了具有不同政策含义的模型。在对已有实证研究进行综述的基础上，Kitzmueller 和 Shimshack（2012）发现，当其他条件不变时，CSR 并不能降低成本，反之亦然。关于策略型 CSR 假说，已有研究并没有得出 CSR 是劳动力市场驱动因素的一致结论，但是却有证据表明消费者确实承担了部分成本。Kitzmueller 和 Shimshack（2012）也认为，消费者对于 CSR 的需求存在差异，政治性因素也会影响 CSR 的供给。

5.1.2 生活质量营销

生活质量（Quality of Life，QOL）营销，指的是在提高消费者福利的同时，也维护了公司其他利益相关者利益的营销实践活动（Sirgy，1996）。提高消费者福利，是 QOL 营销获益的组成部分，而维护公司其他利益相关者的利益，则是以不损害消费者福利为前提的。营销的获益和不损害原则，体现了较高水平的消费者福利和信赖，同时也为企业树立了良好的形象和商誉。生活质量营销在获益和不损害方面的组成部分，受一系列环境因素、组织因素和个人因素的影响（Lee 和 Sirgy，2004）。

5.1.3 可持续性营销

已有研究通常会把营销和可持续发展两者联系起来。在一篇早期的关于营销对环境影响的文献中，作者通过一个二维图表显示了营销投入对生态环境的影响。第一个维度是环境相互影响的模式，主要有开发、替代、建造和设计 4 种模式。第二个维度是对生态环境的影响因素，主要包括 3 个领域：保护或消耗资源、减少或增加污染、强化或放弃对环境的保护。每个二维相交的方格都给出了营销投入的收益和成本（Fisk，1973）。

可持续性营销可以通过现有的 3 个营销子学科的贡献来实现，即绿色营销、社会性营销和批判性营销。绿色营销促进了可持续性产品和服务的发展和营销，并且将为了可持续性发展所做出的努力，融入营销过程和商业实践的核心中。社会营销涉及利用营销的力量鼓励个人、商家和决策者做出可持续发展的行为，同时评估当前商业营销对于可持续性发展的影响。进一步地，这引发了在营销理论领域中对批判性营销模式的讨论，从而利用演进的理论和方法将批判性营销的模式、原理和技术结合起来。上述分析有助于对相关监管实践活动进行指导，进一步发展市场营销理论和实践，也有利于挑战与营销和资本系统相联系的主导体系，进而建立以可持续性为核心目标的营销系统（Gordon 等，2011）。

可持续性营销与责任营销不同。Varey（2010）识别了通过经济增长和偏好满足以取得进步的误导性假设，强调了营销人员在处理因破坏性过度消费而引发的社会和生态危机过程中遇到的相关议题。同时，Varey（2010）通过市场营销的目标和手段，将构建可持续发展的社会的任务提上了日程。

5.1.4 符合伦理道德的营销

关于符合伦理道德的营销，Cui 和 Choudhury（2003）提出了一个综合框架以分析营销交换的伦理复杂性。该框架主要包括产品本质、消费者特征和市场选择等。由于上述框架中所涉及的因素之间存在相互作用，导致了对营销经理和公共决策者具有不同伦理内涵的各种偶然事件的发生。我们应鼓励营销人员在营销活动中对消费者的偏好进行评估，进而在营销活动中考虑实施符合伦理道德的营销（Cui 和 Choudhury，2003）。

5.1.5 维护消费者权益的公司治理

Yosifon（2009）在一篇有关法律的文献中对消费者权益做了全面的评估。他认为，当代公司法律领域的相关研究未能对消费者给予持续关注，反而更倾向于探索企业的其他利益相关者的利益，尤其是股东、债权人和员工的利益。他指出，对公司治理进行根本性改革有利于法人制企业维护消费者权益（Yosifon，2009）。

5.1.6 维护消费者权益的商业组织

商业改善局理事会（Council of Better Business Bureaus，CBBB）是私营的非营利性组织，为当地消费者和商业企业提供服务。商业改善局理事会主要由商业企业会员的会费资助，它的使命是通过自愿自律、消费者与商业企业教育，以及卓越服务，促进和培育商业企业与公众之间良好的道德关系。在美国、加拿大和波多黎各等国家有许多类似CBBB的机构，它们每年可直接帮助数以百万计的消费者和上千家企业。官方网站及相关信息参见：http://www.bbb.org/boston/get-to-know-us/about-us/。CBBB的独特之处在于，它运营着网站BBBOnline。BBBOnline的使命，是成为推动市场诚信的领袖，相关信息参见：http://www.bbb.org/boston/get-to-know-us/vision-mission-and-values/。

5.2 营销欺诈与营销盘剥

5.2.1 营销欺诈

营销欺诈是违法商业行为，它既侵犯了消费者权利，又损害了消费者福利。目前，对营销欺诈行为的研究还处于起步阶段。一部分研究侧重于特定类型的欺诈，而另一部分研究则侧重于营销欺诈受害者的特征。

在FINRA投资者教育基金会的资助下，斯坦福大学的Deevy等（2012）对营销欺诈的相关研究进行了回顾和综述，研究发现市场中金融欺诈现象普遍存在，并进一步总结了受害者和实施欺诈者的特征。该研究发现，每年都会有数千万受害者因金融欺诈而损失数百亿美元，因此金融欺诈问题亟待解决。美国司法部长将金融欺诈列为三大犯罪之一——仅次于恐怖主义和暴力犯罪。然而，目前欺诈的影响可能存在被大大低估的情形，漏报和否认遭受欺诈的现象影响了对欺诈损失的评估。对于欺诈受害者来说，尽管他们的暴露程度或脆弱性可能因欺诈类型的不同而有所差异，但每个人都很容易受到欺诈的影响。虽然在已有研究中，尚未确定个人脆弱性的特点，但对受害者的人口统计学特征、行为特征和心理特征的研究已经相对完善。轮廓描述十分重要，因为它可以让人力和财力有限的政府机构将信息服务和保障服务提供给最需要的人。通过按欺诈类型对受害者进行轮廓描述，已经可以刻画出特定欺诈类型的清晰概貌。然而，行骗者很难辨认。采访、调查、事实证据和新兴的实验研究，正在致力于识别欺诈行为的相关性和诱因。已有信息显示的特征和曾经流行的观点一样，都认为行骗者很可能是来自中产阶级的白人、年轻人或中年人，通常他们也被称为"中产阶级失败者"。

英国的Button等（2009）对相关领域的文献进行了回顾和综述，进一步识别了欺诈方法，这些方法主要包括选择目标受害者、欺诈策略、反侦察策略和保护行骗所得的技术等。选择目标受害者，包括使用公开和违法的信息资源去锁定目标个体。典型的信息来源是公开可用的营销清单和目录，以及已经落入骗局的"傻瓜"名单等。欺诈策略因欺诈具体类型的不同而各异，但最常见的欺诈手段涉及运用最新的技术、专业的形象提升、"好"的销售技巧、贪图小额钱财的心理，以及在法律盲区实施欺诈等方式。针对身份欺诈，还有许多其他的技术，如从垃圾中获取个人信息，再如使用复杂的软件侵入受害者的电脑窃取个人数据等。行骗者也会采用各种技术进行反侦察。例如，他们经常在不受法律约束的区域内实施欺诈，定期转移地点以避免被发现，并且实施以谋取少量金额为目标的欺诈等。

5.2.2 营销欺诈的种类

传销（Pyramid Schemes）

Nat 和 Keep（2002）对传销的特征进行了分析。早期的传销并不涉及产品或服务的销售。与连锁零售商类似，早期传销提供的"机会"以链状的形式从一个参与者传递到下一个。实施复杂传销的公司，会把产品或服务销售给新人和普通消费者。在传销实施的过程中用到了许多技术。部分传销要求成员进行大量的前期购买，其他的则要求支付招聘佣金，而很少关注实际产品或服务的购买。还有的传销机构以虚高的市场价值销售产品。另外，所有的传销机构都声称参与者可以获得远高于实际可达到的收入。除了在收益方面进行虚假宣传外，传销还有一系列与之密切相关的欺诈性营销沟通手段。传销欺诈的核心在于，它并不是为了建立可行的零售组织而设计的营销手段（Nat和 Keep，2002）。

邮件和电信欺诈

借助印刷制品和电子渠道，营销人员加强了同顾客的沟通，同时也使消费者遭受欺诈的可能性迅速提高。因此，近年来联邦法院处理的涉及从事邮件和电信欺诈的商家的刑事诉讼有所增加，这也使得欺诈预防受到人们的高度重视。有研究对联邦法院的营销邮件和电信欺诈案件进行了分析，结果显示与营销有关的大量活动构成了对相关法规的违反行为。事实上，邮件欺诈和电信欺诈的相关法规，已经可以成功地对营销组合的各个变量——产品、价格、分销和促销等——的相关不良行为进行识别。例如，含有虚假陈述的直销函件书册就被列为邮件欺诈。邮寄的合同若涉及虚假授予广告账户，尽管广告活动的内容不涉及虚假或欺诈信息，但这种行为也属于邮件欺诈范畴，是一种犯罪行为（Neese 等，2005）。

Neese 等（2005）对相关欺诈案例进行的探讨有助于理解在联邦法庭上相关营销活动类型引发诉讼的行为以及最终定罪的原因。邮件和电信欺诈的相关法规，已经成为对个人或组织利用虚假或误导性信息损害他人利益的行为进行罪行认定的法律工具。通过对与营销相关的邮件或电信欺诈案例进行回顾，研究发现大规模营销常被作为实施欺诈方案的重要部分，但是欺诈也可以通过与市场营销组合有关的其他方面的决策来实现。尽管政府和自律组织都尝试教育受害者并防止其遭受损失，但欺诈总是无处不在。例如，互联网的广泛应用就为大多数类型的电信欺诈提供了越来越多的机会（Neese等，2005）。

网络欺诈

Grazioli 和 Jarvenpaa（2003）的研究表明，欺诈策略可以通过网络实现，这些网络上的策略或多或少会被行骗者采用。研究人员将已有的欺诈理论应用于网络环境，对网络欺诈策略进行识别。通过对该理论进行拓展，Grazioli 和 Jarvenpaa（2003）提出了新的假设，同时将特定策略的选择与行骗者声称的身份联系在一起，用以识别欺诈的目标受害者。他们对1995—2000年公布的大量书面证据进行了内容分析，建立了201起网络欺诈案件数据库。结果表明，行骗者选择的策略可以视欺诈目标对象与行骗者声称身份的不同而有所差异（Graziolo 和 Jarvenpaa，2003）。

在线拍卖式欺诈

Gregg 和 Scott（2006）对在线信誉系统机制进行了考察，即考察在线系统是否可以帮助潜在买家规避拍卖式欺诈。对发布于在线拍卖信誉系统上的投诉进行内容分析，可以加深对在线拍卖式欺诈的理解，强化信誉系统在记录、预测和减少欺诈中所起到的作用。结果显示，在线信誉系统中发现的欺诈诉讼数量，远远超过了官方渠道中的欺诈诉讼数量。最近在在线信誉系统上公布的负面反馈，有助于对未来的在线拍卖式欺诈进行预测。此外，经验丰富的在线拍卖买家，可以更好地利用信誉系统数据避免遭受潜在的拍卖式欺诈（Gregg 和 Scott，2006）。

随着网络拍卖的快速发展和普及，对网络拍卖欺诈进行有效监测已经成为现实世界情景中亟待解决的问题。对欺诈者的准确侦测，可以帮助执法部门预防潜在欺诈案件的发生，从而避免可能造成的巨大经济损失。Chiu 等（2011）将网络指标和数据挖掘技术结合起来，在互联网拍卖交易记录的基础上，提出了一种发现欺诈者的复合方法。利用从雅虎拍卖网站上收集到的实验数据，研究表明，该方法能够以可接受的分类精确度，快速有效地侦测到网络拍卖欺诈者（Chiu 等，2011）。

身份盗窃

身份盗窃是由罪犯实施的经济犯罪。身份盗窃是指有人窃取受害者的个人信息，并在没有得到允许的情况下使用了此信息。这种犯罪会严重损害身份被盗者的财务、信用记录和信誉等，并且需要受害者花费时间、金钱和耐心来解决（Federal Trade Commission，2013）。

犯罪分子利用多种方式来窃取消费者的身份信息。他们通过翻查受害者的垃圾、商业企业的垃圾或公共废弃物等方式收集信息。他们可能假装在合法的公司、医疗办公室、诊所、药房或者政府机构工作，然后利用这个角色优势，说服人们暴露个人信息。部分窃取者可能假装代表一个可信任的机构，想办法通过邮件（网络钓鱼）或电话访问等手段，诱使人们暴露个人信息（Federal Trade Commission，2013）。

一旦身份盗窃者掌握了受害者的个人信息，他们就可以从受害者或其银行账户中提取信息，向受害者或其信用卡收取费用，开设新的公用事业账户，或从受害者的医疗保险中获得医疗服务等。身份盗窃者还能够以受害者的名义报税，并获得退款。在一些极端情况下，身份盗窃者甚至在被捕后将受害者的名字当作自己的名字报给警察（Federal Trade Commission，2013）。

记者 Sullivan（2004）写了本名为《你的魔鬼双胞胎：身份盗窃盛行的背后》（Your Evil Twin：Behind the Identity Theft Epidemic）的书，他从每个可能的角度对爆炸式激增的身份盗窃现象进行了披露。该书从罪犯和受害者两个角度，叙述了现实世界里可怕的身份盗窃案例，还提出了帮助消费者保护自己的实用性建议。该书还对机构、行业和个人等已经习以为常的身份盗窃蔓延现象进行了分析，并且探讨了行业和政府共同打击此类犯罪的方法（Sullivan，2004）。

联邦贸易委员会为消费者提供了打击身份盗窃犯罪的详细指南。当消费者的钱包、社会保障卡，或者其他私人金融账户的信息丢失或被盗窃时，应该联系信用报告公司，在信用档案上设置欺诈预警。消费者应该将核对银行和其他账户的账单作为日常活动，进而可以发现不正常的账户活动。消费者可以通过行使合法权利免费获取信用报告。如果身份信息因数据缺口而丢失，那么丢失消费者信息的组织将会通知消费者。一般来说，消费者可以选择在个人信用档案上设置欺诈预警，监测账户的不正常活动，并行使免费获得个人信用报告的权利。在联邦贸易委员会的指南中有条款说明了在特定身份信息被盗后应该采取什么措施，以及如何防止身份信息被盗的具体步骤（Federal Trade Commission，2013）。

消费者应该意识到身份被盗窃的严重后果，并采取措施降低身份被盗窃的风险。调查研究显示，即使报告是免费的，大多数消费者也没有按照一般的建议获取年度信用报告、核查错误信息和取得身份被盗窃的证据。很多消费者并没有对收到的邮件进行安全检查，仍然随身携带个人社会保障账号等身份信息（O'Neill 和 Xiao，2005；O'Neill 和 Xiao，2008）。

5.2.3 营销盘剥

营销盘剥是合法的商业行为，但是它以许多看似影响很小但实际影响很大的方式损害了消费者的经济福利。关于该主题的学术研究不是很多。Garman（2006）在其消费经济学教材中列举了许多营销盘剥的例子，如在租车、信用卡和借记卡登记服务、身份盗窃保险、医疗产品、信用人寿保险等方面的营销盘剥。在《抓到资本主义》（Gotcha Capitalism）一书中，记者 Bob Sullivan（2007 年）揭露了各种营销盘剥的方法，并为消费者提供了避免遭受盘剥和收回应得欠款的策略。这些盘剥包括 ATM 交易的高额手续费用、很难解除的金属覆膜手机合同、不必要的高额租车保险和为本应免费的无线网络支付高额费用等。对提升消费者经济福利感兴趣的学者们，应该针对消费者的营销盘剥开展深入的理论和实证研究。

5.3 受害消费者的特征

5.3.1 投资欺诈的受害者

Shadel 和 Pak（2007）通过对消费者欺诈行为进行三部分探讨，进而分析了投资欺诈受害者的特征。第一部分，他们通过分析欺诈案的未公开录音带，确定行骗者是如何向受害者进行兜售的。对录音带的分析揭露了行骗者会根据受害者的心理特征来设计说辞的特点，并且其对每个目标进行诱劝时，都使用了复杂的影响策略组合。第二部分，他们对彩票欺诈、投资欺诈的受害者和未受欺诈者进行调查。结果表明，与未受欺诈者相比，投资欺诈受害者对基础金融知识有更好的理解。投资欺诈和彩票欺诈的受害者，都更有可能经历与其受骗经历不相关的负面事件。上述两种受害者都更有可能听信陌生销售人员的推销言辞。投资欺诈和彩票欺诈的受害者，存在大量少报遭受欺诈的情形。第三部分，他们对不同的投资欺诈受害者和未受欺诈者进行第二次调查，以确定是否可以再现第一次调查的研究结果。事实上，与金融素养相关的主要结论都可以再次得到证明。另外，关于说服素养（Persuasion Literacy）的研究有了新的发现：与未受欺诈者相比，投资欺诈受害者更难以识别行骗者在欺诈方案中所使用的花言巧语。这表明，未来预防欺诈的关键策略是通过教育提高投资者的金融素养和说服素养（Shadel 和 Park，2007）。

5.3.2 老年消费者的脆弱性

Griffiths 和 Harmon（2011）在一篇概念性的文章中讨论了老年消费者在知情同意（Informed Consensus）方面的脆弱性问题。基于对老年消费者决策能力逐年下降的了解，他们分析了老年消费者的没有完全理解，却默认知情同意这一情况。他们的概念框架和研究假说认为，在知情同意过程中，影响消费者脆弱性的关键因素如下：认知的变化、感官因素、财务状况的变化，以及信息传播者和接受者之间的相互作用。

Moschis 等（2011）对已有文献进行了回顾和综述，讨论了老年消费者脆弱性的前沿研究问题。一些因素能够解释老年人对营销沟通的脆弱程度，相关跨领域的研究结果显示，帮助人们理解这些因素的所需研究与现有知识存在差距。他们提出了包含新兴理论和社会科学行为研究方法的研究蓝本，可以对未来老年消费者的脆弱性研究进行指导。

Alves 和 Wilson（2008）针对老年消费者的孤独感和遭受的电话营销欺诈进行了分析，研究发现电话营销欺诈对老年人的影响并不成比例，尤其是对那些社会关系孤立的老年人。在研究中，28 个电话传销欺诈的老年受害者都完成了问卷测评，评估的变量主要涉及孤独和电话营销欺诈脆弱性等相关变量。问卷分析结果显示，受害者更多的是男性、离婚或分居者、受过大学教育者、在 60~70 岁年龄段的人。年龄和婚姻状况与孤独具有密切联系（Alves 和 Wilson，2008）。

Friedman（1992）在全美国范围内对 39 个州共 331 个地方警察部门开展了关于欺诈的邮件调查，主要调查对象为年龄在 65 岁及以上的老年消费者，调查的重点是信任欺诈及其对老年消费者的影响。研究发现，遭受信任欺诈的老年受害者更有可能是女性、年轻人、白人、未婚者及没有外出工作者。有某些特征的老年人，如对陌生人友好的老年人，以及身上有明显金融资产迹象的老年人，更容易吸引信任欺诈的行骗者，并成为其寻找的对象。对老年人进行欺诈的行骗者可能不止一个，最常见的是两人组成的行骗团伙。以老年人为目标进行信任欺诈的行骗者所采取的欺诈策略因欺诈种类的不同而各异，他们会实施"软性办法"，如"鸽子掉落"欺诈[①]、银行审查人员欺诈[②]及组合方法欺诈。例如，对老年消费者的家居装修欺诈，有可能发生在中产阶级所居住的社区。车道或者屋顶等方面存在的问题，都有可能成为欺诈过程中行骗者的关注点。针对老年消费者的信任欺诈，可能给受害者带来大额的经济损失。例如，"鸽子掉落"欺诈、银行

---

① 在这种欺诈中，一个目标或"鸽子"会被劝说放弃一笔钱以得到更大一笔钱或更值钱的东西。
② 在这种欺诈中，行骗者会假装成 FBI 的代理人、银行的审查人员、警察、侦探或者银行工作人员等，欺骗消费者让其取出钱并交给行骗者。

审查人员欺诈及家装升级或维修欺诈受害者的损失可能在 1 000~5 000 美元之间（Friedman，1992）。

根据由美国退休人员协会（American Association of Retired Persons，AARP）委托的在 1993 年开展的老年消费者行为调查（Survey of Older Consumer Behavior）的数据，Lee 和 Soberon-Ferrer（1997）分析了消费者在市场欺诈中的脆弱性。消费者的脆弱性，是根据消费者的市场知识和对不公平商业行为的了解程度来确定的。研究结果显示，如果消费者年龄较大、经济状况较差、受教育程度较低，或者没有配偶，都更容易遭受欺诈。认知缺陷模式表明，处理信息能力有限的消费者，更易受市场欺诈的影响。同时，社会互动模式，则是基于社会关系的不对称和社会隔离的角度，来解释消费者的脆弱性。上述发现为认知缺陷模式和行为理论提供了支持，但却拒绝了由社会关系不对称所得出的假设（Lee 和 Soberon-Ferrer，1997）。

基于 AARP 委托进行的 1996—1997 年 EXCEL 综合性调查数据，Lee 和 Geistfeld（1999）对 50 岁及以上的消费者对电话营销欺诈的接受程度进行了分析。对电话营销欺诈的接受程度，由消费者的心理取向（如是否愿意听推销言辞和呼叫者的态度等）及风险行为的参与度（如对陌生呼叫者的回应等）来反映。结果表明，年龄是消费者是否愿意聆听的重要因素。与非拉美裔白人相比，少数族裔消费者更容易遭受电话营销欺诈，这可以从其对来电者的积极态度和向来电者寄钱的次数中得到证明（Lee 和 Geistfeld，1999）。

5.3.3　年轻消费者的脆弱性

Batat（2010）对年轻消费者在网络时代的脆弱性进行了定性分析。研究发现，青少年是具有完全能力的消费者，因为几乎所有青少年在消费的某些方面都显示出了胜任力，如使用网络和博客提高消费技能，进行比较购物，以及通过消费和使用进行创新等。然而，因为青少年的脆弱性和其对消费与购买的经验及知识的缺乏，使得他们也有可能成为受害者。此外，今天的年轻消费者，正面临着与技术应用相关的新风险。年轻消费者在缺乏控制的情况下会经历脆弱性，也会在买卖过程中面临收支不平衡的局面。这种情况是由多种因素导致的，其中包括个人特性（自我问题）、亚文化范式（青少年害怕被同伴排挤）、经验条件（消费经验和知识）及环境因素（网络在线社区）等。年轻消费者的脆弱性，与其身份和社会角色的转变密切相关。事实上，当青少年消费者无法掌控自己的处境时，可能会认为自己是无能的、软弱的和脆弱的。因此，消费者政策的制定应该侧重于增强年轻消费者的能力，从而进一步消除其脆弱性（Batat，2010）。

5.3.4　拉丁裔移民消费者的脆弱性

Marlowe 和 Atiles（2005）对拉丁裔移民消费者所遭受消费欺诈的相关领域进行了定性分析，经研究识别的不法行为类型主要包括汽车销售欺诈、预付卡欺诈和伪造文件等。

5.3.5　范式转换：从欺诈的受害者到预防欺诈的胜利者

Friedman（1998）呼吁应从研究营销欺诈的受害者向研究营销欺诈的成功规避者实现范式转变。他开展了两项研究，首先是鼓励 AARP 的成员分享避免营销欺诈的成功案例；其次是在全国范围内收集由执法部门制定的预防营销欺诈的资料。从上述研究所提供的资料中，Friedman（1998）发现的与欺诈有关的危险信号主要包括嫌疑人特征、初次接触回应者的渠道、约定、嫌疑人约定前后的行动、嫌疑人交流的方式等。根据这两项研究所提供的信息，Friedman（1998）还提出了相应的逃脱机制，包括拒绝交流、暂时拒绝约定、直接拒绝约定，以及发现可疑约定后采取规避损失的措施和向当局报告等。

5.4　总结

在有效、公平的经济体中，商业企业和消费者会按照现有的社会规范、法规和法律进行买卖活动。商业企业意识到社会趋势的变化，也会考虑到它们的实践活动对产品购买者和全人类福利的影响。良好的商业实践有利于提升消费者福利。商业企业可以利用企业社会责任、生活质量营销、可持续性营销和符合伦理道德的营销等理念，培养和实施更多可取的商业行为。不良的商业行为可以是合法的，也可以是非法的。营销欺诈是非法的商业活动，即采用不公平的销售手段从消费者那里获得超额利润。营销盘剥是合法的商业行为，它通过在法律的灰色地带打擦边球的方式赚取不应得的利润。营销欺诈和营销盘剥对易受影响的消费者尤其不利，如老年人、年轻人、低收入群体、少数族裔及新移民消费者。对于维护消费者权益的政策制定者和富有社会责任的商业实践者来说，良好的商业行为应该受到鼓励，不良的商业活动应该予以遏制。

参考文献

［1］Alves, L. M., & Wilson, S. R. (2008). The effects of loneliness on telemarketing fraud vulnerability among older adults. Journal of Elder Abuse & Neglect, 20(1), 63–85.

［2］Batat, W. (2010). Understanding the dimensions of young consumer vulnerability in the web 2.0 society. Child and Teen Consumption CTC, Jun 2010, Norrköping, Sweden. pp. 250.

［3］Button, M., Lewis, C., & Tapley, J. (2009). Fraud typologies and the victims of fraud literature review. National Fraud Authority, Office of Fair Trading, UK. Retrieved from http://eprints.port.ac.uk/3989/1/.

［4］Carroll, A. B. (1979). A three-dimensional conceptual model of corporate social performance. Academy of Management Review, 4, 497–505.

［5］Carroll, A. B. (1991, July-August). The pyramid of corporate social responsibility: Toward the moral management of organizational stakeholders. Business Horizons, 34, 39–48.

［6］Carroll, A. B. (1999). Corporate social responsibility: Evolution of a definitional construct. Business and Society, 38, 268–295.

［7］Carroll, A. B., & Shabana, K. M. (2010). The business case for corporate social responsibility: A review of concepts, research and practice. International Journal of Management Reviews, 12, 85. doi:10.1111/j.1468-2370.2009.00275.x.

［8］Chiu, C., Ku, Y., Lie, T., & Chen, Y. (2011). Internet auction fraud detection using social network analysis and classification tree approaches. International Journal of Electronic Commerce, 15(3), 123.

［9］Cui, G., & Choudhury, P. (2003). Consumer interests and the ethical implications of marketing: A contingency framework. The Journal of Consumer Affairs, 37(2), 364–387.

［10］Deevy, M., Lucich, S., & Beals, M. (2012). Scams, schemes, & swindles: A review of consumer financial fraud research. Stanford University Financial Fraud Research Center, Stanford, CA. Retrieved from http://fraudresearchcenter.org/wp-content/uploads/2012/11/ScamsSchemes-Swindles-FINAL.pdfFederal Trade Commission. (2013). Taking charge: What do to if you identity is stolen. Washington, DC: Author.

［11］Fisk, G. (1973). Criteria for a theory of responsible consumption. Journal of Marketing, 37(2), 24–31.

［12］Frederick, W. C. (1978). From CSR1 to CSR2: The maturing of business and society thought. Working paper 279. Pittsburgh, PA: Graduate School of Business, University of Pittsburgh.

［13］Friedman, M. (1992). Confidence swindles of older consumers. The Journal of Consumer Affairs, 26(1), 20–46.

［14］Friedman, M. (1998). Coping with consumer fraud: The need for a paradigm shift. The Journal of Consumer Affairs, 32(1), 1–12.

［15］Garman, E. T. (2006). Consumer economic issues in America (9th ed.). Mason, OH: Thomson.

［16］Gordon, R., Carrigan, M., & Hastings, G. (2011). A framework for sustainable marketing. Marketing Theory, 11(2), 143–163.

［17］Grazioli, S., & Jarvenpaa, S. L. (2003). Consumer and business deception on the Internet: Content analysis of documentary evidence. International Journal of Electronic Commerce, 7, 93–118.

［18］Gregg, D. G., & Scott, J. E. (2006). The role of reputation systems in reducing online auction fraud. International Journal of Electronic Commerce, 10(3), 95–120.

［19］Griffiths, M. A., & Harmon, T. R. (2011). Aging consumer vulnerabilities influencing factors of acquiescence to informed consent. The Journal of Consumer Affairs, 45(3), 445.

［20］Kitzmueller, M., & Shimshack, J. (2012). Economic perspectives on corporate social responsibility. Journal of Economic Literature, 50(1), 51–84.

［21］Kolk, A., Hong, P., & van Dolen, W. (2010). Corporate social responsibility in China: An analysis of domestic and foreign retailers' sustainability dimensions. Business Strategy and the Environment, 19(5), 289-303.

[22] Kotler, P., & Lee, N. (2005). Corporate social responsibility: Doing the most good for your company and your cause. Hoboken, NJ: Wiley.

[23] Kurucz, E., Colbert, B., & Wheeler, D. (2008). The business case for corporate social responsibility.

[24] In A. Crane, A. McWilliams, D. Matten, J. Moon, & D. Siegel (Eds.), The Oxford handbook of corporate social responsibility (pp. 83-112). Oxford: Oxford University Press.

[25] Lee, J., & Geistfeld, L. V. (1999). Elderly consumers receptiveness to telemarketing fraud. Journal of Public Policy & Marketing, 18(2), 208-217.

[26] Lee, D., & Sirgy, M. J. (2004). Quality-of-life (QOL) marketing: Proposed antecedents and consequences. Journal of Macromarketing, 24(1), 44-58.

[27] Lee, J., & Soberon-Ferrer, H. (1997). Consumer vulnerability to fraud: Influencing factors. The Journal of Consumer Affairs, 31(1), 70-89.

[28] Marlowe, J., & Atiles, J. H. (2005). Consumer fraud and Latino immigrant consumers in the United States. International Journal of Consumer Studies, 29(5), 391-400.

[29] McWilliams, A., & Siegel, D. (2000). Corporate social responsibility and financial performance: Correlation or misspecification? Strategic Management Journal, 21(5), 603-609.

[30] McWilliams, A., & Siegel, D. (2001). Corporate social responsibility: A theory of the firm perspective. Academy of Management Review, 26(1), 117-127.

[31] Moschis, G. P., Mosteller, J., & Fatt, C. K. (2011). Research frontiers on older consumers vulnerability. The Journal of Consumer Affairs, 45(3), 467.

[32] Neese, W. T., Ferrell, L., & Ferrell, O. C. (2005). An analysis of federal mail and wire fraud cases related to marketing. Journal of Business Research, 58(7), 910-918.

[33] O'Neill, B., & Xiao, J. J. (2008). Identity theft risk reduction factors: A post FACTA analysis. Proceedings of Eastern Family Economics and Resource Management Association. Available at: http://www.fermascholar.org/wp-content/uploads/2013/06/id_theft_risk_oneill1.pdf.

[34] O'Neill, B., & Xiao, J. J. (2005). Consumer practices to reduce identity theft risk: An exploratory study. Journal of Family and Consumer Sciences, 97(1), 33-38.

[35] Shadel, D. P., & Pak, K. B. S. (2007). The psychology of consumer fraud. Unpublished Ph.D.dissertation, Tilburg University. Retrieved from http://taos.publishpath.com/Websites/taos/Images/ProgramsTaosTilburgDissertations/Pak.ShadelDissertationFINAL.pdf.

[36] Sirgy, M. J. (1996). Strategic marketing planning guided by the quality-of-life (QOL) concept. Journal of Business Ethics, 15(March), 241-259.

[37] Sullivan, B. (2004). Your evil twin: Behind the identity theft epidemic. Hoboken, NJ: John Wiley & Sons.

[38] Sullivan, B. (2007). Gotcha capitalism: How hidden fees rip you off every day and what you can do about it. New York: Ballantine Books.

[39] Vander Nat, P. J., & Keep, W. W. (2002). Marketing fraud: An approach for differentiating multilevel marketing from pyramid schemes. Journal of Public Policy & Marketing, 21(1), 139-151.

[40] Varey, R. J. (2010). Marketing means and ends for a sustainable society: A welfare agenda for transformative change. Journal of Macromarketing, 30(2), 112.

[41] Yosifon, D. G. (2009). The consumer interest in corporate law. UC Davis Law Review, 43, 253-313.

第6章　媒体与消费者经济福利

摘要：本章探讨了大众媒体对消费者经济福利的潜在影响。媒体可以分为两类，即新闻媒体和广告媒体。美国的新闻媒体公司是私有的，其主要动机是寻求利润。在商业企业相关章节中阐述的部分行为模式，也可以在新闻媒体企业中找到。在新闻媒体专业人士中，有一群人为消费者发声，标榜自己为消费者权益的倡导者。在很多情况下，他们甚至以牺牲商业企业利益为代价来维护消费者的经济福利。广告会受到社会科学领域学者们的批评，因为其被认为在某些方面对消费者是有害的。然而，在广告业中出现了广告社会责任（Advertisement Social Responsibility，ASR）的观念，认为广告具有提高消费者福利和社会福利的潜力。广告可以在不同维度上按多种方式进行分类。本章回顾了相关类型的广告及其对消费者行为和福利的影响。

6.1　新闻媒体的作用

6.1.1　媒体的影响

新闻媒体通过影响销售、消费者行为、市场，以及整个经济，进而可能会对消费者的福利产生影响。

对销售的影响

媒体的评论，可能会影响消费品的销售，也可以被认为是对消费者购买行为的间接指导。Horverak（2009）分析了记者评论是否会影响葡萄酒的销售，比较了相关评论是否与挪威报纸上的观点一致。结果表明，葡萄酒评论家的评价对酒的销售有显著影响，挪威报纸上对餐酒的评分每上升10%，其销量就会平均增长16%~18%。报纸不同，葡萄酒评论所带来的影响也各有差异。虽然记者们向消费者推荐的好酒不尽相同，但是大部分葡萄酒评论家似乎都认可大多数的葡萄酒类排名（Horverak，2009）。

对消费者行为的影响

已有研究表明，新闻报道鼓励消费者进行自我保护。Goh等（2011）收集了一组数据，用来评估新闻报道对消费者在DNC（Do Not Call）网站上注册的影响，结果显示新闻报道增加了消费者的注册数量。上述影响会随着报道中对免费电话号码和网络链接（Uniform Resource Locator，URL）的提及而升高，但也会随着报道中长标题和主要文字的增加而降低。进一步地，Goh等（2011）发现，新闻报道可通过劝说和发布信息影响消费者的行为，对其他注册人数的提及也会提高新闻报道对网站注册的影响。最后，全国性报纸的新闻报道对消费者网站注册的影响，要强于地方性报纸；政治中立和民主党派报纸所带来的影响，要强于共和党派的报纸。

消费者对新闻媒体的认知可能有助于解释消费行为。有学者通过测试电视新闻中的情绪是否可以用作消费者情绪的代表，进一步解释美国个人消费增长的变化。Uhl（2012）采用密歇根大学消费者信心指数（Index of Consumer Sentiment，ICS）数据，对经典消费者行为模型中该信心指数与电视媒体信心（TV Sentiment）的解释力进行了比较。研究发现，电视媒体信心至少可以像ICS一样很好地作为消费者信心的代表，同时它可以对个人收入和储蓄等私人消费行为进行很好的解释。

对金融市场的影响

关于消费者信心的新闻可能会影响股票市场。Akhtar等（2011）分析了澳大利亚股市对月度消费者信心报告的反应。研究表明，消费者信心包含有价值的信息。此外，Akhtar等（2011）还探讨了"负面效应"，即当含有负面情绪的新闻公布时，股市将受到公告日效应的显著负面冲击。

研究显示，专业人士通过新闻媒体提出的建议，可能会为个人投资者提供信息上的支持。"Mad Money"是由前对冲基金经理Jim Cramer在消费者新闻和商业频道（Consumer News and Business Channel，CNBC）主持的节目。Lim和Rosario（2010）分析了该节目中提到的股票选择的市场反应和长期回报。他们发现，Cramer的择股风格与正反馈交易策略一致，偏好那些在选股前一段时期内表现较好的股票。选择好股票后，Cramer提出的股票短期市场反应与相应公司市值相反。但是，之后六个月的投资回报证明了Cramer的择股能力。特别地，Cramer关于小盘股的建议能够准确地对长期趋势进行预测（Lim和Rosario，2010）。

对经济的影响

政策制定者们认为，新闻媒体会对政治产生影响，并且对媒体所有权的规制将增加意识形态的多样性。因此，了解消费者对媒体倾向性的反应至关重要。Gentzkow和Shapiro（2010）构建了新的媒体倾向性指数，用于衡量新闻报道语言是否与国会共和党或者民主党的论调一致。他们估计了明显包含倾向性的报纸需求模型，也分析了报纸利润最大化时的倾向，并将这些追求利润最大化时的选择与实际选择进行了比较。研究发现，从经济意义上来说，作为消费者的读者更加偏好那些与内心想法一致的报道。

新闻报道可能会影响消费者的信心，反过来也会影响经济。以1990—2009年的荷兰为例，Hollanders和Vliegenthart（2011）分析了实体经济、消费者信心和全国性经济新闻报道之间的联系。他们发现，随着降低消费者信心的新闻报道逐渐增多，媒体对经济发展的关注与消费者信心的联系日益密切，在实体经济得到控制后，该结论依然成立。由于所处的经济周期不同，三者之间的关系也存在着差异。上述效应在信贷危机开始后的几个月内，表现得尤为强烈。

6.1.2 消费者新闻报道

消费者新闻报道（Consumer Journalism）指的是新闻记者利用新闻报道积极推动消

费者权益保护的行为。Cron（1997）对美国消费者新闻报道的起源、历史和发展进行了回顾。消费者新闻报道，是旨在为作为读者的消费者提供服务的报道和相关资讯。这类新闻报道有助于读者、听众和观众对市场上的产品与服务，或行为与行为过程做出合理的判断或选择。相关选择会表现为某种形式的交换决策，即新闻报道可以增强消费者的社会和经济福利，以及健康福利。

第一类消费者新闻报道可以追溯到19世纪——那个伟大的科学、技术和经济蓬勃发展的时代。为了满足新兴中产阶级的需要，杂志中开始出现许多关于礼仪风尚的报道。1821年创办的《星期六晚报》（The Saturday Evening Post）就是美国最早的礼仪杂志中最有影响力和最成功的杂志。在瞬息万变的时代，流行的女性与家庭杂志为其目标读者群体提供了稳定的读物。杂志内容专注于家庭和孩子，主要介绍家庭的舒适和安全，以及适应于新美国文化的基本社会礼仪等话题。在1850—1865年间，人们的阅读需求足以支撑起此类杂志多达2 500本的发行量。

19世纪后半叶是零售业蓬勃发展的时代。在此期间，"揭发丑闻"成为新的（第二类）消费者新闻报道类型，并得到了迅速发展。"揭发丑闻"的范例，包括一篇发表在《好管家》（Good Housekeeping）上的社论《防止掺假》（Guard Against Adulteration）。《好管家》是一本成立于1885年的长期出版物。Joseph Pulitzer发明了名为"黄颜色新闻报道"（Yellow Journalism）的新型新闻小报，并于1883年出版了《纽约世界》（New York World），承诺要揭露一切欺诈和虚假行为，打击一切罪恶行为和弊端，以真挚的诚意为人们而战。在这些报道中，让人印象最深刻的作品是《麦克卢尔》（McClure's）杂志的资深编辑Lincoln Steffens在该杂志上连载的《城市之耻》（Shame of the Cities），后来这些文章被集结成书并出版。1906年，Upton Sinclair出版了《丛林》（The Jungle）一书，揭露了肉类加工业内部令人震惊的一面。该书产生了巨大影响，并且推动了国会通过两部标志性的消费者法案，即《肉类检验法》和《纯净食品和药品法》。

第三类消费者新闻报道产生于20世纪的前30年，其对产品进行测评并公布测评结果。1909年，《好管家》开始组建现代化实验室，并选定和加盖椭圆形图章，上面标注了"由《好管家》杂志主办的好管家研究院测试并批准"的字样。在国家标准局（National Bureau of Standards，NBS）从事产品测试工作的F. J. Schlink和Stuart Chase共同撰写了一部名为《你的金钱的价值：关于消费者的美元浪费的研究》（Your Money's Worth：A Study in the Waste of the Consumer's Dollar）的畅销书。1929年，Schlink创立了消费者研究产品测试机构，并将测试结果发布在其新创办的无广告刊物《消费者公报》（Consumer Bulletin）上。1932年，消费者研究组织的测试工程师Schlink和Arthur Kallet撰写了《一亿只小白鼠》（100 000 000 Guinea Pigs）一文，记述了政府在向毫无疑心的消费者出售食品和药品时所显示的笨拙和不作为，而这些食品和药品的诚信和安全问题让人质疑。1936年，Kallet由于政治和工作上的冲突，离开了消费者研究组织，并建立了消费者联盟，创立了自己的杂志——《消费者报告》（Consumer Reports）。从此以后，这本杂志成为坚持纯粹的消费者新闻报道的杰出典范：它真实、客观、提供咨询信息，并关注消费者亟需了解的信息，对市场中的产品或服务做出合理的判断。《消费者报告》至今还在发行，为上百万消费者提供客观的信息，帮助他们做出明智的购物决策。

第二次世界大战后，美国经济开始了长期持续的繁荣。第四种消费者新闻报道，即商业企业新闻报道，在战后得到了迅速发展。商业企业新闻报道直接为制造商、服务机构和专业团体撰写文章，将所提供产品或服务的积极一面展现给公众。在20世纪60年代和70年代，美国消费者运动处于巅峰。肯尼迪总统提出了"消费者权利"的概念，并提出了四种具体的消费者权利。Ralph Nader出版了颇具影响力的《任何速度都不安全》（Unsafe at Any Speed）一书，该书得出以下结论：美国每年有5.1万人在高速公路上丧生，而汽车行业的改进可以使该数据显著降低。几年后，他雇用了上百个学生，称之为"纳德突击队"，研究和出版了许多关于政府机构失职和项目失败的报告。在消费者运动的全盛时期，大学的新闻系开始增设"消费者报告"选修课程。位于华盛顿的美国国家新闻（National Press，NP）俱乐部认识到这类新闻报道的价值，建立了"年度卓越消费新闻奖励计划"。20世纪80年代，消费者新闻报道扩展到了更广阔的领域，包括生活方式所涵盖的诸多领域。20世纪90年代，消费者相关新闻通常由记者进行报道。随着杂志《60分钟》（60 Minutes）开始报道消费者议题，由电视新闻杂志对消费者新闻进行报道的新趋势开始出现。因此，亟需学者开展深入研究，考察近几十年来消费者新闻报道发展的情况和趋势。

6.2 广告的作用

从提高消费者经济幸福感的角度来看，商业广告应该给消费者提供准确的信息，以使其做出明智有效的购买决策。广告对消费者经济福利的影响，就如同利与害并存的双刃剑。

6.2.1 对广告的批判

20世纪60年代，消费经济学领域的权威学者Warne（1962）对广告提出了批判性的观点。他认为，"当今广告具有非理性和无关紧要的特点，并且经常成为操纵消费者的手段"。在其发表于《美国经济评论》（American Economic Review）的论文中，他引用了"广告中令人压抑的数量和可疑的标准"这句话，作为他对当时商业企业广告活动的主要批评观点。

从宏观的角度来看，广告可能会损害消费者权益。作为有影响力的传播学领域的学者，Jhally（1987）在其《广告代码》（The Code of Advertising）一书中，对广告的社会功能提出了批评。他认为，广告商和媒体公司在自由市场中控制资本，进而控制大众的社会认识。广告商通过操纵赋予消费者的使用产品价值的意义来达到这一目的。包括广告在内，消费者从一切体验中获取信息，因此广告有助于赋予产品本身及产品使用一定的象征意义。

Compeau等（2004）认为，讨论含混不清的定价是评估欺诈的重要步骤。相对于广告标注的较低售价，消费者往往会得到较高的参考价格。对参考价格的研究，传统上是基于隐含的假设来进行的，即消费者对给定语义短语的解释。例如，对于"常规价格/销售价格"，所有消费者的理解都是一致的，但这一基本假设从未得到过验证。美国联邦贸易委员会和商业改善局理事会发布的指南，以及接近一半的州颁布的法规，看起来都是基于类似的假设。然而，考虑到在消费者研究的其他领域中所发现的消费者感知之间的差异，预期消费者对短语的理解可能会有所不同。鉴于存在这种潜在的变化，广告中关于定价的说法，是具有信息价值的还是具有欺骗性的，取决于消费者对定价说法的理解（Compeau 等，2004）。

如果广告的设计和传播缺乏社会责任，则可能对儿童有害。营销学专家 Preston（2005）认为，虽然儿童似乎易受到广告信息的影响，但是这种对广告的批评也势必会造成误解，即广告就是营销。因此，具有反物质主义观点者势必会认为孩子的经济需求依赖于他们的父母。另外还存在一个问题，即广告宣传似乎并不完全针对儿童，但是儿童还是会受到影响（Preston，2005）。

6.2.2 广告的社会责任

广告的社会责任是企业社会责任概念在广告中的应用和延伸，在实践中它可以被认为是符合伦理道德的商业行为。Preston（2010）从广告监管的角度，探讨了法律与道德在广告企业保护消费者责任问题上的相互作用。研究发现，符合伦理道德的商业行为可以被期许，但是不能对其过于依赖。保护消费者更好的方法，是加强法律措施，而不是宣传符合伦理道德的商业行为（Preston，2010）。作为关心消费者福利的专业人士，应该鼓励并充分利用符合伦理道德的商业行为来维护消费者的权益。

社会责任广告的使用

企业社会责任广告，可以让发布广告的企业和接受广告的消费者都受益。Farache 和 Bonus（2010）考察了有关企业如何使用企业社会责任广告来使其道德立场合法化，以及企业社会责任广告在不同国家之间的差异。研究发现，企业采用不同的策略来宣传其社会责任，有的迎合消费者的理性，有的迎合消费者的情感。也有证据表明，企业利用公益广告来回应来自公众的压力，从而创造或维持它们在大众眼中的合法性（Farache 和 Bonus，2010）。

许多广告公司从事企业社会责任活动。Waller 和 Lanis（2009）分析了全球广告业内的六大控股公司的年报。他们观察了哪些广告公司披露它们的企业社会责任活动，以及进行了哪些活动，同时 Waller 和 Lanis（2009）为广告机构制定了企业社会责任披露指数。结果表明，部分广告公司确实参与了企业社会责任活动，并在年度报告中进行了披露，但这些公司的企业社会责任披露水平不同。

企业社会责任广告可能有助于增强企业在市场中的竞争力。Pomering 和 Johnson（2009a）回顾了企业的形象广告，以此作为调查企业社会责任记录的工具，探讨了怀疑论架构，以及此种宣传方式能减轻消费者怀疑的理论依据。现有的实证研究结果为这些理论提供了支持。此外，他们还分析了企业社会责任广告声明中几个可以判断或者抑制消费者对企业形象广告怀疑的重要因素。

企业社会责任广告的有效性可以通过特定策略来提高。Pomering 和 Johnson（2009b）讨论了企业社会责任广告中企业形象的宣传问题，并提出方案来研究社会主题信息和社会影响力声明的特异性这两个消息变量对公众态度走向和认知反应的影响力。

他们的研究专注于怀疑论中潜在的腐蚀性认知反应，结果表明上述消息变量可能会抑制消费者怀疑主义的产生，进而有助于企业建立良好的信誉。

企业社会责任广告的有效性

若用恰当的形式宣传，企业社会责任广告将起到更加有效的作用。Shanahan 和 Hopkins（2007）利用由"母亲反对酒后驾车组织"（Mothers Against Drunk Driving，MADD）赞助的四种公益广告（Public Service Announcement，PSA），考察了参与者对广告的情绪反应、对广告的整体态度、赞助商的社会责任感和捐款意愿的差异。研究发现，在平面 PSA 中出现真实的受害者，可以获得最强烈的情感反应、最积极的广告态度、最强烈的社会责任感，以及向非营利组织捐款的最高倾向。相反，使用演员的公益广告和欺诈性广告，在对广告接收者的社会责任感知和情绪反应上的影响没有显著不同。他们的结论是，在 PSA 中使用真实受害者体现了非营利组织的社会责任行为（Shanahan 和 Hopkins，2007）。

品牌熟悉度（Brand Familiarity）可能会改变企业社会责任广告对消费者行为的影响。例如，在特定的咖啡市场上，有很多零售商销售公平交易咖啡（Fair Trade Coffee）这一社会性责任产品。部分零售商销售公平交易咖啡是为了满足具有社会责任感的消费者的需求；还有部分零售商这样做是出于对小型咖啡生产商的关心；其他的零售商这样做则是由于特定咖啡种植者的口味特点。研究发现，对于公平交易咖啡的广告，消费者在观看后更有可能选择熟知的咖啡品牌；否则，消费者更有可能选择味道更具吸引力的咖啡品牌（Obermiller 等，2009）。

商业专业人士对符合伦理道德的广告的看法

作为企业内部人士，广告和营销从业人员对符合伦理道德广告的看法，为相关研究提供了有用的资料。Nwachukwu 等（1997）开展了实验研究，以考察广告和营销从业人员对广告的伦理道德性判断。研究结果显示，受访者通常对自律性较弱的群体的广告的伦理道德性要求较低，而对自律性高的群体的广告的伦理道德性要求高。同样地，对自主性低的消费者的广告比对自主性高的消费者的广告更缺少伦理道德性的要求。最后，有害产品的广告被认为比无害产品的广告更加缺乏伦理道德性（Nwachukwu 等，1997）。

6.2.3　广告的类型

直接面向消费者的广告

直接面向消费者的广告（Direct-To-Consumer Advertising，DTCA）已经受到广泛关注，因为它试图绕过诸如医生等障碍来接触消费者。由于新信息平台和直面消费者的基因测试介绍的出现，人们增加了对 DTCA 及其潜在后果的关注。基于对癌症相关的 DTCA 药物广告的批判性思考，Kontos 和 Viswanath（2011）认为，DTCA 的影响尤为重要，因为不同阶层、种族和民族的社会群体间的沟通不平等现象，影响了人们获取、寻求和处理信息的方式，以及针对信息采取的相应行动。为了使所有消费者群体受益，DTCA 应该制定策略来接触那些不太可能受益，但需要广告传递信息的人群（Kontos 和 Viswanath，2011）。

Royne 和 Myers（2008）回顾了已有文献中有关 DTCA 药物广告的研究视角，发现尽管这类广告受到来自消费群体的强烈抗议和国会的批评，但其数量依旧保持着上升的趋势。他们认为，这种广告带来的变化是显著的，但是为了影响这种变化，学术研究必须找出解决相关问题的政策建议并做出回应（Royne 和 Myers，2008）。

此外，Huh 等（2006）还研究了消费者对两种潜在的 DTCA 监管的态度，即事先批准的 DTCA 和全面禁止的 DTCA，以及这些态度如何在第三方效应框架下影响 DTCA 效果的感知和接受者特定特征。结果表明，消费者支持对 DTCA 进行管制，但不支持禁止 DTCA。消费者对事先批准制度的支持，不受人口统计学特征、倾向性和广告效应感知差异的影响。他们对禁令的支持与年龄、对 DTCA 的态度，以及对自我和他人负面影响的感知有关（Huh 等，2006）。

金融类广告

近年来，共同基金行业得到了巨大发展。在此期间，共同基金日趋类似于商品，许多基金利用广告来吸引投资者。基于内容分析法来确定基金广告中包含的信息，Jones 和 Smythe（2003）发现，虽然在 1979—1989 年期间，广告中提供信息线索的平均数量有所增加，但是在 1989—1999 年期间，共同基金广告中提供的信息内容并没有显著增加。相对较少的基金广告中会包括下列信息：与股东相关的费用、12b-1 费用，以及广告费用比率等，并且在基金广告中很少谈论风险。未来的研究方向是评估此类广告如何为消费者理财决策提供有用的信息。

从 2006 年到 2009 年，Lee 等（2011）对美国 6 种全国性商业金融杂志中的 1 430 个退休金融服务广告进行了内容分析，结果显示此类广告发生了几个方面的变化。自 2006 年《养老金保护法案》（Pension Protection Act）颁布，以及随后的经济危机爆发以来，金融类广告中开始越来越多地包含相关金融产品的信息，包括风险收益信息、交易成本，以及金融产品的构成等。不管监管和经济发生多么重大的变化，金融类广告中还是会不断出现交易成本和金融产品等信息。然而，研究发现，这些广告中金融信息的增加，也可能导致普通消费者产生信息过载的现象，对于那些缺乏金融素养的消费者来说尤其是这样（Lee 等，2011）。

比价类广告

在 20 多年研究的基础上，Compeau 等（2002）发现，广告参考价格确实能增强消费者对交易价值的感知。相对于卖价，如折扣大小等，广告参考价格越高，消费者感知到的交易价值就越高。研究发现，即使消费者对参考价格不太相信，提高参考价格并保持销售价格不变也可以改善人们对交易价值的认知。尽管如此，在保持夸张的参考价格不变的情况下，降低销售价格并不能改善人们对交易价值的感知（Compeau 等，2002）。

潜意识广告

潜意识就是低于意识临界值的意识状态。潜意识广告，指的是在消费者不知情的情况下，利用技术手段向消费者传递信息的广告。每隔 20 年，潜意识广告就会再次回到流行文化中来。基于对潜意识广告近 50 年研究的回顾，新闻研究领域的学者 Broyles（2006）认为，文献反复表明潜意识广告的大多数影响只能在高度人为的环境下才能实现，并且没有研究显示潜意识对消费者态度的转变及对购买行为的影响与流行文化所带来的影响相反（Broyles，2006）。在未来的研究中，需要进一步考察潜意识广告对消费者福利的影响。

吹捧类广告

在媒体竞争和消费者知识水平不同的情况下，消费者对吹捧类广告的反应各不相同。广告中经常包括夸张的产品描述，如看起来很重要，但实际上很少提供有意义的产品信息的描述。实验研究表明，消费者对吹捧类广告描述的反应，取决于他们是否认为自己比广告意图影响的对象更了解产品。当广告出现在主要由这个产品领域的专业人士阅读的专业杂志上时，吹捧通常会提高广告的有效性。当广告出现在流行杂志中时也是如此，读者会感觉自己不如一般消费者了解产品。如果消费者认为他们的认知水平与一般消费者的了解水平差不多或者高于一般消费者，吹捧则会降低广告的有效性（Xu和Wyer，2010）。在未来的研究中，可以进一步分析吹捧类广告对消费者经济福利影响的政策性含义。

6.2.4 广告对消费者行为的影响

对消费者理解广告的影响

文化程度低的消费者对误导性广告的理解可能存在差异。Jae等（2008）对不同文化程度的消费者在平面广告中图文理解不一致的现象进行了研究，结果表明文化程度低的消费者在进行基于市场的决策时，很大程度上依赖于图片信息，尽管他们也试图阅读相关的文字信息。当广告图片和文字一致时，针对文化程度低的消费者，也可以得出同样的结论。Jae等（2008）询问了被测试者在图文不一致时所发生的情况。研究结果显示，文化程度低的消费者比文化程度高的消费者，更容易对文字与图像不一致的广告产生误解。此外，文化程度低的消费者在图像处理的理解上往往存在错误（Jae等，2008）。

对消费者健康行为的影响

消费者可能存在对自己的行为在未来所产生的后果考虑不周的情形，而且倾向于轻视未来的健康风险。Kees（2011）开展了两个实验来检测框架技术（Framing Techniques）的有效性，这些技术旨在说服通常不考虑行为后果的消费者做出更好的健康决策。结果显示，立足眼前的消费者更易被下列信息所说服，即强调不健康食物的近期而非远期影响。研究还表明，与预防策略相比，关注促销策略信息会使注重当前的消费者产生更高的行为意图（Kees，2011）。

对青少年健康行为的影响

当前，有关消费者议题更加关注烟草广告、青少年吸烟行为，以及如何减少青少年吸烟等问题。Beltramini和Bridge（2001）开展了一项干预计划研究，发现烟草广告所扮演的角色已经在学生们的认知中发生了重大变化。学生们基本了解烟草广告的作用及说服意图。学生们可以识别广告策略，即能够识别在广告中试图传达的吸烟看起来很酷和时髦这一信息。

针对青少年的禁烟广告，似乎有助于减少青少年吸烟的现象。通过纵向研究设计，

Smith 和 Stutts（2006）考察了个人因素对禁烟广告中两种类型的消息内容有效性的影响。正如预期的那样，有效性会受到个人因素的影响。关注长期健康的广告，在非白人、男性和高中学生中更有效；而关注短期健康的广告，在初中男生中更有效。

已有的相关研究也关注了广告对青少年烟酒消费的影响。为了分析特定关键变量对青少年不健康消费行为的同步效应，Kinard 和 Webster（2010）关注了来自广告、父母和同龄人的相对影响，以及青少年吸烟和饮酒的自我效能。研究结果表明，广告的影响在很大程度上会被父母和同龄人的影响所抵消，同龄人和父母对青少年烟草使用和酒精消费的影响显著，自我效能不能很好地对青少年风险性行为进行预测。

对儿童关于广告态度的影响

有很多研究针对儿童肥胖水平的影响因素及儿童对广告的态度，进行了广泛而深入的讨论。在大多数可能的影响因素中，父母的作用不容忽视，因为与其他人相比，孩子（7~12岁）与父母相处的时间更多。Yu（2011）调查了看电视时父母与孩子的沟通风格或模式，对孩子的肥胖水平（如体格指数等），以及儿童对快餐电视广告的态度可能产生的影响。结果表明，父母的沟通风格或模式显著地影响了儿童对快餐电视广告的态度（Yu，2011）。

6.3 总结

大众媒体的两个主要组成部分是新闻媒体和广告。新闻媒体可以通过新闻报道和评论提供公正和及时的信息，帮助消费者改善经济福利。学者未来可以系统地研究新闻报道对消费者经济福利的影响。此外，还需要对消费者新闻报道进行更深入的研究，现代社会的消费新闻工作者也更需要得到认可、评估和奖励。

广告受到了来自社会科学领域学者们的批评，理由是广告误导消费者做出违背自己利益的决策。然而，具有社会责任的广告应该得到鼓励，因为该类广告具有保护消费者权益和提升商业企业利润的潜力。广告可以根据多种标准进行分类，如主题、技术和风格等。消费者需要了解这些广告类型，以便获得所需的信息，从而做出明智的决策。面向青少年的广告也需要得到特别关注。此外，儿童和青少年经常会接触面向成人的广告，因此必须考虑这种广告无意间对儿童及青少年带来的负面影响，应该更多地鼓励广告有意识地保护儿童和青少年，从而帮助引导其健康行为的发展。

参考文献

[1] Akhtar, S., Faff, R., Oliver, B., & Subrahmanyam, A. (2011). The power of bad: The negativity bias in Australian consumer sentiment announcements on stock returns. Journal of Banking & Finance, 35(5), 1239.

[2] Beltramini, R. F., & Bridge, P. D. (2001). Relationship between tobacco advertising and youth smoking: Assessing the effectiveness of a school-based, antismoking intervention program. The Journal of Consumer Affairs, 35(2), 263–277.

[3] Broyles, S. J. (2006). Subliminal advertising and the perpetual popularity of playing to peoples paranoia. The Journal of Consumer Affairs, 40(2), 392–406.

[4] Compeau, L. D., Grewal, D., & Chandrashekaran, R. (2002). Bits, briefs, and applications: Comparative price advertising: Believe it or not. The Journal of Consumer Affairs, 36(2), 284–294.

[5] Compeau, L. D., Lindsey-Mullikin, J., Grewal, D., & Petty, R. D. (2004). Consumers interpretations of the semantic phrases found in reference price advertisements. The Journal of Consumer Affairs, 38(1), 178–187.

[6] Cron, T. O. (1997). Consumer journalism. In S. Brobeck (Ed.), Encyclopedia of the consumer movement (pp. 342–350). Santa Barbara, CA: ABC-CLIO.

[7] Farache, F., & Perks, K. J. (2010). CSR advertisements: A legitimacy tool? Corporate Communications, 15(3), 235–248.

[8] Gentzkow, M., & Shapiro, J. M. (2010). What drives media slant? Evidence from U.S. daily newspapers. Econometrica, 78(1), 35.

[9] Goh, K., Hui, K., & Png, I. P. L. (2011). Newspaper reports and consumer choice: Evidence from the Do Not Call Registry. Management Science, 57(9), 1640–1654.

[10] Hollanders, D., & Vliegenthart, R. (2011). The influence of negative newspaper coverage on consumer confidence: The Dutch case. Journal of Economic Psychology, 32(3), 367.

[11] Horverak, Ø. (2009). Wine journalism-marketing or consumers' guide? Marketing Science, 28 (3),573–579.

[12] Huh, J., DeLorme, D. E., & Reid, L. N. (2006). Perceived third-person effects and consumer attitudes on prevetting and banning DTC advertising. Journal of Consumer Affairs, 40(1), 90–116.

[13] Jae, H., Delvecchio, D. S., & Cowles, D. (2008). Picture-text in congruency in print advertisements among low-and high-literacy consumers. The Journal of Consumer Affairs, 42(3), 439–451.

[14] Jhally, S. (1987). The codes of advertising: Fetishism and the political economy of meaning in the consumer society. New York: St. Martin's Press.

[15] Jones, M. A., & Smythe, T. (2003). The information content of mutual fund print advertising. The Journal of Consumer Affairs, 37(1), 22–41.

[16] Kees, J. (2011). Advertising framing effects and consideration of future consequences. The Journal of Consumer Affairs, 45(1), 7.

[17] Kinard, B. R., & Webster, C. (2010). The effects of advertising, social influences, and self-efficacy on adolescent tobacco use and alcohol consumption. The Journal of Consumer Affairs, 44(1), 24.

[18] Kontos, E. Z., & Viswanath, K. (2011). Cancer-related direct-to-consumer advertising: A critical review. Nature Reviews Cancer, 11(2), 142–150.

[19] Lee, T. D., Haley, E., Yun, T. W., & Chung, W. (2011). US retirement financial services advertising's financial information provisions, communication strategies and judgmental heuristic cues. Journal of Consumer Affairs, 45(3), 391–418.

[20] Lim, B., & Rosario, J. (2010). The performance and impact of stock picks mentioned on mad money. Applied Financial Economics, 20(14), 1113.

[21] Nwachukwu, S. L. S., Vitell, S. J., Gilbert, F. W., & Barnes, J. H. (1997). Ethics and social responsibility in marketing: An examination of the ethical evaluation of advertising strategies. Journal of Business Research, 39(2), 107-118.

[22] Obermiller, C., Burke, C., Talbott, E., & Green, G. P. (2009). Taste great or more fulfilling: The effect of brand reputation on consumer social responsibility advertising for fair trade coffee. Corporate Reputation Review, 12(2), 159-176.

[23] Pomering, A., & Johnson, L. W. (2009a). Advertising corporate social responsibility initiatives to communicate corporate image. Corporate Communications, 14(4), 420-439.

[24] Pomering, A., & Johnson, L. W. (2009b). Constructing a corporate social responsibility reputation using corporate image advertising. Australasian Marketing Journal, 17(2), 106-114.

[25] Preston, C. (2005). Advertising to children and social responsibility. Young Consumers, 6(4), 61-67.

[26] Preston, I. L. (2010). Interaction of law and ethics in matters of advertisers responsibility for protecting consumers. The Journal of Consumer Affairs, 44(1), 259.

[27] Royne, M. B., & Myers, S. D. (2008). Recognizing consumer issues in DTC pharmaceutical advertising. The Journal of Consumer Affairs, 42(1), 60-80.

[28] Shanahan, K. J., & Hopkins, C. D. (2007). Truths, half-truths, and deception: Perceived social responsibility and intent to donate for a nonprofit using implicative, truth, and duplicity in print advertising. Journal of Advertising, 36(2), 33-48.

[29] Smith, K. H., & Stutts, M. A. (2006). The influence of individual factors on the effectiveness of message content in antismoking advertisements aimed at adolescents. The Journal of Consumer Affairs, 40(2), 261-293.

[30] Uhl, M. W. (2012). And action: TV sentiment and the US consumer. Applied Economics Letters, 19(11), 1029.

[31] Waller, D. S., & Lanis, R. (2009). Corporate social responsibility (CSR) disclosure of advertising agencies. Journal of Advertising, 38(1), 109-121.

[32] Warne, C. E. (1961). The influence of ethical and social responsibilities on advertising and selling practices. American Economic Review, 51(2), 527-539.

[33] Warne, C. E. (1962). Advertising. A critic's view. The Journal of Marketing, 26, 10-14.

[34] Xu, A. J., & Wyer, R. S., Jr. (2010). Puffery in advertisements: The effects of media context, communication norms, and consumer knowledge. Journal of Consumer Research, 37(2), 329-343.

[35] Yu, H. (2011). Parental communication styles impact on children's attitudes toward obesity and food advertising. Journal of Consumer Affairs, 45(1), 87.

第7章　互联网与消费者经济福利

摘要：技术进步对消费者经济福利的影响可以通过多种方式来实现。近几十年来，信息技术的发展已经从很多方面改变了消费模式。Dholakia（2012）全面阐述了技术与消费之间的关系。在本章中，我们主要关注两个相关主题，即网上购物和网上银行。网上购物与消费者支出有关。网上银行是网上购物的具体方面，即在网上使用银行服务。与传统购物模式相比，网上购物具有提升消费者经济福利的潜力，使消费者通过在互联网上进行广泛的信息搜索找到最便宜和最需要的产品或服务，而无须前往实体商店。然而，网上购物存在信息安全和隐私侵犯等方面的风险，这可能会损害消费者的经济福利。

7.1　网上购物

7.1.1　网上购物与消费者经济福利

Cai 和 Cude（2008）对网上购物的相关研究进行了全面综述。根据他们的定义，网上购物涵盖了几类与购物相关的活动，其中包括搜索零售商和产品、搜寻产品信息、选择支付方式、与其他消费者和商家沟通，以及购买产品或服务。与线下购物相比，网上购物为消费者广泛地搜索信息提供了机会，同时可以节约时间、精力和金钱等与购物相关的资源，具有提升消费者经济福利的潜力。然而，进行网上购物的消费者同时也面临着信息安全和隐私受侵犯方面的风险。商业研究领域的学者们开展了大量与网上购物相关的研究项目，他们致力于打造吸引人的网络商店来招徕消费者，使消费者能够逗留更长时间，并在产品或服务上花费更多。目前，也有大量研究关注消费者的具体特征对网上购物的影响。然而，对于网上购物如何提升消费者经济福利的研究却很少。

7.1.2　网上购物的相关理论

相关心理学理论已经被扩展和应用于解释消费者的网上购物行为。Azjen（1991）将计划行为理论（Theory of Planned Behavior，TPB）作为研究网上购物行为的基础。例如，消费者的体验、他们对于隐私的重视程度和对互联网信任度的感知，都与他们的网络购买行为有关（George，2002）。Shim 等（2001）在该理论基础上提出了消费者意图模型，将网上消费者的购物态度、消费者对重要参照对象支持互联网购物的感知程度、消费者感知的行为控制，以及消费者过去的网络购买体验，作为预测消费者搜索商品或服务意图的重要影响因素。基于该理论的研究表明，消费者可能会将个人价值观与他们在网上购买日用品的态度联系起来，但这种联系也会受到消费者之前是否进行过网上购物的影响（Hansen，2008）。

技术接受模型（Technology Acceptance Model，TAM）用于解释消费者对于互联网的感知有用性、感知易用性，以及二者与网上购物之间的关系（Davis，1993；O'Cass和Fenech，2003）。基于初始信任感模型和技术接受模型的组合模型，研究表明初始信任的信念受到公司声誉、结构化保证和信任态度的显著影响。初始信任的信念，通过消费者态度来间接影响消费者的首次购买意图（Kim，2012）。

网上购物看起来似乎降低了消费者的交易成本，但研究发现其在减少某些成本的同时也增加了其他相应成本。Coase（1937）的交易成本经济学认为，交易成本是协调买卖双方商品和服务交换时需要关注的重点。在网上购物环境中，Liang和Huang（1998）将交易成本分为七个部分，即搜寻成本、比较成本、检查成本、谈判成本、支付成本、运输成本和售后服务成本。网络购物降低了搜寻成本，但提高了检查、谈判、支付、运输和售后服务等交易成本。

媒体选择理论指出，对于某一特定任务的媒体选择取决于媒介与任务的特征（Fulk等，1987）。根据该理论，媒体可以通过交互水平、交流丰富性、社会形象和生动性来进行区分。学者们对这些特性进行评估，并且将其应用于网上购物决策过程的研究中（Hoffman和Novak，1996；Palmer，1997）。

7.1.3 消费者的网上购物行为

实证研究表明，消费者的人口统计学特征和社会经济特征对他们网上购物方式的使用具有重要影响。目前，已有研究取得了较为一致的结论，即男性、受教育程度较高的和收入较高的消费者，比女性、受教育程度较低的和收入较低的消费者更有可能通过网络进行购物（Forsythe和Shi；2003；Kau等，2003；Swinyard和Smith，2003）。

已有研究还发现，消费者使用互联网的情况，如使用互联网的年限和频率、对高速互联网连接的访问等，对网上购物具有积极影响，并且网上购物还与收入、教育和婚姻状况等社会经济特征高度相关（Swinyard和Smith，2003）。除了体验商品之外，其他商品的代沟（Generation Gap）一直都存在。网上购物体验对需要搜寻的商品来说不是重要的因素，但对常购商品和已经获得消费者信赖的商品来说却十分重要（Wan等，2012）。

性别差异在网络购物方面同样受到广泛关注。一项对网上购物性别差异的研究表明，功利主义和享乐主义价值观会通过与之相关的网络消费者，对他们的网络光顾意向产生间接的积极影响。此外，功利主义和享乐主义价值观对男性消费者的影响要比女性消费者更大（Lin，2011）。另一项研究表明，在对不同的购买情况进行评估后，只有女性才会出现选择困难这一行动障碍。喜好因素对于在网上为自己购买衣服的男性来说，影响几乎可以忽略不计；但是对于女性来说，却有明显的不同（Hansen和Jensen，2009）。以大学生样本为例，Seock和Bailey（2008）发现，被调查的男性和女性在购物定位、在线信息搜寻和购买体验方面，存在显著差异。

消费者的生活方式和个性，同样会影响他们的网上购物倾向。例如，认为"时间紧张"的个体与具有积极进取生活方式和冒险倾向的个体相比，更倾向于在网上进行购物（Casas 等，2001）。消费者对网上购物的态度、购物体验和购物时长，也会对网络购物的使用和接受程度产生影响，尽管这些影响并不是十分直接的（Bellman 等，1999；Golob，2003；Swinyard 和 Smith，2003）。已有研究表明，具有高度共情关注（Empathic Concern）的个体，会对服务提供商更满意，同时他们更倾向于帮助其他在线购物者（Anaza，2014）。在 Kim 和 Martinez（2013）对在私人消费网站购物的时尚消费者进行研究的过程中，将调查对象分为四组，即时尚追随者、时尚领导者、时尚创新者和创新传播者，他们发现创新传播者具有明显更高的光顾频率和更强烈的购买意向。Lee 等（2013）通过对网络拍卖进行的研究发现，根据冒险和购物动机的满足程度，拍卖购物者可以被明确地划分为不同的购买群体，四个群组在年龄和性别等人口统计学特征、冲动性等心理学特征、寻求多样化趋势和价格敏感度方面，表现出显著差异。

情景因素（Situational Factor）也会影响消费者的网上购物决策。Hand 等（2009）关于网上日用品购物的研究就说明了情景因素的重要性。例如，家庭有了小孩或家庭成员的身体健康出现问题，都有可能成为人们开始从网上购买日用品的诱因。当然，很多消费者在失去了最初的购买动机或遭遇了网上购物服务上的问题之后，也有可能不再继续在网上购买日用品（Hand 等，2009）。与城市消费者相比，生活在农村地区的消费者在购物方面表现出明显差异。Lennon 等（2009）针对农村消费者的研究表明，先前对当地零售业的不满是促使农村消费者外出购物、信任网络购物及实施网络购物的重要驱动因素。外出购物，即消费者在当地交易范围之外进行商品购买，在时间点上与网上购物呈现正相关关系。这表明，文献中影响外出购物的变量，会以相似的方式影响网上购物（Lennon 等，2009）。

进一步地，文化差异同样存在于网上购物中。Smith 等（2013）采用技术接受模型（TAM）分析了文化对网上购物的影响，并且对德国、挪威和美国之间的差异进行了跨国比较。研究发现，完整的技术接受模型并不适用于欧洲样本。除此以外，认知参与（Cognitive Involvement）在所有国家中都会影响消费者的感知有用性和感知易用性，但在德国，情感参与（Affective Involvement）和行为意图之间并不存在关系（Smith 等，2013）。基于中国消费者的样本，Wu 等（2011）发现"改变取向的开放性"（Openness to Change Orientation）和"自我强化取向"（Self-enhancement Orientation）对受访者的网上购物行为具有积极影响。基于以色列的样本数据，Liebermann 和 Stashevsky（2009）发现，网上购物者往往是比较有经验的互联网用户，他们看重信息的网络搜索。同时，他们也更有可能使用手机购物，但不是特别喜欢线下购物。

已有的相关研究分析了消费者的网上服装购买行为。Jones 和 Kim（2010）的研究表明，零售品牌的信誉度、线下光顾频率、服装参与度，以及网站质量的两个因素（可用度与信息质量，以及可视化吸引力与图像），对消费者在线购买服装的意图具有显著影响。线下光顾频率是在线购买意图最强的预测变量。另一项对于服装购买的研究表明，消费者对服装尺寸匹配/大小的关注度（即在网上购物中对整体外观的关注和对想象的匹配程度/大小的关注)与网上购买意图呈负相关关系(Kim 和 Damhorst,2010)。与服装消费者有关的研究表明,通过对实际产品的体验,网络消费者可以对服装产品的各种属性进行评估,并基于该种体验对服装的视觉、触觉和试穿风险等进行感知(Yu 等,2012)。

学者们也对网上购物的过程进行了探讨。Close 和 Kukar-Kinney(2010)研究了消费者将要购买或者不购买的商品放入购物车的行为动机,并称之为虚拟购物车的使用。除当前的购买意图外,他们进一步考察了消费者将商品放入购物车的原因,其中包括确保在线促销价格、获得特定商品的更多信息、厘清要购买的商品及娱乐等因素。他们还找出了放弃购物车中商品的关键因素,并为这种非购买行为提出了认知和行为上的原因解释。Close 和 Kukar-Kinney(2010)研究发现,影响消费者网上搜索、考虑和评估的因素,相比于在消费者购买决策阶段的作用,对消费者放弃购物车商品的作用更大。特别地,多数消费者使用购物车是出于娱乐目的,或是将其作为购物研究和规划的工具,这可能会诱使他们在以后的阶段购买,或是通过其他渠道购买(Close 和 Kukar-Kinney,2010)。

商业欺诈对消费者的网上购买满意度具有负面影响。Román(2010)分析了消费者感知的在线零售商欺诈行为对消费者关系变量的负面影响,类似的关系变量主要包括对在线零售商的满意度和顾客忠诚度等。结果表明,消费者的满意度是欺诈行为影响顾客忠诚度的完全中介变量。在受教育程度较高的消费者、对互联网持更积极态度的消费者及购买过实体产品的消费者群体中,欺诈对顾客忠诚度有直接影响(Román,2010)。有纵向研究表明,属性层面的评估和满意度之间的关系是动态的,并且会随着时间的推移而变化(Ha,2012)。

由于越来越多的消费者开始使用手机购物,已有研究进一步对电子商务和移动商务在消费者购物中的偏好差异进行了探讨。研究显示,移动电子商务应该是对传统电子商务的补充,而不是直接替代(Ozok 和 Wei,2010)。

7.1.4 有效的在线购物网站

大量研究对在线购物网站是否有效的相关因素进行了考察。有的研究分析了网页美观的两个维度——审美形式和审美诉求——如何影响在线消费者的心理反应和在线购买意图。研究表明,审美刺激会明显引起消费者在认知上、情感上和意动上的相关购物表现。网页美观的两个维度表现出不同的影响模式(Wang 等,2011)。

Lee 等(2010)考察了影像互动技术(Image Interactivity Technology,IIT)的特点,以及外观实验(Experimenting with Appearance,EA)对于消费者网络购物行为的影响。结果显示,IIT 和 EA 的水平对购物享受有积极影响,同时可以减少消费者对网络零售商的感知风险;反之,购物享受和感知风险也显著地影响消费者对网络零售商的态度。

Jeong 等(2009)分析了影响消费者网络购物行为的网站特征,发现网站的娱乐性、逃避现实性和审美体验(Entertainment,Escapist and Aesthetic Experiences,3E)会影响消费者在线购物的愉悦度和兴奋度,而愉悦度、兴奋度、娱乐和审美体验,对网站光顾意图具有直接影响。也有研究表明,促进购物的功利主义元素确实增加了在线购买的概率。然而，享乐主义元素却与网络购物无关，尽管它们与不健康的互联网使用结果呈正相关关系（Bridges 和 Florsheiem，2008）。

Xu 和 Kim（2008）探讨了排序效应和其他市场竞争性因素是如何通过共同作用来吸引消费者对网络卖家的注意力的。研究发现，消费者注意力是卖家在列表中的排序影响的中介变量，而消费者的注意力又反过来影响网络卖家被消费者接受的概率。

Chang（2011）考察了在网上商店的页面上将相同数量产品用不同方式组织起来，是否会影响消费者对这家网上商店的态度。结果表明，当产品被分为更多的子类，如分成9类而非3类时，选择菜单中会出现更多的选项，消费者会感到网站提供了更多种类的产品，并且体验到更加简便的购物导航和购物愉悦感，这会改善消费者对网上商店的态度（Chang，2011）。

还有研究验证了背景音乐的节奏能够影响消费者兴奋程度这一假说。结果显示，产品类别调节了兴奋程度对购物愉悦感的影响，进而会对消费者在网络上购买享乐产品产生积极影响，但购买实用类产品时却不会如此。此外，消费者信任在愉悦感对购买意图的正向影响中起到了中介作用（Ding 和 Lin，2012）。

Chang 和 Wu（2012）使用不同的网页展示方式和产品目录，对所构建的整合模型在不同的购买情景下进行了反复测试。研究发现，对于感知到的网站或产品的风险，消费者将通过其基于认知和情感的态度来改变购买意图。

已有研究表明，感知的有用性和感知的娱乐价值，可以有力地预测消费者对使用如下三种感知支持技术的态度，即更广泛的2D视角和可替代视角、3D旋转视角，以及虚拟试穿技术。感知的易用性仅对3D旋转视角技术具有显著影响，这表明感知易用性的影响会因为技术不同而发生变化（Kim 和 Forsythe，2009）。

Demangeot 和 Broderick（2010）探讨了消费者对在线购物环境感知的格式塔模型（Gestalt Model），并确认了文献研究中三个主要类别的重要性：便于理解、信息含量及参与质量。

7.1.5　网上购物中的信息搜索

作为消费者在信息搜索研究中的主导范式，Stigler（1961）所提出的信息经济学理论表明，在感知的搜索边际收益等于边际成本之前，消费者会不停地进行信息搜索。该理论假设消费者使用隐性成本收益分析来选择搜索策略，即搜索什么、什么时候搜索、在哪里搜索及搜索多少信息等。有研究在上述成本收益分析框架中结合了其他概念，如搜索能力和搜索动机等（Schmidt 和 Spreng，1996）。影响消费者对搜索收益和成本感知的因素较多，主要可分为以下几类：个体差异变量（如人口学特征和社会学特征等）、产品类型与属性、使用信息来源的类型及获取顺序等（Srinivasan 和 Ratchford，1991）。

信息技术已经给几乎所有维度的消费者信息搜索行为带来了深刻的影响，这些维度涵盖搜索数量、搜索来源的数量和种类、搜索的时机，以及对已搜集信息的权衡和分配（Bakos 和 Brynjolfsson，2000）。互联网最重要的优点就是它可以使消费者用最少的精力和成本获得保质保量的信息。实证证据表明，相对于线下购物，消费者在线上购物时能够搜索到更多信息，同时消费者会用线上的信息来源替代线下的信息来源（Ratchford

等，2003）。消费者会感到，一个在线卖家采用另一个在线零售商的销售价格作为广告参考价格（Advertised Reference Price，ARP），比其使用一个线下竞争对手的销售价格作为广告参考价格的交易价值更高（Lo等，2013）。研究还显示，消费者的感知价值和各个成本的组成部分，如信息搜索成本、道德风险成本和特定资产投资等，与重复购买意图呈现正相关关系。更为重要的是，在四种相关因素中，信息搜索成本对回购意图的影响最为显著（Wu等，2014）。

Parra和Ruiz（2009）研究发现，信息加载和搜索工具都改变了消费者考虑问题的方式。它们让消费者所需要考虑的范围更小、更加平稳，并且更加同质化，同时将更多等同的偏好选择整合起来。除此之外，交互效应表明，搜索工具的有效性在海量信息环境下会增强。

已有研究还探讨了网上购物比较工具的作用，发现购物比较工具的感知有用性受到比较购物倾向性的影响，并且直接受到一些在线决策风格维度的影响（Park和Gretzel，2010）。

7.1.6　网上消费者评论

对于消费者来说，网上消费者评论已经成为重要的信息来源，甚至成为其他形式的B2C和产品特征的线下口碑（Word-of-Mouth）传播的补充，甚至是替代（McWilliam，2000）。然而，在线消费者评论可能不是收集产品信息的好选择，因为消费者提供评论的动机并不明确，卖家可以控制信息的显示，同时，评论者对产品的评估也可能存在偏见（Chevalier和Mayzlin，2002）。

进一步地，对博客的有关研究表明，博客作者的推荐和信任的感知有用性对博客用户的在线购物态度和意图具有显著影响。此外，不同的决定因素会对感知声誉高的博客用户和感知声誉低的博客用户产生影响（Hsu等，2013）。

已有研究分析了整个亚马逊微型电子书市场（Amazon Shorts E-books），微型电子书是一种价格低廉且统一的数字化产品。在购买决策中，由于价格的作用微乎其微，所以通过网络口碑（eWOM）而产生的社会讨论成为声誉的集中表现，最终成为影响需求的重要驱动因素之一。研究结果表明，网络口碑可以用来传达产品（如电子书）的声誉、品牌（如作者）的声誉和互补商品（如其他同类图书）的声誉（Amblee和Bui，2011）。Lee等（2011）还分析了网络消费者评论（Online Consumer Reviews，OCRs）对于购买意图的影响，他们发现潜在消费者感知到的网上消费者评论的可信度越大，购买意图就会越高（Lee等，2011）。

7.2　网上银行

7.2.1　网上银行和消费者经济福利

在已有文献中，网上银行（Online Banking）和电子银行（E-banking）在表达方式上可以相互替换。有了网上银行，消费者可以在网上办理银行业务，不需要去实体银行网点。假如网上银行服务和线下银行服务收取的费用相同，网上银行服务将提供额外的好处，如便利性和消费者在时间上的节约，从而具有增加消费者经济福利的潜能。像网上购物一样，网上银行也给消费者的信息安全和隐私带来了新的风险。网上银行的相关研究大多集中在消费者使用 ATM、借记卡、直接存款和直接支付等网上银行技术时的行为，以及从商业和公共政策角度对网上银行进行整体分析。未来进一步的研究需要更多地在改善消费者经济福利方面进行探讨。

7.2.2　采用网上银行技术的相关理论

Lee 等（2008）对消费者采用电子银行相关技术的文献进行了全面回顾。有研究运用了两种心理学理论来理解消费者对电子银行技术的接受程度。

第一种理论是创新扩散理论（Diffusion of Innovation，DI）（Rogers，1965）。DI 假设创新以 S 曲线的形式在社会中传播，早期采用者首先选择新技术，然后大多数人开始采用新技术，直到该项技术或创新普遍被采用。DI 是一个累积模型，接受创新的总人数会随着时间的推移而增加。通过概念化创新的采用，DI 对在任何时间点采用创新的可能性进行了进一步的细化（Bass，1969）。因此，Bass 的模型指出，即使是在某项新技术的成熟阶段，未采纳者也是存在的。而 Rogers 的模型假设所有消费者随着产品生命周期的移动，最终都会采用这项创新。DI 模型包括影响消费者接受水平的五个创新特征：（1）相对优越性（例如，创新技术的收益性优越于它所取代的技术的收益性）；（2）兼容性（例如，创新技术适用于特定的社会）；（3）简单性（例如，创新技术易于理解和使用）；（4）可沟通性（例如，采用创新技术的收益可见且可相互交流）；（5）可试验性（例如，创新技术的相关产品在购买前可以试用）。创新在上述五个方面特征的满足程度，决定了它的可能性和发展速度。DI 也被用来理解消费者对银行技术的接受度（Dabholkar，1996；Daniel，1999；Howcroft 等，2002；Lockett 和 Littler，1997；Lee 和 Lee，2000）。

第二种常用理论是技术接受模型（Technology Acceptance Model，TAM）。TAM 将计划行为理论的应用推广到在工作场所的计算机使用方面（Davis，1989）。基于此模型，潜在用户对于使用给定的基于技术的系统或过程的总体感受或态度，在很大程度上决定了他/她最终是否使用该系统。该模型假定，易用性和感知的技术有用性是影响个人采用创新技术意向的关键因素。

7.2.3　与采用网上银行技术相关的消费者特征

基于创新扩散理论，在技术创新生命周期早期阶段采用新技术者，与在技术创新生命周期成熟阶段采用新技术者具有一定的区别。例如，在引入阶段采用新技术者往往具有冒险精神、更加善于交际，且具有较高的风险倾向（Lassar 等，2005）。上述个体也更倾向于具备多方面的信息来源。此外，不采用网上银行技术者与专业信息提供者、家人及朋友之间交流的可能性也比较小（Lee 和 Lee，2000）。

人口统计学的特征，如教育和收入等，也与技术采用相关。高收入和接受较高程度的教育这类特征，增加了技术采用的可能性（Daniel，1999；Jayawardhena 和 Foley，2000；Karjaluoto 等，2002；Kolodinsky 等，2004；Lee 和 Lee，2000；Lee 等，2002）。具体来说，收入高于平均水平且至少接受过高中教育的消费者，比收入低于平均水平且受教育程度低于高中水平的消费者更有可能使用电子银行服务（Kennickell 和 Kwast，

1997；Klee，2006；Stavins，2002；Taube，1988）。这一结论也得到了国际证据的广泛支持。在芬兰，家庭收入和受教育程度可以预测消费者是否会使用互联网银行（Mattilia等，2003）。在澳大利亚，受过良好教育和富有的消费者，是最有可能使用网上银行的群体（Sathye，1999）。

年龄也与创新采用有关，因为年轻人通常更有可能采用新技术（Karjaluoto等，2002；Lee等，2002；Zeithaml和Gilly，1987）。然而，对于不同类型的网上银行技术，年龄的影响也有所不同。例如，超过65岁的受访者最不可能使用手机银行和个人网上银行。与35岁及以下的年轻消费者相比，中年消费者接受个人网上银行的可能性更小。研究还表明，虽然年龄较大的消费者接受ATM的可能性较低（Gilly和Zeithaml，1985；Lee和Lee，2000；Taube，1988），但他们比年轻消费者更有可能使用电子资金转账（Electronic Fund Transfer，EFT）功能（Lee和Lee，2000）。

有研究显示，男性比女性更倾向于采用与计算机相关的技术（Gefen和Straub，1997）。因为许多已婚夫妇拥有共同的银行账户，采用电子银行可能与是否已婚和性别有关，已婚夫妇比单身的男性或女性更有可能采用创新技术（Kolodinsy等，2004）。

人们通常用非采用者（或滞后采用者）来描述不愿意或较晚采用创新技术的群体。具体来说，滞后采用者往往受教育程度较低，同时收入也较低，他们在社交网络方面较为孤立，与专业信息提供者之间的交流也不如创新者。专业信息主要来源于杂志阅读和/或第三方的专业人士，其被认为向消费者提供了接触创新的机会（Dickerson和Gentry，1983；Gatignon和Robertson，1985；Gilly和Zeithaml，1985；Kennedy，1983；Lee和Lee，2000；Midgley和Dowling，1978；Zeithaml和Gilly，1987）。基于1995年和2004年消费者金融调查（Survey of Consumer Finance，SCF）的数据，学者们发现电子银行的滞后采用者，往往比电子银行的采用者年龄更大、受教育程度更低、收入更少，且离婚或者分居的情况更多（Lee等，2008）。

7.2.4 接受网上银行的消费者特征

很多研究旨在理解消费者在使用网上银行时的行为。基于约旦的数据和技术接受模型，Abbad（2013）发现感知的易用性、感知的有用性、主观规范、安全与信任、互联网体验和享受是影响顾客是否采用电子银行的重要因素。以马来西亚的样本数据为例，研究表明感知有用性、感知易用性、便利性、计算机效能、设备特性和安全性会影响电子银行的采用（Tan等，2010）。以罗马尼亚的样本数据为例，研究发现感知有用性、兼容性、技术来源、安全性和成本对网上银行服务的采用具有显著影响（Nor等，2011）。

相关研究分析了消费者使用网上银行满意度的影响因素，并发现了包括可进入性、信任性、易用性和有用性等在内的因素与电子银行使用满意度之间的关系（Liébana-Cabanillas等，2013）。Sanchez-Franco（2009）研究发现，对于参与度高的用户来说，在线满意度对承诺的影响显著增强；相反地，满意度对信任的影响较弱。

来自中国台湾的一项研究表明，电子银行必须注重服务质量，以提高客户的满意度和信任水平，进而提高客户忠诚度（Chu等，2012）。以西班牙的样本数据为例，研究

发现网站的效率和投诉的回应能力对电子银行的客户忠诚度具有积极影响（Marimon
等，2012）。个人因素会显著地影响技术完备性和客户关系管理。另一项来自中国台湾
的研究表明，技术完备性水平对客户关系管理和客户关系质量具有显著影响（Kuo，
2011）。Liao 和 Wong（2008）的研究表明，感知有用性和感知易用性对客户与互联网电
子银行服务的互动具有显著影响。

7.2.5　关于网上银行的其他研究主题

已有研究也对其他多种多样的与网上银行采用有关的主题进行了研究。Lekakos 等
（2014）研究发现，企业社会责任在消费者对绿色银行服务的态度方面起到的积极作
用，会被技术的感知易用性、感知有用性和感知的自我效能所削弱。有研究对塞尔维亚
的网上银行分销渠道进行了探讨，发现所选渠道对社会经济因素，如就业率和人均月收
入等存在依赖性（Rankovic 等，2013）。

在组织中引入信息系统引发了人类行为的变化，这通常被认为是突兀的和分散人们
注意力的。通过让用户熟悉系统及其功能，终端用户培训可能有助于解决这一问题。出
于这个目的，Oinas-Kukkonen 等（2010）开展了定性的案例研究，分析了网络银行终端
如何用于培训，以及培训如何传达给年龄较大的客户。

隐私和安全问题是消费者对网上银行使用不满意的主要来源，严重地影响了用户的
满意度，这在一项来自马来西亚的研究中得到了证实（Poon，2007）。同时，可进入性、
便利性、设计和内容是满意度的来源。此外，速度、产品功能的可用性、合理的服务费
用和银行的操作管理对网上银行的成功也至为关键（Poon，2007）。

防范社会工程攻击（Social Engineering Attacks）是有关使用网上银行的消费者保护
的重要议题。Aburrous 等（2010）对不同类型的网络钓鱼实验案例进行了研究，同时也
对社会工程攻击，如电话钓鱼、网络钓鱼、网站攻击等进行了探讨，设计了有效的对
策，分析了关于网络钓鱼安全防范意识的执行效率。研究结果表明，对所有用户进行
防范网络钓鱼的培训，并且加倍致力于开发网络钓鱼预防技术是非常重要的（Aburrous
等，2010）。

7.3　总结

互联网为消费者提供了更加便利和高效的网上购物渠道。研究表明，互联网帮助消
费者减少了相关交易成本，如搜寻成本和比较成本，但同时增加了评价、评估和售后服
务等成本。除此之外，网上购物的发展给儿童、青少年、老年人等弱势消费者群体带来
了潜在的风险和危害。目前，多数研究主要集中于消费者在网络购物环境中的行为，以
及网络公司如何为消费者提供更好的购物环境等方面。未来的研究需要更多地考察网上
购物对于消费者经济福利的影响。

互联网同样为消费者办理在线银行业务提供了机会。消费者对网上银行技术的接受
程度是不同的。网上银行同样会带来严重的金融安全和隐私问题，从而损害消费者的经
济福利，这在未来需要进行深入的研究。未来的研究还需要进一步探索在网上银行环境
中帮助脆弱消费者的策略，以及如何利用互联网技术提供更令人满意的服务。

网上购物和网上银行都与消费者支出有关，它是反映消费者经济福利的重要方面。未来的研究需要更多地探讨互联网技术对消费者收入、借贷和储蓄的作用，以及对消费者经济福利的影响。

参考文献

[1] Abbad, M. M. (2013). E-banking in Jordan. Behavior & Information Technology, 32(7), 681–694.

[2] Aburrous, M., Hossain, M. A., Dahal, K., & Thabtah, F. (2010). Experimental case studies for investigating e-banking phishing techniques and attack strategies. Cognitive Computation, 2(3), 242–253.

[3] Amblee, N., & Bui, T. (2011). Harnessing the influence of social proof in online shopping: The effect of electronic word of mouth on sales of digital microproducts. International Journal of Electronic Commerce, 16(2), 91–113.

[4] Anaza, N. A. (2014). Personality antecedents of customer citizenship behaviors in online shopping situations. Psychology & Marketing, 31(4), 251–263.

[5] Azjen, I. (1991). The theory of planned behavior. Organizational Behavior and Human Decision Processes, 50, 179–211.

[6] Bakos, J. Y., & Brynjolfsson, E. (2000). Bundling and competition on the Internet. Marketing Science, 19(1), 63–82.

[7] Bass, F. M. (1969). A new product growth for model consumer durables. Management Science, 15(5), 215–227.

[8] Bellman, S., Lohse, G. L., & Johnson, E. J. (1999). Predictors of online buying behavior. Communications of the Association for Computing Machinery, 42, 32–38.

[9] Bridges, E., & Florsheim, R. (2008). Hedonic and utilitarian shopping goals: The online experience. Journal of Business Research, 61(4), 309–314.

[10] Cai, Y., & Cude, B. J. (2008). Online shopping. In J. J. Xiao (Ed.), Handbook of consumer finance research (pp. 137–159). New York: Springer.

[11] Casas, J., Zmud, J., & Bricka, S. (2001, January). Impact of shopping via Internet on travel for shopping purpose. Paper presented at the 80th Annual Meeting of the Transportation Research Board, Washington, DC.

[12] Chang, C. (2011). The effect of the number of product subcategories on perceived variety and shopping experience in an online store. Journal of Interactive Marketing, 25(3), 159–168.

[13] Chang, M. L., & Wu, W. Y. (2012). Revisiting perceived risk in the context of online shopping: An alternative perspective of decision-making styles. Psychology & Marketing, 29(5), 378–400.

[14] Chevalier, J. A., & Mayzlin, D. (2002). The effect of word of mouth on sales: Online book reviews. Journal of Marketing Research, 39, 345–354.

[15] Chu, P. Y., Lee, G. Y., & Chao, Y. (2012). Service quality, customer satisfaction, customer trust, and loyalty in an e-banking context. Social Behavior and Personality: An International Journal, 40(8), 1271–1283.

[16] Close, A. G., & Kukar-Kinney, M. (2010). Beyond buying: Motivations behind consumers' online shopping cart use. Journal of Business Research, 63(9), 986–992.

[17] Coase, R. H. (1937). The nature of the firm. Economica, 4, 386–405.

[18] Dabholkar, P. A. (1996). Consumer evaluations of new technology-based self service options: An investigation of alternative models of service quality. International Journal of Research in Marketing, 13, 29–51.

[19] Daniel, E. (1999). Provision of electronic banking in the UK and the republic of Ireland. International Journal of Bank Marketing, 17(2), 72–82.

[20] Davis, F. D. (1989). Perceived usefulness, perceived ease of use, and user acceptance of information technology. MIS Quarterly, 13(3), 319–339.

[21] Davis, F. D. (1993). User acceptance of information technology: System characteristics, user perceptions and behavioral impacts. International Journal of Man-Machine Studies, 38, 475–487.

[22] Demangeot, C., & Broderick, A. J. (2010). Consumer perceptions of online shopping environ-

ments: A gestalt approach. Psychology & Marketing, 27(2), 117–140.

[23]Dholakia, R. (2012). Technology and consumption: Understanding consumer choices & behaviors. New York: Springer.

[24]Dickerson, M. D., & Gentry, J. W. (1983). Characteristics of adopters and non-adopters of home computers. Journal of Consumer Research, 10(2), 225–235.

[25]Ding, C. G., & Lin, C. H. (2012). How does background music tempo work for online shopping? Electronic Commerce Research and Applications, 11(3), 299–307.

[26]Forsythe, S., & Shi, B. (2003). Consumer patronage and risk perceptions in Internet shopping. Journal of Business Research, 56, 867–875.

[27]Fulk, J., Steinfeld, C. W., Schmitz, J., & Power, G. J. (1987). A social information processing model of media use in organizations. Communications Research, 14, 520–552.

[28]Gatignon, H., & Robertson, T. R. (1985). A Propositional inventory for new diffusion research. Journal of Consumer Research, 11(4), 849–867.

[29]Gefen, D., & Straub, D. W. (1997). Gender differences in the perception and use of E-mail: An extension to the technology acceptance model. MIS Quarterly, 21(4), 389–399.

[30]George, J. F. (2002). Influences on the intent to make internet purchases. Internet Research: Electronic Networking Applications and Policy, 12(2), 165–180.

[31]Gilly, M. C., & Zeithaml, V. (1985). The elderly consumer and adoption of technologies. Journal of Consumer Research, 12(3), 353–357.

[32]Golob, T. F. (2003). Structural equation modeling for travel behavior research. Transportation Research Part B, 37, 1–25.

[33]Ha, H. Y. (2012). The effects of online shopping attributes on satisfaction-purchase intention link: A longitudinal study. International Journal of Consumer Studies, 36(3), 327–334.

[34]Hand, C., Riley, F. D., Harris, P., Singh, J., & Rettie, R. (2009). Online grocery shopping: The influence of situational factors. European Journal of Marketing, 43(9/10), 1205–1219.

[35]Hansen, T. (2008). Consumer values, the theory of planned behavior and online grocery shopping. International Journal of Consumer Studies, 32(2), 128–137.

[36]Hansen, T., & Jensen, J. M. (2009). Shopping orientation and online clothing purchases: The role of gender and purchase situation. European Journal of Marketing, 43(9/10), 1154–1170.

[37]Hoffman, D. L., & Novak, T. P. (1996). Marketing in the hypermedia computer-mediated environments: Conceptual foundations. Journal of Marketing, 60(3), 50–68.

[38]Howcroft, B., Hamilton, R., & Hewer, P. (2002). Consumer attitude and the usage and adoption of home-based banking in the United Kingdom. International Journal of Bank Marketing, 20(3),111–121.

[39]Hsu, C. L., Lin, J. C. C., & Chiang, H. S. (2013). The effects of blogger recommendations on customers' online shopping intentions. Internet Research, 23(1), 69–88.

[40]Jayawardhena, C., & Foley, P. (2000). Changes in the banking sector-The case of internet banking in the UK. Internet Research, 10(1), 19–31.

[41]Jeong, S. W., Fiore, A. M., Niehm, L. S., & Lorenz, F. O. (2009). The role of experiential value in online shopping: The impacts of product presentation on consumer responses towards an apparel web site. Internet Research, 19(1), 105–124.

[42]Jones, C., & Kim, S. (2010). Influences of retail brand trust, off-line patronage, clothing involvement and website quality on online apparel shopping intention. International Journal of Consumer Studies, 34(6), 627–637.

[43]Karjaluoto, H., Mattila, M., & Pento, T. (2002). Factors underlying attitude formation towards online banking in Finland. International Journal of Bank Marketing, 20(6), 261–272.

[44]Kau, A. K., Tang, Y. E., & Ghose, S. (2003). Typology of online shoppers. The Journal of Con-

sumer Marketing, 20(2/3), 139–156.

[45] Kennedy, A. (1983). Development, adoption and diffusion of new industrial products. European Journal of Marketing, 17(3), 31–87.

[46] Kennickell, A. B., & Kwast, M. L. (1997). Who uses electronic banking? Results from the 1995 Survey of Consumer Finances. Paper presented at the Annual Meeting of the Western Economic Association, Seattle, WA.

[47] Kim, J. B. (2012). An empirical study on consumer first purchase intention in online shopping: Integrating initial trust and TAM. Electronic Commerce Research, 12(2), 125–150.

[48] Kim, H., & Damhorst, M. L. (2010). The relationship of body-related self-discrepancy to body dissatisfaction, apparel involvement, concerns with fit and size of garments, and purchase intentions in online apparel shopping. Clothing and Textiles Research Journal, 28(4),239–254.

[49] Kim, J., & Forsythe, S. (2009). Adoption of sensory enabling technology for online apparel shopping. European Journal of Marketing, 43(9/10), 1101–1120.

[50] Kim, S., & Martinez, B. (2013). Fashion consumer groups and online shopping at private sale sites. International Journal of Consumer Studies, 37(4), 367–372.

[51] Klee, E. (2006). Families' use of payment instruments during a decade of change in the U.S. payment system. Working Paper, Board of Governors of the Federal Reserve System, Washington, DC.

[52] Klein, L. R., & Ford, G. (2003). Consumer search for information in the digital age: An empirical study of repurchase search for automobiles. Journal of Interactive Marketing, 17(3), 29–49.

[53] Kolodinsky, J. M., Hogarth, J. M., & Hilgert, M. A. (2004). The adoption of electronic banking technologies by US consumers. International Journal of Bank Marketing, 22(4), 238–249.

[54] Kukar-Kinney, M., & Close, A. G. (2010). The determinants of consumers' online shopping cart abandonment. Journal of the Academy of Marketing Science, 38(2), 240–250.

[55] Kuo, T. (2011). The antecedents of customer relationship in e-banking industry. Journal of Computer Information Systems, 51(3), 57–66.

[56] Lassar, W. M., Manolis, C., & Lassar, S. S. (2005). The relationship between consumer innovativeness, personal characteristics, and online banking adoption. International Journal of Bank Marketing, 23(2), 176–200.

[57] Lee, J., Cho, J. E., & Abdul-Rahman, F. (2008). E-banking. In J. J. Xiao (Ed.), Handbook of consumer finance research (pp. 104–123). New York: Springer.

[58] Lee, H.-H., Kim, J., & Fiore, A. M. (2010). Affective and cognitive online shopping experience effects of image interactivity technology and experimenting with appearance. Clothing and Textiles Research Journal, 28(2), 140–154.

[59] Lee, M. Y., Kim, Y. K., & Lee, H. J. (2013). Adventure versus gratification: Emotional shopping in online auctions. European Journal of Marketing, 47(1–2), 49–70.

[60] Lee, E., & Lee, J. (2000). Haven't adopted electronic financial services yet? The acceptance and diffusion of electronic banking technologies. Financial Counseling and Planning, 11(1),49–61.

[61] Lee, E., Lee, J., & Schumann, D. W. (2002). The influence of communication source and mode on consumer adoption of technological innovations. Journal of Consumer Affairs, 36(1), 1–27.

[62] Lee, J., Park, D.-H., & Han, I. (2011). The different effects of online consumer reviews on consumers' purchase intentions depending on trust in online shopping malls: An advertising perspective. Internet Research, 21(2), 187–206.

[63] Lekakos, G., Vlachos, P., & Koritos, C. (2014). Green is good but is usability better? Consumer reactions to environmental initiatives in e-banking services. Ethics and Information Technology, 16 (2), 103–117.

[64] Lennon, S. J., Ha, Y., Johnson, K. K., Jasper, C. R., Damhorst, M. L., & Lyons, N. (2009). Ru-

ral consumers' online shopping for food and fiber products as a form of out shopping. Clothing and Textiles Research Journal, 27(1), 3–30.

[65] Liang, T. P., & Huang, J. S. (1998). An empirical study on consumer acceptance of products in electronic markets: A transaction cost model. Decision Support Systems, 24, 29–43.

[66] Liao, Z., & Wong, W. K. (2008). The determinants of customer interactions with internet-enabled e-banking services. Journal of the Operational Research Society, 59(9), 1201–1210.

[67] Liébana-Cabanillas, F., Muñoz-Leiva, F., & Rejón-Guardia, F. (2013). The determinants of satisfaction with e-banking. Industrial Management & Data Systems, 113(5), 750–767.

[68] Liebermann, Y., & Stashevsky, S. (2009). Determinants of online shopping: Examination of an early-stage online market. Canadian Journal of Administrative Sciences, 26(4), 316–331.

[69] Lin, H. H. (2011). Gender differences in the linkage of online patronage behavior with TV-and online shopping values. Service Business, 5(4), 295–312.

[70] Lo, S. K., Chou, Y. J., & Teng, C. I. (2013). Source effect of advertised reference price influence son transaction value in online shopping environments. Electronic Commerce Research, 13(4), 411–421.

[71] Lockett, A., & Littler, D. (1997). The adoption of direct banking services. Journal of Marketing Management, 13(8), 791–811.

[72] Marimon, F., Petnji Yaya, L. H., & Casadesus Fa, M. (2012). Impact of e-Quality and service recovery on loyalty: A study of e-banking in Spain. Total Quality Management & Business Excellence, 23(7–8), 769–787.

[73] Mattilia, M., Karjaluoto, H., & Pento, T. (2003). Internet banking adoption among mature customers: Early majority or laggards? Journal of Services Marketing, 17(5), 514–528.

[74] McWilliam, G. (2000). Building strong brands through online communities. MIT Sloan Management Review, 41(3), 43–54.

[75] Midgley, D. F., & Dowling, G. R. (1978). Innovativeness: The concept and its measurement. Journal of Consumer Research, 4(4), 229–242.

[76] Nor, K. M., Barbuta-Misu, N., & Stroe, R. (2011). A model for analyzing the determinant factors of adoption e-banking services by Romanian customers. Economic Computation and Economic Cybernetics Studies and Research, 45(4), 53–70.

[77] O'Cass, A., & Fenech, T. (2003). Web retailing adoption: Exploring the nature of Internet users Web retailing behavior. Journal of Retailing and Consumer Services, 10, 81–94.

[78] Oinas-Kukkonen, H., Hohtari, S., & Pekkola, S. (2010). Organizing end-user training: A case study of an e-bank and its elderly customers. Journal of Organizational and End User Computing (JOEUC), 22(4), 95–112.

[79] Ozok, A. A., & Wei, J. (2010). An empirical comparison of consumer usability preferences in online shopping using stationary and mobile devices: Results from a college student population. Electronic Commerce Research, 10(2), 111–137.

[80] Palmer, J. W. (1997). Electronic commerce in retailing: Differences across retail formats. The Information Society, 13, 75–91.

[81] Park, Y. A., & Gretzel, U. (2010). Influence of consumers' online decision-making style on comparison shopping proneness and perceived usefulness of comparison shopping tools. Journal of Electronic Commerce Research, 11(4), 342–354.

[82] Parra, J. F., & Ruiz, S. (2009). Consideration sets in online shopping environments: The effects of search tool and information load. Electronic Commerce Research and Applications, 8(5), 252–262.

[83] Poon, W. C. (2007). Users' adoption of e-banking services: The Malaysian perspective. Journal of Business & Industrial Marketing, 23(1), 59–69.

[84] Rankovic, M., Simovic, V., Vaskovic, V., & Novakovic, N. (2013). Research on the e-banking

payment distribution channels-Case study: Serbia. Metalurgia International, 18(1),163–168.

[85]Ratchford, B., Lee, M. S., & Talukdar, D. (2003). The impact of the Internet on information search for automobiles. Journal of Marketing Research, 40, 193–209.

[86]Rogers, E. M. (1965). Diffusion of Innovations. New York: The Free Press.

[87]Román, S. (2010). Relational consequences of perceived deception in online shopping: The moderating roles of type of product, consumer's attitude toward the internet and consumer's demographics. Journal of Business Ethics, 95(3), 373–391.

[88]Sanchez-Franco, M. J. (2009). The moderating effects of involvement on the relationships between satisfaction, trust and commitment in e-banking. Journal of Interactive Marketing, 23(3), 247–258.

[89]Sathye, M. (1999). Adoption of internet banking by Australian consumers: An empirical investigation. International Journal of Bank Marketing, 17(7), 324–334.

[90]Schmidt, J. B., & Spreng, R. A. (1996). A proposed model of external consumer information search. Journal of Academy of Marketing Science, 24, 246–256.

[91]Seock, Y.-K., & Bailey, L. R. (2008). The influence of college students' shopping orientations and gender differences on online information searches and purchase behaviors. International Journal of Consumer Studies, 32(2), 113–121.

[92]Shim, S., Eastlick, M. A., Lotz, S. L., & Warrington, P. (2001). An online prepurchase intentions model: The role of intention to search. Journal of Retailing, 77, 397–416.

[93]Smith, R., Deitz, G., Royne, M. B., Hansen, J. D., Grunhagen, M., & Witte, C. (2013). Cross-cultural examination of online shopping behavior: A comparison of Norway, Germany, and the United States. Journal of Business Research, 66(3), 328–335.

[94]Srinivasan, N., & Ratchford, B. (1991). An empirical test of a model of external search for automobiles. Journal of Consumer Research, 18(2), 233–242.

[95]Stavins, J. (2002). Effect of consumer characteristics on the use of payment instruments. New England Economic Review, Q3, 19–31.

[96]Stigler, G. J. (1961). The economics of information. Journal of Political Economics, 29,213–225.

[97]Swinyard, W. R., & Smith, S. M. (2003). Why people (don't) shop online: A lifestyle study of the Internet consumer. Psychology & Marketing, 20, 567–597.

[98]Tan, K. S., Chong, S. C., Loh, P. L., & Lin, B. (2010). An evaluation of e-banking and m-banking adoption factors and preference in Malaysia: A case study. International Journal of Mobile Communications, 8(5), 507–527.

[99]Taube, P. M. (1988). The influence of selected factors on the frequency of ATM usage. Journal of Retail Banking, 10(1), 47–52.

[100]Wan, Y., Nakayama, M., & Sutcliffe, N. (2012). The impact of age and shopping experiences on the classification of search, experience, and credence goods in online shopping. Information Systems and E-Business Management, 10(1), 135–148.

[101]Wang, Y. J., Minor, M. S., & Wei, J. (2011). Aesthetics and the online shopping environment: Understanding consumer responses. Journal of Retailing, 87(1), 46–58.

[102]Wu, L., Cai, Y., & Liu, D. (2011). Online shopping among Chinese consumers: An exploratory investigation of demographics and value orientation. International Journal of Consumer Studies, 35(4), 458–469.

[103]Wu, L.-Y., Chen, K. Y., Chen, P.-Y., & Cheng, S.-L. (2014). Perceived value, transaction cost, and repurchase –intention in online shopping: A relational exchange perspective. Journal of Business Research, 67(1), 2768–2776.

[104]Xu, Y., & Kim, H.-W. (2008). Order effect and vendor inspection in online comparison shopping. Journal of Retailing, 84(4), 477–486.

［105］Yu，U. J.，Lee，H. H.，& Damhorst，M. L. (2012). Exploring multidimensions of product performance risk in the online apparel shopping context: Visual，tactile，and trial risks. Clothing and Textiles Research Journal，30(4)，251-266.

［106］Zeithaml，V. A.，& Gilly，M. C. (1987). Characteristics affecting the acceptance of retailing technologies: A comparison of elderly and non-elderly consumers. Journal of Retailing，63(1)，49-68.

第三部分　消费者经济福利的构成部分

第8章　消费者收入

摘要：收入是衡量消费者经济福利的最常用指标。本章主要讨论收入及其相关概念。首先，本章对美国消费者的收入进行了描述性统计，然后介绍了收入决定因素、收入不平等、代际转移、贫困及前1%收入份额等方面的相关研究文献。

8.1　收入概述和群体差异

研究目的不同，对收入的定义方式也有所差异。自1947年以来，美国人口普查局（Census Bureau，CB）一直在编制收入估算报告（Weinberg等，1999）。根据美国人口普查局的报告，2012年美国家庭收入的中位数为51 017美元（DeNavas-Walt等，2013）。

以2012年美国全国家庭收入的中位数为标准，可以发现已婚夫妻家庭的经济境况最好，收入的中位数为75 694美元。以男性为户主的家庭，其中位数接近平均水平，达到48 634美元。其他类型的家庭收入低于收入平均水平：女性未婚家庭为26 016美元，男性未婚家庭为36 989美元。

在家庭收入中存在种族和民族差异。亚裔家庭和白人家庭的收入中位数处于全国平均水平之上，分别为68 636美元和57 009美元，而拉美裔家庭和黑人家庭的收入中位数则低于全国平均水平，分别为39 005美元和33 321美元。这种模式已经持续了40年（1967—2012年）（DeNavas-Walt等，2013）。

收入随年龄呈现驼峰状分布。最年轻人群（15~24岁）的收入中位数最低，为30 604美元；中老年人群（45~54岁）的收入中位数最高，为66 411美元；最年长人群（65岁及以上）的收入中位数处于次低水平，为33 848美元。

在过去的50年里，收入也存在着性别差异，女性收入总是比男性少。2012年，男性员工的收入中位数为48 398美元，女性为37 791美元，女性与男性的劳动收入比率为77%，这一比例相比于1960年的60%有所增加（DeNavas-Walt等，2013）。

由不同的净资产水平可以看出，富有的消费者和相对不那么富有的消费者的收入来源不同。2010年消费者金融调查的结果显示，美国家庭收入的前三大来源是工资（68.1%），商业、农耕与自我雇佣（12.2%），以及社会保障或退休金（12.0%）。通过净资产的组间对比可以看出，收入在后25%的低净资产家庭的两大主要收入来源为工资

（75.9%）和转移性收入或其他收入（11.1%）；收入在前10%的高净资产家庭的两大收入来源为工资（55.8%），以及商业、农耕和自我雇佣（23.9%）；净资产处于中间水平的家庭，前两大收入来源为工资（80.7%~69.7%）和社会保障或退休金（9.6%~20.1%）（Bricker等，2012）。

8.2 劳动收入的决定因素

8.2.1 劳动收入之谜

本部分回顾了劳动收入决定因素的相关研究文献。研究结果显示，劳动收入与教育和认知能力之间可能并不存在紧密的联系（Bowles等，2001）。学者们发现了几个无法用标准劳动经济理论解释的难题：具有相似特征的个人获得的收入相差很大；父母成功的子女除了获得了更高等的教育、更多的继承财富及更强的认知能力基因遗传，还获得了其他的额外优势；而看似无关紧要的个人特征，包括相貌、身高、胖瘦，甚至是房屋的整洁程度，往往都是可靠的收入预测指标。

8.2.2 劳动收入的概念模型

Bowles等（2001）考察了用于解释收入决定因素的概念模型。瓦尔拉斯模型认为，员工在生产过程中所提供的服务是其外生决定因素。在所有的工作中，生产率相同的个体获得的工资相同。这一模型被认为是忽略交换双方行为特征的标准劳动经济模型。熊彼特模型认为，在任何给定时刻，要素支付通常会包括所谓的"非均衡租金"。这些租金是由技术变化、产品创新、商业组织模式的改变及其他冲击所引起的。人们识别和获取这些租金的能力不同，但取得成功所需要的个人特质和能力，可能与生产技能仅有较弱的联系。科斯模型显示，当劳动者的努力是内生变量时，个人的特质与削弱激励问题相关。这些增强激励的偏好（Incentive-Enhancing Preferences）即使不能直接促进生产，也可能会带来具有竞争力的回报。在回顾这些概念模型之后，Bowles等（2001）提出了自己的模型，即增强激励偏好模型。该模型包括三个方面：时间偏好、自我效能意识和收入的边际效用递增。

基于收入动态跟踪（Panel Study of Income Dynamics，PSID）数据，学者们对成年男性的当前收入情况进行了探讨，这些男性的动机特质和行为特质是在15~25年前测量出来的。被测量的动机特质包括对以下方面的偏好：对挑战而非从属关系的偏好、对失败的恐惧程度、自我效能意识和信任程度。行为特质的测量包括去教堂的次数、社交俱乐部的参与度、看电视的时间、读报的时间，以及采访者对受访者家庭整洁度的评估。研究发现，考虑到广泛且传统的教育、认知和人口统计学特征的影响，这些特质和行为变量是多年后对消费者收入的良好预测指标（Duncan和Dunifon，1998）。另一项使用国家纵向数据的研究表明，在控制标准人力资本变量的条件下，行为特质对于女性的收入具有显著影响（Osborne，2000）。通过推理和获得的证据，研究表明，提高激励的偏好和其他与所得相关的行为特质，可能会受到学校教育的影响，并能够部分地解释学校教育的经济回报及其他的个体收入差异等问题（Bowles等，2001）。

8.2.3 教育的作用

Bowles 等（2001）认为，尽管认知能力和教育都是收入的重要决定因素，但教育的经济回报并不主要取决于其对提高认知得分的贡献。相反，认知得分的不同几乎不能对收入残差项的方差进行解释。同时，根据他们的估计，这些数据并不支持这样的假设，即认知得分对收入的影响程度在近四十年里呈上升趋势。然而，接受教育的类型可能造成人力资本投资的差异。在过去的四十几年里，美国一般高等学校的教育水平偏低，但进入著名大学的学生却可以获得更高的教育投资回报（Hoxby，2009）。

尽管教育在消费者收入中的作用有限，但受教育程度较高的消费者，仍然更有可能找到工作，并且赚到更多的金钱。根据美国劳工统计局（US Bureau of Labor Statistics）2013 年的统计数据，高中毕业生的失业率为 7.5%，而本科毕业生的失业率仅为 4%。本科毕业生的周收入中位数为 1 108 美元，而高中毕业生的周收入中位数仅为 651 美元。

8.3 收入不平等

8.3.1 定义和趋势

收入不平等可以被认为是反映总体经济福利恶化的指标。从消费者角度来看，学者们对收入不平等的研究，可能会为改善消费者经济福利提供相应的政策建议。从这个角度来看，消费者权益倡导者应关注收入不平等的变化趋势，进而为有利于消费者的公共政策去进行游说。人口普查局传统上会使用两种方法来衡量收入不平等：第一种方法是按收入从低到高，计算每 20% 的家庭的收入占总收入的份额；第二种方法是使用衡量收入不平等最常用的指标——基尼系数。2012 年，收入最高的 20% 的家庭的收入占总收入的 51.0%，其中最高的 5% 的家庭的收入占总收入的 22.3%，而收入最低的 20% 的家庭的收入仅占总收入的 3.2%。作为衡量收入不平等的另一个指标，2012 年的基尼系数为 0.447[①]（DeNavas-Walt 等，2013）。

学者们分析了 20 世纪最后 25 年的收入分配变化。男性工资率的不平等和家庭收入的不平等早在 20 世纪 80 年代初期就已经开始加剧，在 90 年代以较低的速度增长，到 21 世纪早期增长率稳定在较高水平。这两种分配变化时间的相似性，证明了家庭收入不平等程度的加剧，并且主要在工资率不平等程度不断加剧方面得到了反映（Gottschalk 和 Danziger，2005）。

以标准货币收入和估算收入的测度为基础，学者们考察了 20 世纪 80 年代和 90 年代美国的经济福利水平和分配的情况。在 1982—2000 年间，用调整后的估算收入测度的福利中位数，比用标准货币收入指标测度的中位数增长得更快。这种调整扩大了非裔美国人和白人之间的收入差距，但提高了老年人的相对福利。将来自家庭财富的租金和年金加入到家庭收入中后，可衡量的不平等和来自财富收入的不平等，在不平等中所占的份额显著增加。然而，这两种测度方法都显示出不平等随着时间的推移呈现不断增长的

---

① 基尼系数的数值大小和平等与否的关系为：0 代表完全平等，1 代表完全不平等。

趋势（Wolff和Zacharias，2009）。

通过对有关收入不平等的文献进行回顾，学者们发现，自1980年以来，美国的工资、劳动收入和家庭总收入的不平等显著增加，甚至部分指标在60年代末就已经呈现增长的趋势。当前收入的不平等程度，不管是在市场收入方面还是在可支配收入方面，都比过去40年甚至更长时间段上的任何一个时间点要大，可能和20世纪的前10年或前20年一样严重（McCall和Percheski，2010）。

有研究考察了过去两个世纪全球公民的福利分配情况，结果显示，全球收入分配的不平等从19世纪初到第二次世界大战期间有所增加，在之后的一段时间比较稳定或增长缓慢。19世纪早期，大多数的不平等是来自国家内部的差异，但之后则是由国家之间的差异所造成的（Bourguignon和Morrisson，2002）。其他学者回顾了关于全球人际不平等程度的主要研究，并得出结论，认为全球人与人之间的不平等程度在1970—2000年间没有变化（Anand和Segal，2008）。

8.3.2 收入不平等的决定因素

有文献研究表明，从20世纪90年代中期到现在，收入不平等一直在加剧，其特征表现为高收入者的收入快速增长，以及家庭的就业和收入呈现新的变化模式。关于经济不平等的研究，已经从狭隘地只关注工资不平等和劳动力市场扩展到其他领域，包括激励薪酬、公司治理、收入合并与家庭形成、社会与经济政策，以及政治制度等方面（McCall和Percheski，2010）。

收入的不稳定性、工作技能和职业都可能影响收入的不平等程度。基于收入动态跟踪调查的数据，研究发现，收入的不稳定性应该是收入不平等的主要原因（Gottschalk和Moffitt，2009）。收入不平等的加剧，反映了低技能劳动者收入的绝对和相对下降。实际上，低技能劳动者工资的下降抵消了高技能劳动者工资上涨的影响，因此平均工资几乎没有变化（Gottschalk，1997）。学者们利用当前人口调查提供的数据，考察了美国1983—2002年职业内部工资的不平等增长情况。研究发现，职业与工资不平等之间的直接联系在此期间有所下降，因为职业内部工资不平等的增长速度快于职业间工资不平等的增长速度（Kim和Sakamoto，2008）。

技术变化可能会导致收入的不平等。有学者考察了技术变化和收入不平等之间的关系，发现美国在过去60年间的工资表现和教育回报具有技术改变的技能偏向型特点，并且可能在20世纪的大部分时间里都是如此（Acemoglu，2002）。也有学者基于当前人口调查的数据，在分析了网络使用对美国劳动者收入的影响后，发现网络使用和收入增长之间存在着显著的正相关关系。这表明与网络使用相联系的技能和行为，在劳动力市场上得到了回报（DiMaggio和Bonikowski，2008）。基于1963—2005年的当前人口调查（Current Population Survey，CPS）数据，学者们发现整体工资不平等水平的增长在20世纪90年代呈现放缓的趋势。然而，工资不平等的增长仍然存在着两种不同路径。第一种路径是：自1980年以来，50%~90%的右尾（Upper-tail）区间的不平等程度增长较为平稳，甚至因为劳动力构成的改变而有所调整。第二种路径是：20世纪80年代上半叶，10%~50%的左尾（Lower-tail）区间的不平等程度迅速加大，此后趋于稳定或缩小。这两种路径模式在修正的技能偏向型技术改变假说视角下是潜在一致的，该假说强调了信息技术的作用在于补充受教育水平较高的人才能完成的抽象任务和替代受教育水平较低的人可以完成的常规任务（Autor等，2008）。

收入不平等也可能来自家庭人口和结构的改变。有研究探讨了美国有子女的家庭间的收入不平等情况，发现在1975—2005年间，有子女家庭的收入方差增加了2/3。教育上的差距和单亲家庭导致了收入的不平等，但是受教育程度的提高和女性的就业抵消了这些影响。家庭收入不平等的加剧，主要是由于群体内部不平等的增加而引起的，而这种不平等在不同的家庭类型和教育水平之间广泛存在（Western等，2008）。Martin（2006）考察了1976—2000年家庭结构和收入不平等的变化趋势，发现单身母亲的家庭总是位于收入分配的底部，这导致了她们在群体内面临着更大的收入不平等（Martin，2006）。有学者使用以色列父母和兄弟姐妹的匹配数据，来分解兄弟姐妹之间在教育和收入方面的相关性。研究发现，在解释学业和收入的相关性方面，兄弟姐妹之间的相互作用比亲子间的相互作用更为重要。兄弟姐妹的多少，与被调查者的受教育水平和收入呈负相关关系。因此，减少兄弟姐妹的数量，有助于降低收入不平等水平（Beenstock，2008）。还有学者考察了退休家庭的收入不平等情况，发现对已退休的单身人士及夫妇来说，投资收入的不平等是主要原因（Xiao等，1999）。

技能不匹配可能是导致收入不平等的另一个重要原因。有学者指出，技能不匹配是美国实际收入不平等的重要来源。在1973—2002年间，导致工资差异增加的很大一部分原因是技能不匹配率和不匹配溢价的增加。在2000—2002年间，盈余和赤字共同解释了收入对数化方差的4.3%~4.6%，或者解释了总方差的15%左右。基于男性和女性在过去30年的数据，研究发现过度教育率和溢价的显著增加解释了20%~48%的基尼系数增长（Slonimczyk，2013）。

如果对全球经济系统没有实施改革，收入不平等可能会变得更加严重，并且将一直持续下去。2014年，《21世纪资本论》（Capital in the Twenty-first Century）从全球视角探讨了收入不平等的根本原因，并且成为《纽约时报》（New York Times）所列的畅销书。作者Thomas Piketty是法国经济学家。基于对大量国家税收记录的长期精确分析，他认为如果资本的回报率在长期水平上比经济增长率高，那么将导致财富的聚集，并且这种不均等的财富分配会进一步造成社会和经济的不稳定。他提出了全球累进财富税收制度，以帮助减少不平等现象，从而避免绝大多数财富落入极少数人的控制之中（Piketty，2014）。

8.4 经济地位的代际转移

8.4.1 定义和趋势

代际转移，是指代际间可能影响消费者经济福利的资源转移。这种转移分为两种类型：私人转移和公共转移。在当今世界，大多数国家的私人转移都是由年老一代向年轻一代转移。但在公共转移领域，有证据表明许多发达国家的转移是从年轻一代向年老一代转移。在老龄化社会中，这种模式正面临着能否得以持续的挑战（Lee，2013）。

代际转移与再分配经济政策相关。早期研究发现，父母与其子女成年后的经济地位之间的统计关系是微弱的。但是，最近越来越多的研究表明，代际转移水平的过高估计，是两种测量误差的产物：一是在报告收入方面的错误，特别是当要求受访者回忆其父母收入时误差较大；二是在报告与潜在永久收入无关的当前收入组成部分时出现的错误。如果加以修正，经济地位的代际相关性是相当大的，其中大多数是Becker和Tomes（1986）以美国为例进行研究所得结果的平均水平的3倍。

8.4.2　相关因素

基于相关理论和其他实证研究结论，有学者认为经济地位的代际传递可由机制的异质性集合（Heterogeneous Collection of Mechanisms）所解释，其包括雇主需要的认知技能与非认知人格特征的基因和文化遗传、继承财富和收入增加的群体成员资格（如种族的继承），以及家庭状况好的子女所享有的优越的高等教育和健康状况。研究发现，在父母富裕的家庭中，通过优越的认知表现和教育程度共同遗传的过程虽然重要，但最多只能解释3/5的经济地位的代际传递。此外，虽然有关收入增加的特质的基因遗传看起来发挥了作用，但智商的遗传似乎相对并不重要。大多数经济模型把个体的收入看作其给市场带来的生产要素回报的总和，如技能或者资本等生产要素。但是，任何影响收入及父母与子女同样很强的个人特质，都将有助于使经济地位成功地进行代际传递，这些特质包括种族、地理位置、身高、相貌、健康状况和个性等方面（Bowel和Gintis，2002）。

8.4.3　原因和动机

收入代际转移的主要原因，可能是能力的代际转移。Grawe和Mulligan（2002）提出了投资与代际决策的简化模型，这个模型涵盖了许多更详细的经济模型。在该模型中，他们考察了禀赋和信贷市场对代际相关性的影响。该理论认为，代际收入流动是由能力传递所决定的。父母可以通过遗产在两代人之间和兄弟姐妹之间进行消费的转移。当考虑到信贷约束条件时，中等收入家庭可能最容易受到信贷约束的影响，并且在父母收入分配处于中等水平的家庭中，收入的代际流动性最低（Grawe和Mulligan，2002）。

从理论分析的角度，Loury（1981）将连续几代劳动者的收入分配情况构建成动态的随机过程模型。这个随机过程模型源于个人天生能力的随机分配，以及父母遗产决策的效用最大化。该模型假定父母不能通过借贷的方式对子女进行人力资本的投资。因此，任何一代年轻人的培训资源的分配，都取决于他们父母的收入。反过来，这说明通常认为的平等主义再分配政策与经济效率之间的矛盾在逐步趋于缓和（Loury，1981）。

在回顾文献的基础上，Kotlikoff（1988）提出了可能导致代际转移的四个原因。第一个原因是父母对子女的无私关怀；第二个原因是父母和子女之间形成了不完全的年金市场；第三个原因是个人可能只是在自己的职业和投资上赚取了大笔金钱，或者在工作中存了太多金钱，结果发现自己无法消耗掉所有的资源；第四个原因是从父母到子女的转移可以看作对子女提供的诸如做家务及陪同看病等帮助的隐性支付。

学者们也考察了私人代际转移的动机，探讨它是出于利他主义还是以交换为目的。Cox和Rank（1992）分析了美国的全国家庭和住户调查（National Survey of Families and

Households，NSFH）的数据，发现人们在世时转移（即活人之间的转移）的经验证据更加支持交换的目的，而不是利他主义目的。

部分来自发展中国家的证据表明，时间和金钱的私人转移是以交换为目的的。基于印度尼西亚的数据，学者们发现交换的程度和潜在动机在不同的家庭之间存在着差异，但大量证据都支持家庭内部的转移是为家庭成员提供保险的结论。这些结果也表明了在部分父母和子女之间，金钱可以用来和时间进行交换。另外，也有证据与上述观点的表述一致，即父母为子女支付的教育费用，部分是作为以后要偿还的贷款。与之前用相似数据和方法得到的马来西亚的结果相比，两国关于转让动机的调查结果非常相似（Frankenberg 等，2002）。

8.4.4 国际比较

有证据表明，国家间收入的代际转移存在着差异。基于对已有文献的回顾，学者们发现大多数美国的研究通过测量父亲多年的收入和其子女进入劳动力市场几年后的收入，估算出代际收入的弹性大约为 0.4 或者更高。在比较了国际上对这一问题的研究后，Solon（2002）认为，与加拿大、芬兰和瑞典相比，美国和英国是代际流动较少的社会。通过更有效地利用收入动态跟踪调查数据的可用信息，学者们对最近代际流动的时间序列变化做出了可靠的估计。他们的结果适用于 1952—1975 年间出生的群体，但并没有揭示代际流动的主要变化情况（Lee 和 Solon，2009）。

8.4.5 财富的私人转移对健康的影响

遗产被认为是财富的私人转移。有证据表明，遗产可能对健康产生有益的影响。利用收入动态跟踪数据，Carman（2013）考察了遗产和健康之间的关系，发现当所有的组别放在一起时，遗产的数量及是否接受遗产赠与，和健康之间并没有因果关系。然而，当影响因性别差异或者因个人是否期望收到遗产而不同时，遗产与健康之间的因果关系就得以显现出来。相对于同样得到遗产的女性来说，男性得到遗产后的健康状况更差。另外，期望收到遗产的个人的健康状况在收到遗产后会变得更好（Carman，2013）。

8.4.6 代际转移对于财富的影响

经济学领域的学者们对于财富积累的主要来源有着不同的看法。有学者认为财富积累来源于生命周期的储蓄，而另一些学者则认为财富积累是代际转移的结果。Modigliani（1988）考察了 7 项相关研究的证据，虽然这些研究主要采用独立方法，但也使用了大致相似且常用的定义。他发现，通过代际转移获得的财富份额不超过财富积累总量的 1/4，该结论也在一定程度上为其生命周期模型提供了佐证。

然而，经济学领域的越来越多的学者，找到了证明财富积累主要来源于代际转移的证据。Kotlikoff 和 Summers（1981）利用美国的历史数据，直接估算代际转移对总资本积累的贡献，他们发现代际转移占据了美国总资本积累的绝大部分，而生命周期或者"驼峰"型储蓄只占了总资本积累的很小一部分。他们认为，强调退休储蓄作为资本积累主要形式的储蓄生命周期模型，应该让位给阐明代际转移决定因素的模型。

基于 1983—1986 年消费者金融调查的数据，Gale 和 Scholz（1994）发现，有意的转移，如父母对独立居住的成年子女的馈赠，至少占了财富积累来源比重的 20%；因有意转移而带来的实际财富可能会比较高，甚至非常高；遗产——不考虑它们是否是有意转移——占了财富净值的31%；最后，在世时的财富转移大约是遗赠者死后转移的一半（Gale和Scholz，1994）。

8.4.7 社会政策对于私人转移的影响

社会政策的干预，可能会影响私人转移行为。基于欧洲健康、老龄化和退休调查（Survey of Health, Aging and Retirement in Europe，SHARE）的数据，Brandt和Deindl（2013）考察了社会支出和社会服务对父母给予子女的经济支持和实际帮助的影响。他们发现，社会政策对代际转移的模式起着很重要的作用。特别地，向公众提供的公共援助越多，父母就越有可能从经济上和实践上支持他们的成年子女，但这种支持在给予金钱和时间方面表现得并不明显。因此，上述分析支持了以下假说，即为了降低代际转移，应该让劳动力在家庭和国家之间进行分工（Brandt和Deindl，2013）。

社会福利制度可以被视为一种公共转移形式。有证据表明，国家间的福利收入转移有可能会出现。基于收入动态跟踪数据，Martin（2003）对来自低收入家庭且没有得到"抚养儿童家庭补助计划"（Aid to Families with Dependent Children，AFDC）帮助的女孩与来自低收入家庭且得到了AFDC帮助的女孩进行了比较分析，以此来更好地解释与AFDC相关的代际家庭收入。与那些没有接受AFDC帮助的女性相比，她发现在儿童时期所在家庭接受过AFDC帮助的女性，在成年后更有可能接受AFDC的帮助。控制家庭收入，只能对儿童时期接受AFDC资助的影响进行部分解释。在来自长期贫困家庭的女孩中，父母对AFDC的使用和以后年份的AFDC参与情况并没有联系。上述发现表明，经济资源的代际传递，确实可以对与代际转移相联系的福利使用进行部分解释（Martin，2003）。

税收政策可能会影响私人转移。Dastrup等（2007）使用卢森堡收入调查（Luxembourg Income Study，LIS）的数据，考察了13个国家不同年份的税收和转移支付对于收入分配的影响。该研究采用5参数广义贝塔分布及其10个特例，分析收入的规模分布情况。研究发现，拟合度最好的是2参数、3参数和4参数模型，并且阐述了与收入、总收入和可支配收入相对应的不平等跨期模式。几乎所有被考察的国家都出现了不平等加剧的趋势，各国税收和转移支付对分配的影响也存在着显著差异（Dastrup等，2007）。

8.4.8 代际转移：社会学视角

对于不平等的继承，经济学领域的学者们通常关注的是收入或者财富的代际转移，而社会学领域的学者们则更关注不同阶层之间的代际流动。社会学领域的学者们对阶层结构内部流动机制的研究结果更为复杂。因为它假设在代际流动体系的组成部分中，即从一代到另一代的代际传递过程中，阶层起点和终点的联系强度不同。近期社会学研究的主要发现总结如下：（1）在所有现代社会中，阶层的起点和终点之间普遍存在着显著的联系；（2）由于特定阶层继承的影响，代际在阶层之间存在普遍固化的倾向；（3）在特定社会中，阶层流动的制度随着时间的推移表现出高度的稳定性；（4）受教育程度可能是阶层流动的主要中介因素，并且也可能是唯一的主要中介因素；（5）现代社会并非人才至上，因为一旦教育资格和其他"优秀特质"变量得到控制后，阶层的终点就不再依赖于阶层的起点；（6）教育中介作用及其重要性，随着代际转移类型的不同而存在明显差异（Erikson 和 Goldthorpe，2002）。

8.5 低收入消费者

对于个人来说，生活贫困是经济福利恶化的指标。较低的贫困率在总体水平上反映了消费者的福利情况。根据美国人口普查报告，2012 年美国的官方贫困率为 15%，贫困人口为 4 650 万人。2012 年的贫困率达到自 2000 年以来的最高值。女性户主家庭比已婚夫妇家庭和男性户主家庭更容易陷入贫困，其贫困率分别为 30.9%、6.3% 和 16.4%。黑人和拉美裔美国人，比非拉美裔白人和亚裔美国人更容易陷入贫困，各类人群的贫困率分别为 27.2%、25.6%、9.7% 和 12.7%。18 岁以下的未成年人比成年人和老年人（65 岁及以上）更有可能处于贫困状态，各年龄组的贫困率分别为 21.8%、13.7% 和 9.1%（DeNavas-Walt 等，2013）。

没有医疗保险是经济福利恶化的另一个指标。根据美国人口普查报告，2012 年没有医疗保险的美国人占总人口的 15.4%，达到 4 800 万人。拉美裔、非裔和亚裔美国人，比欧裔美国人获得医疗保险的可能性更小，各类人群缺少医疗保险的概率分别为 29.1%（拉美裔）、19.0%（非裔）、15.1%（亚裔）和 11.1%（欧裔）。年轻人和中年人缺少医疗保险的概率更高，这一概率在 19~25 岁的人群中为 27.2%，在 26~34 岁的人群中为 27.2%，在 35~44 岁的人群中为 21.1%。低收入美国人没有保险的可能性更大，家庭收入低于 25 000 美元和在 25 000~49 999 美元区间的美国人缺少医疗保险的概率分别为 24.9% 和 21.4%，而家庭收入在 50 000~74 999 美元及 75 000 美元或以上的美国人缺少医疗保险的概率分别为 15.0% 和 7.9%（DeNavas-Walt 等，2013）。2010 年 3 月 23 日，奥巴马总统签署了《平价医疗法案》（Affordable Care Act）。该法案涉及的全面医疗保险改革将在 4 年或更长时间内推出，到 2014 年会进行大部分改革。这项新法案为更多目前没有保险的美国人提供了医疗保险[①]。

8.5.1 低收入消费者面临的经济问题

相对于高收入家庭而言，低收入家庭面临着一系列不同的财务问题，如金融服务准入、资产累积、房屋产权、信贷使用和医疗保险准入等问题（Garasky 等，2008；Xiao 等，2010）。低收入个体经常居住在高密度的低收入到中等收入（Low-to-Moderate In-come，LMI）社区，这些社区普遍具有种族飞地（Ethnic Enclave）或者地理隔绝的特征，如农村地区或部落地区等。能否获得负担得起的金融产品和服务取决于对有限收入（如没有汽车）和地理空间（如有限的/没有公共交通，以及地理上的孤立）的考虑。这些限制阻碍了中低收入的个人和家庭方便地获得金融服务。发薪日贷款机构和支票兑现网点往往集中于人口密度高的 LMI 社区中（Graves，2003；Immergluck，2004；Praeger，2009）。另外，LMI 社区具有供应商驱动和以现金为导向的经济体和市场的特点（Ro-

---

① 相关内容参见：http://www.healthcare.gov/law/about/index.html。

bles，2007；Robles，2009a）。

低收入个体不太可能拥有银行账户（Berry，2004；Washington，2006）。关于无银行账户人群的大多数研究，主要集中在最近迁入的移民或者移民后代的中低收入个人和家庭中（Perry，2008）。对于新移民来说，学习东道国的文化和社会制度，将有助于他们做出有效的消费决策（Ogden等，2004）。另外，学者们正在探讨新迁入的移民如何以"群体"而不是"个人"为单位快速地融入东道国群体这一问题（Hatton和Leigh，2011）。在高密度的移民和移民后代群体中，他们的储蓄活动并不在主流金融机构里进行，而通常在扩展的家庭或者公共环境中进行（Chang，2010；Chung-Hevener，2006；Robles，2007；Robles，2009a）。研究表明，未开设银行账户者往往会寻找那些从事掠夺性行为、收取过高费用及价格的商业企业，这可能会导致他们的经济状况持续恶化（Rhine等，2006）。

8.5.2　帮助低收入消费者的政策

自20世纪90年代以来，反贫困政策开始被用来帮助低收入个人和家庭积累资产或财富（Blank，2002）。取消对车辆价值的福利资格限制，使得低收入个人和家庭拥有汽车的可能性增加（Sullivan，2006）。汽车所有权很重要，因为它提供了就业机会（Garasky等，2006），以及在内陆城市或者中低收入社区的稀有金融服务（Graves，2003；Praeger，2009）。在房地产危机爆发前的20世纪初期至中期，政府在一定程度上以财富创造为主要任务，加大了促进低收入家庭拥有住房的力度（Belsk等，2005）。然而，针对中低收入社区——尤其是有色社区（Communities of Color）——的次级金融产品加剧了贫富差距，并为一般家庭在未来拥有住房的机会带来了不确定性。全国失业率持续高涨导致美国出现了像20世纪30年代那样的代际家庭，即为了保护资产和尽量减少储蓄的损耗，成年子女搬到年长父母那里居住的现象（PEW Research Center，2010）。最近，对于定额税退税的研究表明，中低收入家庭确实表现出以未来为导向的金融行为和集中于子女教育支出和家庭社区流动愿望的资产积累弹性（Garcia，2009；Robles，2009b）。研究还表明，即使是收入有限的个人和家庭，通过经验取得的知识也有助于他们提高认知能力和熟悉金融服务和产品（Tescher等，2007）。

8.5.3　劳动所得税抵扣

劳动所得税抵扣（Earned Income Tax Credit，EITC）是针对低收入和中等收入消费者的联邦抵税措施，旨在鼓励人们辛勤工作，同时获得联邦工资税和所得税的抵扣。为了得到税收抵扣，纳税人必须有工作收入。EITC是"可退还的"，也就是说，如果它超过了低收入劳动者应承担的联邦所得税义务，美国国税局（Internal Revenue Service，IRS）会将余额退还给纳税人。EITC的主要受助对象是有子女的在职父母，不过也有小部分EITC可以提供给没有子女负担的在职成年人。这项抵扣将随着收入的增加而增加，直到达到最大值（最大值随着符合标准的子女的数量不同而存在差异），然后随着收入的进一步增加，抵扣的增加会逐渐停止。2010年，2 750万低收入消费者获得了EITC（Marr等，2013）。Caputo（2011）介绍了有关EITC的更加具体的历史核算、研究和政策评估。

EITC 意味着将维持收入放在首位的原则转变为将就业或就业准备放在首位的原则。这很重要，并且原因有很多。收入维持是 AFDC 项目的目标，1996 年贫困家庭临时救助计划（Temporary Assistance For Needy Families，TANF）取代了 AFDC 的重要地位，但是 EITC 项目的扩展在某种程度上将这一目标变成了可能。收入维持同时也是 1935 年颁布的《社会保障法案》（Social Security Act，SSA）的目标，该法案还衍生出了社会保障项目（OASDI）。根据预测，收入维持的目的，是保证低收入家庭和退休人员及其家属有可以用来消费的收入。EITC 项目和社会保障的私有化，都意味着背离了收入维持承诺（Caputo，2014）。此外，美国大约有一半的州都已经通过了 EITC 法案（IRS，2014）。

2013 年，个人申报 EITC 的上限是 17 530 美元，夫妻申报 EITC 的上限是 2 2870 美元，有子女的家庭平均信用额度为 2 828 美元，没有子女的家庭为 280 美元。关于 EITC 的入选资格及如何申请的详细和最新消息，可在美国国税局网站上获得，美国国税局网站的网址为：http://www.irs.gov/Individuals/EITC-Home-Page-It%E2%80%99s-easier-than-ever-to-find-out-if-you-qualifyfor-EITC。

EITC 对家庭和社会经济福利的利用，产生了许多积极影响。EITC 显著地提高了受助者的工作努力程度。该项目通过改善婴儿健康状况及低收入家庭幼儿的教育成果，提高父母的工作努力程度和收入，并将其延伸到下一代，从而增加了儿童的福利。对于社会来说，EITC 降低了贫困程度，给大多数受助者提供了短期的安全网[①]。以下是关于 EITC 研究的更多详细信息。

EITC 可能会对家庭经济行为产生积极的影响。基于收到至少 1 000 美元 EITC 退款的 194 个黑人、拉丁裔和白人父母的数据，研究发现，大多数（57%）家庭表示，他们计划将相当大一部分退款用于储蓄，39% 的家庭预计会实现其目标。虽然样本中 72% 的消费者计划用退款来支付账单和债务，并实际上有 84% 的消费者会这样做，这个结果也表明了家庭经常会为了紧急情况、债务和账单调整家庭支出配置。尽管储蓄的目标遭遇了挫折，但是大多数受助者仍具有明显的资产积累目标，他们表示这些目标受到了持续年度退税预期的激励（Mendenhall 等，2012）。

EITC 可能会提高低收入消费者的主观幸福感。Boyd-Swan 等（2013）使用美国全国家庭和住户调查的数据，分析了 1990 年联邦 EITC 的扩张对与心理健康和主观幸福感有关的若干结果的影响。结果显示，1990 年的 EITC 改革对于低技能母亲们的健康状况产生了相对较大的益处。与没有子女的女性相比，这些女性的抑郁症状较轻，自我报告的幸福感有所提高，且自我效能也有所提高。与前人研究相一致的是，已婚母亲因 EITC 而获得了大部分的健康益处，但未婚母亲的健康状况在 1990 年 EITC 改革后变化甚微（Boyd-Swan 等，2013）。

EITC 可能会对使用它的家庭的儿童福利产生积极的影响。学者们用 EITC 扩张衍生出的工具变量，估计了收入对儿童数学和阅读成绩的因果效应。其中，最明显的变化

[①] 更多具体信息，参见 Marr 等（2013）的研究总结。

是，在 1993—1997 年间 EITC 使家庭收入增加了 20%，即大约 2 100 美元。基线估计结果表明，在短期内，家庭收入每增加 1 000 美元，儿童的数学和阅读考试的综合成绩就会增加 6% 的标准差。来自弱势家庭的子女的考试成绩提高更大，且在不同估计模型的设定中都得到了稳健的结果（Dahl 和 Lochner，2012）。Hoynes 等（2012）考察了 EITC 对婴儿健康状况的影响。他们发现，增加的 EITC 收入减少了新生儿低体重概率，即增加了新生儿的平均体重。对于低学历（≤12 年）的单身母亲来说，EITC 收入每增加 1 000 美元，新生儿低体重的概率就减少 6.7%~10.8%，其对非裔美国母亲的新生儿的影响则更大。他们认为，改善分娩结果的部分影响因素，源于更多的产前护理和更少的不健康行为（如抽烟等）。学者们也证实了 EITC 潜在的作为社会安全网的积极外部效益（Hoynes 等，2012）。

8.6 高收入消费者：前 1%

8.6.1 趋势

从个体消费者的角度来说，高收入是理想的。然而，从整体来看，高收入人群集中在小部分人当中，是消费者经济福利恶化的指标，这意味着经济上的不平等。从国际和历史的视角，学者们考察了收入前 1% 人群的收入和财富比重的变化趋势。在过去的 30 年中，美国收入前 1% 人群的收入已超过了原来的 2 倍。尽管其他英语国家也经历了收入前 1% 人群收入比重的迅猛增加，但是许多高收入的国家，如日本、法国和德国等国家的顶层收入比重的增幅，仍然要小很多（Alvaredo 等，2013）。

8.6.2 影响因素

从国际和历史的视角出发，学者们找出了与高收入相关的四个影响因素：（1）最高税率背离了最高收入的比重；（2）劳动工资由谈判决定，而对最高税率削减的反应可能只会导致盈余的再分配；（3）私人财富随着时间的推移，呈现"U"形曲线的变化趋势，尤其在欧洲，继承的财富正处于拐点位置；（4）在最近几十年里，美国劳动收入和资本收入的相关性显著增强（Alvaredo 等，2013）。

已有研究发现，入选福布斯 400 强的个人继承财富或者从小就富裕的概率变得更低。当今入选福布斯 400 强的个人在年轻时都获得了良好的教育，并且把他们的技能应用于有发展前景的行业，如科技、金融和大众零售等领域。有研究认为，美国收入前 1% 人群的收入和财富份额的实际情况源于规模的重要性和偏重技能的技术变革。然而，另一种观点认为，收入前 1% 的人群的高收入是源于他们更强的管理能力，或社会规范的变化——认为管理者应获得更高的收入（Kaplan 和 Rauh，2013）。

家庭资本收入可能会造成收入的不平等。基于英国、德国和美国的三个著名的跟踪调查跨国均等档案（Cross-National Equivalent File）的微观数据，学者们采用因素分解法，考察了家庭资本收入对收入不平等的影响。对个人收入组成中的可支配收入进行因素分解，结果表明资本收入十分不稳定，并且近年来它占可支配收入的比重有所增加。此外，与资本收入在可支配收入中的比重相比，它对整体不平等的贡献不成比例，且明显过高，这一结论对德国和美国尤其适用（Fräßdorf 等，2011）。

其他学者认为，在过去30年，顶部1%群体的收入和工资的增加，在很大程度上是由经济租金的产生和重新分配造成的。顶部1%群体的经济租金增加的原因不仅仅是运转良好的竞争市场基于边际差异奖励技能或生产力，也包括租金转移机会或租金转移激励的增加，或者两者的结合。因此，位于最顶层群体的收入增加，成为中低收入家庭提高生活水平并且追上整个经济生产率增长速度的主要障碍（Bivens和Mishel，2013）。

学者们探讨了美国政治体制未能平衡日益加剧的不平等的五个可能原因。第一，共和党人士和多数民主党人士都经历了意识形态上的转变，开始接受自由市场资本主义，这种资本主义对政府提供的转移支付支持较少、对高收入人群的边际税率较低，并对部分行业的管制较为宽松。第二，移民和贫困者的低投票率，共同导致了选民的分布偏向于高收入者，并且没有反映家庭的分布情况。第三，不断增长的实际收入和财富，使得更大一部分人不太愿意向政府寻求社会保险。第四，富裕者能够利用他们的资源通过竞选捐赠、游说、政治家和官员的轮流就任等方式来影响选举、立法和规则的制定。第五，政治程序被部分机制所扭曲，如减少被选举的官员对大多数群体的责任，并且这也受到了由政治两极分化所形成的政策僵局的影响（Bronica等，2013）。

8.6.3 前1%的结果

研究表明，在某一时间点上，国家的收入不平等程度越高，其劳动收入的代际流动性越低，这种关系被称为"了不起的盖茨比曲线"（The Great Gatsby Curve）。家庭、劳动力市场和公共政策之间的相互作用，都会影响子女的机会，并且决定了成年人的收入在多大程度上与家庭背景有关，但是其在不同国家的表现有所不同。跨国比较和潜在变化趋势都表明，收入不平等的驱动因素最有可能降低，或至少不会提高下一代美国人在两极分化更为严重的劳动力市场中的代际收入流动水平。除非在公共政策方面做出改变，以为相对弱势的群体提供更大利益的方式提升儿童人力资本，否则这种趋势可能会持续下去（Corak，2013）。一位有影响力的经济学者认为，收入前1%人群收入的增加，未必会对社会产生不利影响，并讨论了应该采取什么样的经济政策来应对这一问题（Mankiw，2013）。

8.6.4 经济政策

有研究认为，由于顶层收入群体的收入增长在很大程度上是由租金增长造成的，因此有可能通过实施对整体经济增长几乎没有负面影响的政策措施来遏制（甚至扭转）这种上升趋势。Bivens和Mishel（2013）认为，对于希望扭转收入前1%人群收入增长趋势的政策制定者而言，有两种互补的方法：消除让他们获得租金渠道的制度来源和通过大幅增加高收入者边际税率来降低寻租的回报。

8.7 总结

收入是消费者经济福利的重要指标，收入的增加通常被视作经济福利的改善。收入不仅仅是对经济地位的衡量，还决定了社会地位和社会福利的享有水平。各个国家不同群体之间的收入存在差异。在美国，按照性别、种族和家庭类别分类的家庭之间收入差距明显，贫困者、中产阶级和富裕者的收入来源差别很大。

研究表明，教育和认知能力是收入的重要影响因素，但也有其他影响收入的非认知因素存在。另外，在劳动力市场中，教育不仅提高了学生的认知能力，还提高了他们获得劳动报酬的潜力。高等教育可以显著地提高消费者赚取收入的能力。

收入不平等被视作整体经济福利恶化的指标。近年来，美国和其他国家收入不平等的趋势越来越严重。由于个人和企业不能解决这些问题，政府有责任遏制收入不平等的进一步加剧，以此来避免社会危机和经济危机的发生。

代际转移是一种代代相传的转移经济资源的方式。代际转移的趋势正从私人转移向公共转移过渡。研究表明，经济福利可以代际转移。在私人转移中，研究证据支持了交换理论。在这种理论中，帮助子女的父母都期望在他们年老的时候，子女可以给予回报和照顾。社会趋势正从私人转移向公共转移发展、从老年人帮助年轻人向年轻人帮助老年人过渡。如果社会逐渐老龄化，这种转移模式将可能无法得以持续。

处于贫困中的消费者被视为正在经历着经济福利的恶化。低收入消费者面临着许多特有的经济难题。为了帮助这些消费者提高收入，政府制定了一系列专门政策。劳动所得税抵扣就是其中之一，该政策以返还多于他们收入的税收作为激励，鼓励低收入消费者辛勤工作。

学者们还探讨了关于收入极高群体的收入变化趋势和后果，及其对社会发展的影响。此外，学者们还考察了收入不平等的原因并提出了政策建议，以应对收入前1%的群体对社会可能造成的潜在负面影响。

参考文献

[1] About the law (2010). Retried from http://www.healthcare.gov/law/about/ index.html.

[2] Acemoglu, D. (2002). Technical change, inequality, and the labor market. Journal of Economic Literature, 40(1), 7–72.

[3] Alvaredo, F., Atkinson, A. B., Piketty, T., & Saez, E. (2013). The top 1 percent in international and historical perspective. Journal of Economic Perspective, 27(3), 3–20.

[4] Anand, S., & Segal, P. (2008). What do we know about global income inequality? Journal of Economic Literature, 46(1), 57–94.

[5] Autor, D., Katz, L., & Kearney, M. (2008). Trends in U.S. wage inequality: Revising the revisionists. The Review of Economics and Statistics, 90(2), 300–323.

[6] Becker, G. S., & Tomes, N. (1986). Human capital and the rise and fall of families. Journal of Labor Economics, 4(3), S1–S39.

[7] Beenstock, M. (2008). Deconstructing the sibling correlation: How families increase inequality. Journal of Family and Economic Issues, 29(3), 325–345.

[8] Belsk, E., Retsinas, N., & Duda, M. (2005, September). The financial returns to low-income home ownership. Joint Center for Housing Studies Working Paper W05-9. Cambridge, MA: Harvard University.

[9] Berry, C. (2004, February). To bank or not to bank? A survey of low-income households. Joint Center for Housing Studies Working Paper BABC 04-3. Cambridge, MA: Harvard University.

[10] Bivens, J., & Mishel, L. (2013). The pay of corporate executives and financial professionals as evidence of rents in top 1 percent incomes. Journal of Economic Perspective, 27(3), 57–78.

[11] Blank, R. (2002). Evaluating welfare reform in the United States. Journal of Economic Literature, 40, 1105–1166.

[12] Bricker, J., Kennickell, A. B., Moore, K. B.. & Sabelhaus, J. (2012). Changes in US family finances from 2007 to 2010: Evidence from the Survey of Consumer Finances. Federal Reserve Bulletin, 100, 1–80.

[13] Bonica, A., McCarty, N., Poole, K. T., & Rosenthal, H. (2013). Why hasn't democracy slowed rising inequality? Journal of Economic Perspective, 27(3), 103–124.

[14] Bourguignon, F., & Morrisson, C. (2002). Inequality among world citizens: 1820–1992. The American Economic Review, 92(4), 727–744.

[15] Bowles, S., & Gintis, H. (2002). The inheritance of inequality. The Journal of Economic Perspectives, 16(3), 3–30.

[16] Bowles, S., Gintis, H., & Osborne, M. (2001). The determinants of earnings: A behavioural approach. Journal of Economic Literature, 39(4), 1137–1176.

[17] Boyd-Swan, C., Herbst, C. M., Ifcher, J., & Zarghamee, H. (2013). The earned income tax credit, health, and happiness. Discussion Paper Series (Vol. 7261). Bonn: Forschungsinstitut zur Zukunft der Arbeit.

[18] Brandt, M., & Deindl, C. (2013). Intergenerational transfers to adult children in Europe: Do social policies matter? Journal of Marriage and Family, 75(1), 235–251.

[19] Caputo, R. K. (2011). U.S. social welfare reform: Policy transitions from 1981 to the present. New York: Springer.

[20] Carman, K. G. (2013). Inheritances, intergenerational transfers, and the accumulation of health. American Economic Review, 103(3), 451–455.

[21] Chang, M. (2010). Lifting as we climb: Women of color, wealth, and America's future. Racial wealth divide monograph. Oakland, CA: Insight Center for Community and Economic Development.

[22] Chung-Hevener, C. (2006). Alternative financial vehicles: Rotating Savings and Credit Associations (ROSCAS), Working Paper, Community Development Division of the Federal Reserve Bank of

Philadelphia. Retrieved from http://www.philadelphiafed.org/community-development/publications/discussion-papers/discussionpaper-ROSCAs.pdf.

[23]Corak, M. (2013). Income inequality, equality of opportunity, and intergenerational mobility. Journal of Economic Perspective, 27(3), 79–102.

[24]Cox, D., & Rank, M. R. (1992). Inter-vivos transfers and intergenerational exchange. The Review of Economics and Statistics, 74, 305–314.

[25]Dahl, G. B., & Lochner, L. (2012). The impact of family income on child achievement: Evidence from the earned income tax credit. The American Economic Review, 102(5), 1927–1956.

[26]Dastrup, S. R., Hartshorn, R., & McDonald, J. B. (2007). The impact of taxes and transfer payments on the distribution of income: A parametric comparison. Journal of Economic Inequality, 5 (3), 353–369.

[27]DeNavas-Walt, C., Proctor, B. D., & Smith, J. C. (2013). Income, poverty, and health insurance coverage in the United States: 2012. U.S. Census Bureau, Current Population Reports, P60–245. Washington, DC: U.S. Government Printing Office.

[28]DiMaggio, P., & Bonikowski, B. (2008). Make money surfing the web? The impact of internet use on the earnings of U.S. workers. American Sociological Review, 73(2), 227–250.

[29]Duncan, G. J., & Dunifon, R. (1998). Soft-skills and long-run market success. Research in Labor Economics, 17, 123–150.

[30]Erikson, R., & Goldthorpe, J. H. (2002). Intergenerational inequality: A sociological perspective. The Journal of Economic Perspectives, 16(3), 31–44.

[31]Frankenberg, E., Lillard, L., & Willis, R. J. (2002). Patterns of intergenerational transfers in Southeast Asia. Journal of Marriage and Family, 64(3), 627–641.

[32]Fräßdorf, A., Grabka, M. M., & Schwarze, J. (2011). The impact of household capital income on income inequality—A factor decomposition analysis for the UK, Germany and the USA. Journal of Economic Inequality, 9(1), 35–56.

[33]Gale, W. G., & Scholz, J. K. (1994). Intergenerational transfers and the accumulation of wealth. The Journal of Economic Perspectives, 8(4), 145–160.

[34]Garasky, S., Fletcher, C. N., & Jensen, H. H. (2006). Transiting to work: The role of private transportation for low-income households. Journal of Consumer Affairs, 40(1), 64–89.

[35]Garasky, S., Nielsen, R. B., & Fletcher, C. N. (2008). Consumer finances of low-income families. In J. J. Xiao (Ed.), Handbook of consumer finance research (pp. 223–238). New York: Springer.

[36]Garcia, J. (2009). Preliminary findings from Demos' low-to-middle income household survey, 2008. Demos Fact Sheet: Credit Card Debt. Retrieved from http://www.demos.org/pubs/ccdebt_factsheet.pdf.

[37]Gottschalk, P. (1997). Inequality, income growth, and mobility: The basic facts. The Journal of Economic Perspectives, 11(2), 21–40.

[38]Gottschalk, P., & Danziger, S. (2005). Inequality of wage rates, earnings and family income in the United States, 1975–2002. The Review of Income and Wealth, 51(2), 231–254.

[39]Gottschalk, P., & Moffitt, R. (2009). The rising instability of US earnings. The Journal of Economic Perspectives, 23, 3–24.

[40]Graves, S. (2003). Landscapes of predation, landscapes of neglect: A location analysis of payday lender and banks. The Professional Geographer, 55, 303–317.

[41]Grawe, N. D., & Mulligan, C. B. (2002). Economic interpretations of intergenerational correlations. The Journal of Economic Perspectives, 16(3), 45–58.

[42]Hatton, T., & Leigh, A. (2011). Immigrants assimilate as communities, not just as individuals. Journal of Population Economics, 24, 389. doi:10.1007/s00148-009-0277-0.

[43]Hoxby, C. (2009). The changing selectivity of American colleges. The Journal of Economic Per-

spectives, 23(4), 95-118.

[44]Hoynes, H. W., Miller, D. L., & Simon, D. (2012). Income, the earned income tax credit, and infant health (No. w18206). Cambridge, MA: National Bureau of Economic Research.

[45]Immergluck, D. (2004). Hyper-segmentation and exclusion in financial services in the U.S. The effects on low-Income and minority neighborhoods. The Social Policy Journal, 3(3), 25-44.

[46]IRS. (2014). States and local governments with earned income tax credit. Retried from http://www.irs.gov/Individuals/States-and-Local-Governments-with-Earned-Income-Tax-Credit.

[47]Kaplan, S. N., & Rauh, J. (2013). It's the market: The broad-based rise in the return to top talent. Journal of Economic Perspective, 27(3), 35-56.

[48]Kim, C., & Sakamoto, A. (2008). The rise of intra-occupational wage inequality in the United States, 1983 to 2002. American Sociological Review, 73(1), 129-157.

[49]Kotlikoff, L. J. (1988). Intergenerational transfers and savings. The Journal of Economic Perspectives, 2(2), 41-58.

[50]Kotlikoff, L. J., & Summers, L. H. (1981). The role of intergenerational transfers in aggregate capital accumulation. Journal of Political Economy, 89(4), 706-732.

[51]Lee, R. (2013). Intergenerational transfers, the biological life cycle, and human society. Population and Development Review, 38(s1), 23-35.

[52]Lee, C., & Solon, G. (2009). Trends in intergenerational income mobility. The Review of Economics and Statistics, 91(4), 766-772.

[53]Loury, G. C. (1981). Intergenerational transfers and the distribution of earnings. Econometrica, 49,843-867.

[54]Mankiw, N. G. (2013). Defending the one percent. Journal of Economic Perspective, 27(3),21-34.

[55]Marr, C., Charite, J., & Huang, C. C. (2013). Earned Income Tax Credit promotes work, encourages children's success at school, research finds (Research Brief). Washington, DC: Center on Budget and Policy Priorities.

[56]Martin, M. A. (2003). The role of family income in the intergenerational association of AFDC receipt. Journal of Marriage and Family, 65(2), 326-340.

[57]Martin, M. A. (2006). Family structure and income inequality in families with children, 1976 to 2000. Demography, 43(3), 421-445.

[58]McCall, L., & Percheski, C. (2010). Income inequality: New trends and research directions. Annual Review of Sociology, 36, 329-347.

[59]Mendenhall, R., Edin, K., Crowley, S., Sykes, J., Tach, L., Kriz, K., et al. (2012). The role of earned income tax credit in the budgets of low-income households. Social Service Review,86(3), 367-400.

[60]Modigliani, F. (1988). The role of intergenerational transfers and life cycle saving in the accumulation of wealth. The Journal of Economic Perspectives, 2(2), 15-40.

[61]Ogden, D. T., Ogden, J. R., & Schau, H. J. (2004). Exploring the impact of culture and acculturation on consumer purchase decisions: Toward a microcultural perspective. Academy of Marketing Science Review, 2004(8), 1-22.

[62]Osborne, M. (2000). The power of personality: Labor market rewards and the transmission of earnings. Working paper. Amherst, MA: University of Massachusetts.

[63]Perry, V. G. (2008). Acculturation, microculture, and banking: An analysis of Hispanic consumers in the U.S.A. Journal of Services Marketing, 22(6), 423-433.

[64]PEW Research Center. (2010). The return of the multi-generational family household: A social and demographic trends report.

[65]Piketty, T. (2014). Capital in the twenty-first century. Boston: Harvard University Press.

[66]Praeger, R. (2009). Determinants of the location of payday lenders, pawnshops and check-cash-

ing outlets. Finance and Economics Discussion Series, Working Paper No. 2009-33. Washington, DC: Division of Research & Statistics and Monetary Affairs, Federal Reserve Board.

[67]Rhine, S. L. W., Greene, W. H., & Toussaint-Comeau, M. (2006). The importance of check-cashing businesses to the unbanked: Racial/ethnic differences. The Review of Economics and Statistics,88(1), 146-157.

[68]Robles, B. (2007). Financial services and product usage by Latinos in the United States. Madison, WI: Filene Research Institute.

[69]Robles, B. (2009a). U.S. Latino families, heads of households, and the elderly: Emerging trends in financial services and asset-building behaviors. Madison, WI: Filene Research Institute.

[70]Robles, B. (2009b). A tax education and asset building campaign for low-income and limited English worker populations: Lessons from four states, TY 2004-TY 2007. In Recent research on tax administration and compliance: Selected papers given at the 2009 IRS Research Conference (pp. 227-252). Retrieved from http://www.irs.gov/pub/irs-soi/09rescon.pdf.

[71]Slonimczyk, F. (2013). Earnings inequality and skill mismatch in the US: 1973-2002. Journal of Economic Inequality, 11(2), 163-194.

[72]Solon, G. (2002). Cross-country differences in intergenerational earnings mobility. The Journal of Economic Perspectives, 16(3), 59-66.

[73]Sullivan, J. (2006). Welfare reform, saving, and vehicle ownership: Do asset limits and vehicle exemptions matter? Journal of Human Resources, 41, 72-105.

[74]Tescher, J., Sawady, E., & Kutner, S. (2007). The power of experience in understanding the under banked market. Center for Financial Services Innovations. Retrieved June 27, 2010 at http://cfsinnovation.com/system/files/imported/managed_documents/keybank_paper.pdf.

[75]U.S. Bureau of Labor Statistics. (2013). Earnings and unemployment rate by educational attainment. Retried from http://www.bls.gov/emp/ep_chart_001.htm.

[76]Washington, E. (2006). The impact of banking and fringe banking regulation on the number of unbanked Americans. Journal of Human Resources, 41, 106-137.

[77]Weinberg, D. H., Nelson, C. T., Roemer, M. I., & Welniak, E. J., Jr. (1999). Fifty years of US income data from the Current Population Survey: Alternatives, trends, and quality. American Economic Review, 89(2), 18-22.

[78]Western, B., Bloome, D., & Percheski, C. (2008). Inequality among American families with children, 1975 to 2005. American Sociological Review, 73(6), 903-920.

[79]Wolff, E., & Zacharias, A. (2009). Household wealth and the measurement of economic well-being in the United States. Journal of Economic Inequality, 7(2), 83-115.

[80]Xiao, J. J., Collins, M., Ford, M., Keller, P., Kim, J., & Robles, B. (2010). A review of financial behavior research: Implications for financial education. Paper presented at the NEFE Colloquium, Denver, CO.

[81]Xiao, J. J., Malroutu, Y. L. & Yuh, Y. (1999). Sources of income inequality among the elderly. Financial Counseling and Planning, 10(2), 49-59.

第9章　消费者支出

　　摘要：本章首先介绍了几种消费理论，如生命周期假说、预防性储蓄模型、行为生命周期假说、双曲线消费模型及决策风格等。之后，本章回顾了有关消费者生命周期内消费支出的研究文献及其主要的几种支出类型，如住房、交通、食品和医疗支出等。在介绍完消费者信心的相关主题后，本章回顾了与理想的消费行为和不理想的消费行为有关的研究文献。理想的消费行为包括理性消费、可持续性消费、符合伦理道德的消费和具有社会责任的消费。不理想的消费行为涉及炫耀性消费、不道德的消费、强迫性购买、冲动性购买和过度消费。

9.1　消费理论

9.1.1　生命周期假说

　　已有文献引入了几种消费理论，如绝对收入假说（Keynes，1936）、相对收入假说（Duesenberry，1967）、生命周期假说（Modigliani，1986）及永久收入假说（Friedman，1957）。关于经济学的消费和储蓄行为理论，生命周期假说占据主导地位。这一理论最初于20世纪50年代由诺贝尔奖获得者 Franco Modigliani 和他的同事共同提出（Modigliani 和 Brumberg，1954），后来该理论被宏观数据予以证实（Ando 和 Modigliani，1964），并且他们的文章作为生命周期假说的主要参考文献被广泛引用。Modigliani（1986）在其诺贝尔奖的获奖演说中重申了这一理论。根据该理论，如果消费者对整个生命周期内的收入和财富完全知晓，那么消费者就可以实现整个生命周期跨期效用的最大化。

　　在同一时期，Friedman（1957）也提出了永久收入模型。从理论上讲，永久收入指的是整个生命跨度内的稳定收入，不包括暂时性收入和短期收入——如红利和彩票中奖收入等。该模型假设消费者就像知道自己整个生命周期的永久收入水平那样做出决策，那么他们的消费将主要取决于永久收入水平，储蓄则主要取决于暂时性收入水平。这两个理论在经济学相关领域的文献中都具有一定的影响力，后来经济学领域的学者们把这两个模型统称为生命周期永久收入模型（Attanasio 和 Weber，2010）。

　　生命周期模型可以被广义地界定为个体在给定一系列跨期交易机会的前提下最大化其效用的理论架构。这一概念性架构对资源进行跨期分配的方式，与资源在不同商品间的分配方式类似。决策将取决于资源总量（在跨期情况下：当前和未来收入都属于当前财富）、对不同商品的偏好（在跨期情况下：当前和未来的消费及可能的遗产）和相对价格（利率和跨期交易机会）（Attanasio和Weber，2010）。生命周期模型假设消费者知道他们整个生命周期的财富，他们会在工作期间进行储蓄，退休时则不再进行储蓄。该理论的主要意义在于，揭示了消费者开展各种经济活动的主要目的，如进行储蓄和借贷是为了平滑整个生命周期的消费水平，尤其是平滑退休前后的消费水平。Hall（1978）对这一理论做出了重要贡献，他提出使用消费者所面临的跨期优化问题的一阶条件，来推导该模型可检验的经济学内涵。这种方法被称为欧拉方程，它可以通过对一阶条件的求解，解决跨期优化问题中往往无法得到闭合形式解（Closed-Form Solution）的问题，从而可以对以往很难用实证研究的问题进行深入探讨（Attanasio和Weber，2010）。

在过去的60年中，生命周期假说之所以能占据主导地位，主要是因为该理论解释了在当时位于经济学主流地位的凯恩斯消费模型所难以攻克的现实问题。然而，经过许多经济学领域的学者证实，生命周期假说也有自己的局限性，以下描述的事实均与生命周期假说的理论预测不一致：（1）对于所受教育不同的群体，消费者支出显然随年龄的变化而变化，并且呈现"驼峰"状；（2）消费者支出在退休后会出现断崖式下降；（3）消费者支出的增长率变化似乎比可预测的收入变化更加敏感；（4）消费者支出看起来会对可配置资源的可预期的和暂时的变化做出更为显著的反应，如退税等（Attanasio和Weber，2010）。

生命周期模型可以被视作一种通用框架，多数特定模型在处理相应问题时都可以将该模型作为基础（Browning和Crossley，2001），同时大量理论和实证研究也都是基于生命周期模型架构来开展的。接下来，本章将回顾几种重要的新理论，以及与生命周期行为有关的实证研究。

9.1.2 预防性储蓄模型

当消费者面临重要收入的不确定性时，他们会变得谨慎，即拥有预防性储蓄动机并且会变得没有耐心。如果消费者知道未来的收入是确定的，那么他们将比当前消费得更多（Kimball，1990）。受之前研究的启发（Deaton，1991；Kimball，1990；Zeldes，1989），Carroll（1997）提出了缓冲备用储蓄模型（Buffer-Stock Saving Model）。在该模型中，缓冲备用储蓄者存在一个财富-永久收入比率目标，如果财富低于既定目标，那么预防性储蓄动机就会占据主导地位，促使消费者储蓄；如果财富高于既定目标，非耐心的动机就会占主导地位，而消费者将不再储蓄。该模型的提出，受到了大多数消费者会为紧急情况而储蓄这一事实的启发。在传统的生命周期模型或永久收入模型中，消费增长只是由消费者偏好所决定的；相反，缓冲备用储蓄模型则认为消费者平均消费的增长等于平均劳动收入的增长，这与偏好无关。缓冲备用储蓄模型可以解释三个实证难题：（1）消费与收入并行；（2）消费与收入背离；（3）尽管特定财富变化难测，但是家庭成员年龄或财富的分布概况仍然会暂时保持稳定（Carroll，1997）。

9.1.3 行为生命周期假说

行为生命周期假说，由Shefrin和Thaler（1988）所共同提出。该假说引入了相关的心理学概念，如自我控制、心理账户及心理框架。其主要的假设是消费者把自己的财富组成看作是不可代替的。具体来说，假定财富被分成3个心理账户：当前收入、当前资产和未来收入。账户对消费的吸引力取决于其所在的账户类型，其中消费最依赖于当前收入，最不依赖于未来收入。此外，该理论的一些预测得到了部分使用消费支出数据（Levin，1998）和金融资产数据（Schooley和Worden 2008；Xiao和Anderson，1997；Xiao和Olson，1993）的研究的支持。

9.1.4 双曲线消费模型

双曲线消费模型，将经济学理论中的生命周期规划和心理学理论中的自我控制进行了结合（Angeletos等，2001；Laibson，1997）。该模型建立在3个原理基础之上。首先，该模型采用了现代消费模型的标准假设：消费者未来的劳动收入不确定，以及由于未来劳动收入的借款能力有限，导致消费者面临流动性约束。其次，该模型通过允许消费者在投资选择中使用信用卡借贷和增加投资组合中的部分非流动资产，从而对消费领域的研究文献进行了拓展。最后，该模型假设消费者对暂时性满足具有短期偏好，而对长期偏好则表现得尤为耐心。该模型运用实证预测，通过指数型贴现将其与标准模型分离开来。第一，折现函数具有双曲线特点的家庭，会以非流动的形式持有财富，因为这样的非流动资产可以有效地防止挥霍。第二，折现函数具有双曲线特点的家庭，很可能会为了暂时性满足而选择信用卡借贷。第三，因为折现函数具有双曲线特点的家庭很少拥有流动性财富，所以它们不能使自己的消费变得更加平滑，由此其收入与消费之间具有高度的联动性特点。第四，收入与消费之间的这种联动会在退休时表现出来，当劳动收入下降时，这种缺乏流动性的财富就必然会带来消费水平的下降（Angeletos等，2001）。

9.1.5 消费收益和成本

当讨论到消费的收益和成本时，Csikszentmihalyi（2000）认为，消费被定义为用增加资源消耗来换取现实存在的感受或体验上的享受的行为。现实存在的感受，也被称为马斯洛需求的满足。而体验上的享受，指的是人们朝着既定目标去付诸实施，从而在人们情绪方面产生积极有益的改善。消费就是获得这种体验的一种方式。为了估计消费产生的影响，度量资源消耗在为其提供心理享受时所需付出的成本是十分必要的。

9.1.6 决策风格

消费者的决策风格，即消费者在做出消费决策的过程中所形成的心理倾向。有研究根据决策风格的8个基本特征，制定了消费者决策风格问卷（Consumer Styles Inventory，CSI）来实证探讨这一问题。消费者决策风格的8个特征包括完美主义或精品意识、品牌意识、新颖时尚意识、娱乐的享乐主义购物意识、价格和"物有所值"的购物意识、冲动、过度选择疑虑、习惯性的品牌忠诚度导向型消费（Sprotles和Kendall，1986）。以中国青年为例，学者们在这些决策风格的维度上发现了相似性和差异性（Fan和Xiao，1998）。基于中国成年消费者的样本数据，研究发现了消费者市场的三个细分，即时尚完美主义消费者、传统实用主义消费者，以及过度选择疑虑消费者（Hiu等，2001）。类似方法也被应用于德国，研究发现源于美国的这8个特征中有6个得到了支持。寻求多样性对德国消费者来说是新兴的消费决策风格，它取代了之前在以其他国家为样本进行的研究中发现的品牌忠诚度和"物有所值"购物意识这两个决策风格

（Walsh 等，2001）。

9.2　消费者支出

支出被认为是比收入更好的衡量消费的指标。近年来，支出被用于衡量消费者的经济福利。根据 2012 年消费者支出调查（Consumer Expenditure Survey，CES）的数据，美国家庭年平均消费支出为 51 442 美元（U.S. Bureau of Labor Statistics，2013），主要支出种类有：住房（32.8%）、交通（17.5%）、食品（12.8%）及养老金和社会保险（10.9%）[①]。

与支出相关的另一个可能的指标是恩格尔系数，恩格尔系数指的是食品支出占总支出的比重。恩格尔定律认为越贫困的家庭，在食品支出上的比重越大。有研究曾做过广泛的调查，认为恩格尔定律在现在仍然适用。各国以家庭为单位的数据仍然显著地支持恩格尔定律。根据收入的十分位数制表进行汇总的 46 个国家的家庭调查数据显示，在每个国家内部，相邻的十分位数之间的家庭支出中的食品比重是一致的，并且很少会观测到例外。同时，这种一致的结果在全部发展水平和区域层面也都能被观测到。在国家层面上，支持恩格尔定律的证据也很明显。基于 207 个国家和地区的全国食品支出占总支出比重的数据，研究发现，家庭食品支出比重在低收入国家为 50% 左右，在中等偏下收入国家为 40% 左右，在中等偏上收入国家为 30% 左右，在高收入国家为 15% 左右。甚至在加入与度量相关和与行为相关的解释变量之后，食品支出比重仍与用购买力平价表示的人均收入高度相关（Anker，2011）。

除了支出水平外，支出类型与经济福利之间并无直接联系。Paulin（2008）探讨了年轻人在人口统计学特征和消费模式上的变化情况，参与研究的是从 1984/1985 年到 2004/2005 年从未结过婚的年轻人。研究发现，年轻单身者曾经历过实际总支出下降，但其他单身者在同一时期却经历了实际总支出的上升。然而，现在的年轻单身者会在外出就餐和旅游上分配更大比重的支出，更少地花费于在家就餐及住房上。该研究也表明，这些改变是否带来了经济地位的上升或下降仍未可知（Paulin，2008）。

技术的进步可能会促使支出的社会规范发生变化。例如，有研究分析了 2001—2006 年不同年龄分组所有消费者的移动电话服务和固定电话服务的消费模式。结果表明，此时期移动电话的服务支出在增加，固定电话的服务支出在减少。与固定电话套餐相比，移动电话的更大可获得性和资费套餐都是其服务支出增加的主要影响因素。此外，在 6 个年龄分组中的 3 个年轻分组（25 岁以下、25~34 岁和 35~44 岁）中，移动电话支出在目前电话总支出中占据绝对比重（Creech，2008）。

支出随着家庭类型的不同而表现出明显的差异。消费者支出调查的数据显示，未婚同居家庭比已婚家庭花费在烟和酒上的支出更多，而花费在教育上的支出则更少。未婚同居家庭与单亲离异家庭，以及从未结婚的单亲家庭的支出也有所不同（DeLeire 和 Ka-

---

[①]　基于美国劳工统计局 2013 年的原始数据，由作者计算。

lil，2005）。非生母（如继母和养母）的家庭在食品上的支出比重比双亲家庭要少
（Case等，2000），在健康投资方面也表现出类似的特点（Case和Paxson，2001）。单身
母亲比单身父亲更愿意给孩子购买衣服和服务项目（Paulin和Lee，2002）。单亲家庭花
在子女教育上的费用比重显著小于未离异家庭。相反地，与未离异家庭相比，单亲家庭
花费在烟、酒及在外就餐上的支出比重明显较大（Ziol-Guest等，2004）。

9.2.1　消费者生命周期内的支出

在经济学上具有影响力的生命周期模型，表明消费者会用借贷和储蓄来平滑生命周
期内的消费（Ando和Modigliani，1963；Modigliani，1986）。这一理论表明，整个周期
内的消费曲线应该是更为平坦的。有研究使用消费者支出调查数据及半非参数统计模型
来估计生命周期的消费形状，同时控制人口统计学特征、群体及时间效应。他们发现了
消费与储蓄的关系在统计学上的显著性，整个生命周期的总支出、非耐用品支出和耐用
品支出的曲线均为倒U形（驼峰状）。家庭规模的变化，大概在一半程度上解释了驼峰
状的变化特点，而另一半则可以用那些没呈现在完全竞争市场上的消费生命周期模型中
的相关因素来解释。如果按照消费峰值与22岁时的消费值的比率来计算的话，这一比
率在家庭人口变化前大约为1.6，在变化后大约为1.3。上述发现与生命周期模型的基本
结论并不一致（Fernadez-Villaverde和Krueger，2007）。

在有关整个生命周期的金融行为的实证研究中，学者们主要采用了两种自变量——
年龄和生命周期的阶段——来解释支出、负债、资产和其他相关经济变量。当年龄变量
被用在多年数据中时，群体和时间效应通常也被考虑在其中。学者们运用年龄变量分析
了相关研究议题，如消费模式（Fernadez-Villaverde和Krueger，2007；Marr & Mc-
Cready，2009）、住房消费（Yang，2009）、医疗消费（Jung和Tran，2010）及社会保险
的收益和支出等（Wilcox，1989）。

消费者生命周期的各个阶段，可以按照婚姻状况、年龄、是否有孩子及其他相关变
量来划分界定，从而也可构建复合变量来加以反映。具体可参考Du和Kamakura
（2006）以及Schaninger和Danko（1993）对生命周期阶段进行划分的方法。已有的大量
实证研究将生命周期阶段作为消费行为的重要解释变量，这些消费行为有：支出模式
（Putler等，2007；Wagner和Hanna，1983；Wilkes，1995）、消费和家庭自给自足
（Hurst和Aguiar，2004）、孩子对家庭支出的影响（Douthitt和Fedyk，1988）、食品支出
（Blanciforti等，1981）、自付医疗（Hong和Kim，2000）及旅游（Lawson，1991）等。

9.2.2　住房支出

对大多数美国消费者而言，住房在支出预算中所占的比重最大。一般家庭基本都会
花费支出的1/4在住房上，而贫困的或不富裕的消费者甚至会花费支出的1/2在住房上
（Quigley和Raphael，2004）。

生命周期的微观数据显示了住房商品和非住房商品的不同消费模式：非住房商品的
消费组合呈现驼峰状的特点，而住房商品则呈现先单调递增，再趋于平缓的特点。上述
模式在每个消费四分位数上仍成立（Yang，2009）。

住房支出存在种族方面的差异。家庭的住房支出变化，取决于不同的种族或者是否

为拉美裔。少数族裔家庭的住房支出占总支出的比重大于白人家庭。当仅仅把消费者看作住房持有者时，自有住房市场价值的衡量会随着以下因素的改变而发生显著变化：收入、住房位置、家庭规模及参考人的年龄。上述因素都是造成这些差别的主导因素。租房的家庭，会像住房所有者一样平均分摊住房总支出。对租房者而言，他们大约会花费住房总支出的2/3用于租房。相应地，与亚裔和白人相比，黑人和拉美裔家庭更可能会选择租房。总体来看，数据表明黑人租房者和亚裔租房者似乎在住房方面的消费模式有所不同（Vendermia，2008）。

　　为了检验房地产市场是否存在泡沫，已有研究提出了相关公式来计算房屋所有权的年均成本。年均成本包括：因租房而不是使用自有房屋而放弃的利息、财产税、维修成本及风险溢价，同时要减去抵押贷款利息、与财产有关的税收优惠及资本收益。在特定假设下，预计使用者的成本是5%，也就是说，对于1美元的价格来说，房屋持有者需要支付每年5美分的成本。除去不考虑租房和自有住房的其他区别，人们应该愿意支付20倍（1/0.05）的市场租金来买房。因此，对一个两居室的公寓来说，如果租金是1 000美元/月（12 000美元/年），它就可以卖到240 000美元（Himmelberg等，2005）。

　　对于美国2/3的拥有住房的家庭来说，几乎没有任何证据表明近几年购买房产的压力会变小。对于美国1/3的租房家庭来说，租房价格占收入的比重稍有增加。然而，研究发现了所谓典型的贫困者和不富裕的消费者的租房负担正在显著增加（Quigley和Raphael，2004）。

　　对大多数美国家庭而言——包括收入在前60%的人群中的超过2/3的家庭，住房的可负担能力是指可以直接付款买房或者通过分期还款借贷来买房的能力。相反，对于收入更低的、贫困的、少数种族人群，以及多数年轻的家庭而言，相应的可负担能力是指租房合同所规定的租金是否与他们的低收入相匹配。对于住房市场而言，缺乏可负担能力是年轻家庭所共同面临的问题。尤其是对那些生命周期内收入会增加的年轻家庭来说，制度安排的适度改变，都有可能极大地影响住房的可负担能力。对低收入租房者而言，他们需要更积极的政策。通过增加房屋供给或实施提升贫困家庭购买力的政策，可以提高低收入家庭住房或租房的可负担能力（Quigley和Raphael，2004）。

9.2.3　交通支出

　　交通支出是美国消费者支出中的第二大类支出。生命周期内的交通支出，随着群体和年龄的差异而有所不同。针对年龄、时期及群体对美国家庭和日本家庭交通支出比率的影响的研究表明：（1）在全部的三种效应中，时期效应最小；（2）伴随着对新出现种群的预期，群体效应呈现明显的上升趋势；（3）在20世纪20年代和30年代，年龄效应呈现下降趋势，之后上升，并在50年代末达到了峰值，最后又开始下降（Fukuda，2010）。

　　燃油价格的上涨可能会影响家庭的其他支出。根据2002年的消费者支出调查数据，研究表明，从短期来看，家庭会调整其食品消费、汽车购买量及储蓄率。从长期来看，这种调整也会改变住房支出（Ferdous等，2010）。

基于能源信息管理局（Energy Information Administration，EIA）在1988年、1991年及1994年分别开展的调查的数据，一位学者使用几近理想需求系统（Almost Ideal Demand System，AIDS）研究发现，拥有多辆车的家庭的车用燃料支出分配会随着家庭综合经济情况及汽车特点的变化而有所增加。所有汽车的自身价格弹性都接近于1，这表明汽车的支出变化率几乎与价格变化率相同（Oladosu，2003）。

9.2.4 食品支出

美国消费者的第三大支出类型是食品。对于不同收入群体，食品支出具有不同的含义。依据美国劳工统计局1992年的消费者支出调查的数据及详细月度消费价格指数（Detailed Monthly Consumer Price Indices，DMCPI），Raper 等（2002）针对9个宽泛地加总起来的食品组合，计算出了每个收入群体的支出弹性（食品需求量变化的百分比除以食品支出变化的百分比）、自身价格弹性（食品需求量变化的百分比除以食品价格变化的百分比），以及生活必需品数量（最少或最起码的数量）。不同收入群体的弹性估计和生活必需品的数量估计都有所不同，因此在制定适用特定群体的政策时，应该依据目标群体的弹性而不是平均人口弹性（Raper 等，2002）。

在食品支出中还发现了家庭类型的差异。消费者支出调查中的日记部分（Consumer Expenditure Survey Diary Component，CESDC）的数据（1990—2003年）显示，单亲家庭比双亲家庭在酒及在外用餐支出上将花费更多的食品预算。相反，单亲家庭在购买蔬菜和水果上花费的食品预算则更少。相对于双亲家庭，单身父亲花费在酒及在外用餐支出上的比重更大，而花费在蔬菜、水果、肉类、豆类、甜点、小吃及方便食品上的支出比重更小。相对于双亲家庭，单身母亲在粮食、非酒类饮品上花费的比重更大，而在蔬菜和酒上花费更少。单身母亲和单身父亲几乎在所有食品和饮料种类上的支出都不相同（Ziol-Guest 等，2006）。

不同年龄群体的食品支出也不同。根据长达23年的美国消费者支出调查（1982—2004）数据，Zan 和 Fan（2010）采用年龄、时期及群体模型，探讨了在外用餐支出的群组效应（Cohort Effect）。结果表明，与更早出生的群体相比，无论是在支出的美元总数还是在食品预算的比重方面，后出生的群体会在在外用餐上花费更多。在保持其他社会人口学特征和经济变量不变的情况下，在外用餐仍然存在着相当大的群体差异（Zan 和 Fan，2010）。

已有研究在食品支出上也发现了种族间的差异。与非拉美裔白人家庭相比，拉美裔家庭花费更多的预算用于在家用餐，而用于在外用餐的预算则更少（Fan 和 Zuiker，1998）。与一般美国家庭相比，拉美裔家庭花费于在家用餐上的预算比例更大（25.8%），但其花费于在外用餐上的比重则只有3.6%（Lanfranco 等，2002）。研究表明，拉美裔家庭和非裔家庭之间的预算分配存在统计学上的显著性差异。无论处在何种总支出水平上，拉美裔家庭在家用餐和在外用餐的支出比重都比非裔家庭大，但比非拉美裔白人家庭低。平均来说，非裔家庭和拉美裔家庭在在外用餐上的预算比重差异为15%左右（Fan 和 Lewis，1999）。

在外用餐可能会对健康产生消极影响。行为风险因素监控系统（Behavioral Risk

Factor Surveillance System，BRFSS）的州一级的数据表明，在外用餐支出与肥胖正相关，而在家用餐支出与肥胖负相关。虽然这些影响具有统计学意义的显著性，但相关效应相对较小（Cai 等，2008）。也有研究表明，家庭快餐食品支出及孩子观看电视的时长，对孩子的饮食质量具有负面影响（You 和 Nayga，2005）。

9.2.5　医疗支出

对于美国消费者而言，医疗支出并非主要的支出类型，但近些年却增长得非常迅速。包括消费者自付支出在内的医疗支出总额在美国高度集中，5%的人口的医疗支出占据了总体医疗支出的绝大部分（Berk 和 Monheit，2001）。这种集中程度在之前一直保持惊人的稳定趋势，但在过去的10年间呈现下降的态势。根据1996—2003年医疗支出跟踪调查（Medical Expenditure Panel Survey，MEPS）的数据，研究发现，处方药消费的快速增长影响了大部分人口。反过来，住院治疗支出的缓慢增长可以对这一集中度变化的原因进行解释（Zuvekas 和 Cohen，2007）。

Wang（2009）考察了1980—2004年美国各州的人均医疗支出及其9个组成部分的趋同程度。研究发现，医疗总支出的收敛程度和支出各组成部分的收敛程度存在差异。医院护理是跨州总支出趋同的主要原因，而处方药支出则是两者出现分化的最为重要的影响因素（Wang，2009）。

在医疗支出中，年龄差异明显。Duetsch（2008）比较了55~64岁及65~74岁两个年龄组之间的医疗支出情况。对这两个年龄组而言，医疗支出占年平均总支出的比重在过去几十年间不断增加。从1985年到2005年，医疗支出中分配给医疗保险的比重在增加；与之相对应的是，两个年龄组在同一时期医疗支出中分配给医疗服务的比重在减少。医疗支出会随着年龄的增加而增加，65~74岁年龄段的老年人在过去几十年中，在总医疗支出上花费了更多。这一年龄组在每个调查年份中对于医疗保险和药物的花费也比55~64岁的年龄组多，但是在医疗服务和同种医疗用品上则花费更少（Duetsch，2008）。

基于1995年的消费者支出调查数据，有研究考察了家庭的自付支出模式及生命周期各个阶段的经济成本。成员年纪大的家庭不仅在医疗上花费得更多，而且会比其他家庭承担更重的经济负担（Hong 和 Kim，2000）。基于1980—1997年间的消费者支出调查数据，Fan 等（2003）发现，除了联邦医疗保险外，还有额外投保的老年人平均要比只投保联邦医疗保险的老年人在医疗和处方药上花费得更多。

临终支出也很重要。基于1980—2000年的消费者支出调查数据，有研究探讨了丧偶的消费者在医疗和葬礼费用方面支出的变化情况，并分析了这些改变可能会给丧偶者之后的经济福利带来的影响。结果表明，对近期丧偶的家庭而言，葬礼和医疗支出加起来通常会占到收入比重的63.1%（Fan 和 Zick，2004）。

医疗保健支出往往因种族和移民身份的差异而有所不同。基于1998年的医疗支出小组调查数据，相关研究评估了与超重和肥胖有关的支出变化情况，以及年龄、种族和性别对超重和肥胖的影响。结果表明，与超重和肥胖有关的医疗成本巨大，并且随着种族和年龄的不同而变化（Wee 等，2005）。Cook 和 Manning（2009）考察了黑人和白人组成的家庭，以及拉美裔和白人组成的家庭在医疗总支出上是否存在明显的差异。黑人和白人组成的家庭及拉美裔和白人组成的家庭的差距，在支出最多的1/4的群体中有所减小。但是，从整体分布而言，黑人和拉美裔家庭的支出仍然明显低于白人家庭。在较高的支出水平上，黑人和拉美裔家庭接受的医疗服务明显不同，这表明应优先改善有严重健康问题的少数种族获得高质量医疗服务的机会（Cook和Manning，2009）。有学者对比了居住在美国的移民和出生于美国的人的医疗支出，结果表明，移民的人均总支出比出生于美国的人要低55%。类似地，没有保险和参加了公共保险的移民的医疗支出，大约是出生于美国的人的一半。移民子女的人均医疗支出，要比出生于美国的人的子女低74%。但是，移民子女的急诊医疗支出，是出生于美国的人的子女的急诊医疗支出的3倍多。总的来说，移民的医疗支出比出生于美国的人的医疗支出要低（Mohanty等，2005）。

医疗成本是政策制定者、医疗提供者、保险公司及消费者的主要关注对象（Sharpe，2008）。医疗的高成本在医疗支出的下列两个方面表现得尤为突出。首先，医疗总支出在不断增长。过去50年的医疗总支出增长了3倍，从1960年占GDP的5.2%上升到2007年的16%以上（Gruber和Levy，2009）。其次，值得关注的是美国的医疗保健支出占GDP的比重远高于其他发达国家（Sharpe，2008）。根据已有研究的详细分析结果，这一增长几乎全部被增加的保险所吸收，个人自付费用几乎没有增加。1960年，个人需要自掏腰包支付近70%的医疗费用，如今这一比例已降至26%。相反，卫生支出的增加主要体现在保险支出的增加上，尤其是公共部门的保险支出。就在医疗成本快速上涨的同时，私人保险公司的成本和以前大致持平，但是公共部门的保险支出却比以前明显增加。这种增加主要体现在三个方面：第一，医疗保险已经从收费-服务合同转变为其他的成本控制方法，如健康维护组织等；第二，法律要求由雇主缴纳医疗保险费用的可能性，降低了正在工作者的成本；第三，因为美国各州和联邦政府的要求，私人保险可能有更多好处，如劳动者可能不会支出药物使用费用及生育费用等（Gruber和Levy，2009）。

公共保险项目主要涵盖了社会经济地位较低的家庭。2007年，几乎40%的低教育水平家庭的孩子都拥有公共保险，这一比例接近1989年的2倍。另一个隐性保险机制是医疗机构提供补贴或免费医疗，也称为无偿医疗。最后，无论是未参与保险项目的家庭还是已参与保险项目的家庭，破产都会给这些家庭付不起的医疗账单提供最后的保障。这些模式都与作为自付医疗支出的家庭医疗支出比重的整体下降有关，也与公共部门所承担风险的普遍上升相关联（Gruber和Levy，2009）。

基于2000年医疗支出小组调查的数据，学者们考察了与非健康维护组织相比，健康维护组织（Health Maintenance Organization，HMO）计划的成本控制绩效情况。当对各种复合因素进行控制后，在私人保险中非老年人口在健康维护组织的登记中涉及的支出内容既不包括医疗总支出，也不包括保险总支出，尽管该项目减少了自付总支出。有利于参与者的成本分摊和健康维护组织计划的不同还款方案，似乎没有明显的成本节约作用（Shin和Moon，2007）。

为了保证大多数人口能够参与医疗保险，政府颁布了一系列公共政策措施。例如，在20世纪60年代，相关的社会关注推动了老年人的医疗保险制度和贫困者医疗补助计划等公共政策的颁布和实施。类似的社会关注推动了1986年《统一综合预算协调法案》（Consolidated Omnibus Budget Reconciliation Act，COBRA）的颁布，它给失业劳动者提供了继续由雇主承担保险的机会。其他的政策还包括1996年的《健康保险可携性与责任法案》（Health Insurance Portability and Accountability Act，HIPAA），它限制了劳动者更换工作时的医疗保险约束，而国家儿童健康保险计划（State Children's Health Insurance Program，SCHIP）给低收入家庭的孩子提供了医疗保险补贴。另一个政策变化是医疗保险处方药计划（Medicare Part D）的推出。该项目自2006年启动以来，已经成为覆盖面最广的老年人医疗保险惠民项目，并且一直为老年居民提供药物医疗服务（Gruber和Levy，2009）。这一项目涵盖了通过工作得到健康收益的每一个美国消费者，他们或是自己购买了医疗保险，或是当前没有保险。该项目通过向小企业提供税收抵扣来提供保险，并在2014年向购买保险时需要帮助的人提供税收抵扣，使医疗保险变得更容易负担。《平价医疗法案》（Affordable Care Act，ACA）为数百万家庭和定价超过保险范围的小企业所有者减少了保费负担。这可能会帮助大约3 200万没有健康医疗保险的美国人得到保险[①]。最近的研究表明，为把所有现存的医疗保险覆盖范围一并扩展，在ACA法案下，2 000万美国人已经于2014年5月1日得到了保险。最近的全国调查似乎证明了这一推测。国会预算办公室（Congressional Budget Office，CBO）预计，2013年此法案将会使没有保险的人数下降1 200万，2017年将下降2 600万。Gallup、RAND和城市研究所的早期调查数据表明，未参加保险的人口数量或许已经下降了500万~900万，美国没有保险的成年人口数量，已经从2013年第三季度的18%下降到了2014年5月的13.4%（Blumenthal和Collins，2014）。

9.3 消费者信心

消费者对经济的看法可以用消费者信心来衡量。消费者信心通常用于预测消费者未来的消费水平。最常用来衡量美国消费者信心的指标是密歇根大学发布的消费者情绪指数（Consumer Sentiment Index，CSI）和美国商务会议委员会（Conference Board，CB）发布的消费者信心指数（Consumer Confidence Index，CCI）。密歇根大学的CSI指数于20世纪40年代末期开始作为年度调查的指标，在1952年成为季度调查指标，在1978年进一步变为月度调查指标。1967年，商务会议委员会的CCI指数的调查每两个月进行一次，到1977年后变为月度调查（Ludvigson，2004）。

在美国，消费者信心通常用来预测消费者在宏观经济层次上的消费支出水平。Ludvigson（2004）考察了消费者信心和消费者支出之间的关系。总体来说，对消费者消费态度的预测结果在某种程度上是复杂的。对总支出而言，密歇根大学发布的CSI指

---

① 详情参见：http://www.healthcare.gov/law/about/index.html。

数和商务会议委员会发布的CCI指数均显示，未来的消费支出将呈现适度增长的趋势。除了机动车外，两个调查的测量都对商品支出的增长具有很强的预测性。然而，对其他支出类型而言，预测性通常都较弱。对某些支出类型而言，信心指标的引入实际上弱化了同时期指标和未来消费者收入之间的统计关系（Ludvigson，2004；Wilcox，2007）。因此，消费者信心可能并不是全部商品类型消费支出的良好预测指标。部分经济学领域的学者们考察了预防性动机是否会影响消费者情绪。如果预防性动机存在，那么观测到的从今天到明天的消费增长，应该与消费者今天的情绪负相关。除了一项微观数据调查外，上述结果与Ludvigson（2004）、Carroll等（1994），以及Bram和Ludvigson（1998）的研究发现均不同。密歇根大学的消费者态度和行为调查（Survey of Consumer Attitudes and Behavior，SCAB）数据显示，较强的信心会与较低的储蓄（更低的消费增长）相联系，这与预防性动机推断的结论相一致（Souleles，2004）。

学者们提出了改善消费者信心衡量的三种策略。首先，他们发现没有充分的理由询问消费者不熟悉或模糊的现象，如"商业活动情况"等。消费者可能会被问及定义明确的与他们的个人生活直接相关的宏观经济事件。其次，他们认为，消费者信心调查的传统定性问题，至少应该被事件定义明确的概率性问题所补充，甚至是取代。最后，他们建议消费者信心统计量的产生，应该显著地表明各个问题的调查结果，以及不同人群的调查结果。他们相信改善了的消费者信心衡量指标可能有利于预测消费者的支出和制定经济政策（Dominitz和Manski，2004）。

9.4 理想的消费行为

9.4.1 明智购物行为

明智购物行为（Smart Spending Behavior）可以最小化货币成本并提高经济福利。有关研究探讨了消费者在特定购买行为中的潜在储蓄和真实储蓄，相关的购买行为包括购买特价商品、（以更低的单位价格）大量购买、购买大众品牌商品及选择厂家直销店（Griffith等，2009）。有学者使用某家营销机构收集的数据进行研究，这些数据涉及2006年英国家庭购买的所有食品，样本数量较大，在全国范围内都具有代表性。结果表明，英国的家庭节省的开支占其年度总支出的比重在0~21%之间，平均为6.5%。这相当于每年可节约最高794英镑（在2006年中期，1英镑=1.85美元）（Todd，2010），平均每年可节约246英镑。同时，研究还发现平均每个家庭都可以从大批量购买中节约年总支出的16%，即224英镑左右。通过购买商场中经济品牌的商品，家庭年支出能平均节约2%，而购买商场中标准品牌商品的家庭年支出可平均节约3.7%，即经济品牌商品平均节约25英镑，标准品牌商品平均节约50英镑（Griffith等，2009）。

9.4.2 可持续性消费

可持续性消费的动机

为什么我们需要进行可持续性消费？Jackson（2006）提出了四方面的原因：（1）具有现代西方社会特征的消费模式不具有可持续性，因为它们过于依赖有限的资源，产生了让自然界无法承受的环境影响。（2）这种消费方式导致了国家之间不公平的出现。最富有的国家享受着物质资源丰富所带来的好处，然而最贫困的国家却遭受贫穷困扰，甚至连基本生活必需品都得不到满足。此外，最贫困的群体有时还要忍受更多来自于最富有群体的消费模式所带来的对环境的负面影响。（3）当前的债务加剧了未来的不平等现象。在许多情况下，当前的行为所产生的极为不利的影响，可能只会在未来得以显现。（4）更多的财产和消费，并不总是带来幸福，当超过某一特定点时，物质财富并不会带来福利的持续提高。

可持续性消费的定义

正如 Jackson（2006）所总结的那样，可持续性消费的广义概念涉及一种双重否定的观点。《21 世纪议程》（Agenda 21）、《联合国可持续发展行动计划》（United Nations Sustainable Development Action Plan，UNSDA），以及许多其他早期与环境领域研究相关的文献都指出，现有的消费和生产模式都是不可持续的。从非常广泛的意义上来说，可持续性消费来源于不可持续性消费必须被纠正的观点。然而，在这个广泛共识下，大多数机构采用了不同的定义。其中，有部分观点与定义的范围甚至完全不相关。首先，它们在可持续性消费中涉及的消费者行为和消费者生活方式的改变程度上持不同立场。其次，不同立场之间的差异在于它们是倾向于消费效率更高、消费更负责任，还是仅仅消费更少。

占主导地位的制度性共识，倾向于认为有效消费比改变生活方式更接近可持续性消费的内在含义。从本质上来说，这一制度性观点认为，可持续性消费就意味着消费更多可持续性产品，这主要可以通过提高资源转化为经济商品的效率来实现（Jackson，2006）。

在消费者行为和生活方式这一棘手问题上，这种制度上的倒退有以下几个原因。生活方式的选择往往被认为是过于主观的、过于臆断的和过于价值导向的，或者是很难被政策干预的。特别地，解决它似乎涉及对部分现代运作方式基本假设的质疑。对消费者行为的干预，将与在消费者选择过程中被广泛宣扬的"主权"相矛盾。减少消费似乎威胁到很多既得利益者，并且渐渐破坏了消费在经济增长中的关键结构性作用。此外，减少消费的论据似乎破坏了较贫困国家为了改善其生活质量所付出的合法努力。尽管如此，由于许多原因，撤回这些观点和立场也存在问题。特别是对效率和生产力的关注，往往掩盖了有关资源消费模式的规模等重要问题。事实上，这是完全有可能的。在这种问题框架下，越来越多符合伦理道德的、环保的消费者，购买越来越多的"可持续性"产品。这些产品以越来越"高效"的生产过程生产出来，但资源消耗的绝对规模及其相关的环境影响，却在不断增长和扩大（Jackson，2006）。

可持续性消费可能会提升幸福感

学者们通过多元方法研究，揭示了慈善支出对提升主观福利的促进作用（Dunn 等，2008）。来自中国消费者的数据表明，在控制性别、年龄、受教育程度及家庭收入之后，相对于其他消费者而言，那些自称具有绿色购买意向和行为的消费者，拥有更高的生活满意度（Xiao 和 Li，2011）。

可持续生活方式之反消费（Anti-Consumption）

基于定性分析的角度，学者们考察了旨在维持一种更为持续的生活方式的反消费的做法、动机及价值观。可持续性的反消费通过拒绝、减少和再利用来实现。同时，个人需求与环境保护需求之间的合作也推动了可持续性反消费的实践。通常，有几种动机与反消费相联系。第一种是环境关注动机。关注环境的消费者可能会对环境保护特别在意，甚至会不惜花费高价购买绿色产品。第二种动机更为宽泛，主要涉及消费的社会影响。为了实现特定的社会目标，消费者会选择减少消费或者不消费。例如，关注公平交易的消费者会拒绝购买对社会不负责任的厂商生产的产品；具有政治意识的消费者，不会购买不符合其特定政治意识形态的产品；反全球化的消费者，会抵制那些对社会产生负面影响的产品。第三种动机是优先考虑消费者的利益和福利。大多数自愿过简朴生活的消费者，都受到想要过上更好生活的愿望的驱动。他们拒绝购买不能提升幸福感的产品，也拒绝参与和自我观念不符的消费活动（Black 和 Cherrier，2010）。

对于耐用品，消费者面临两种选择：维修或者更换。对耐用品进行维修，更加符合可持续的生活方式。有学者用经济模型来考察消费者在维修或更换上的决策，该模型将消费者折现率作为主要的影响因素。消费者支出调查数据显示，通过储蓄率来衡量的折现率与维修决策相关。通过比较维修和更换的成本，考虑维修工人供给减少的情况，McCollough（2010）认为美国消费者更可能会更换耐用品，进而形成"一次性社会"（Throw-away Society）。

可持续性消费的公共政策

Cohen（2006）认为，为了使可持续性消费在政策领域扎根，应该积极培养政治关系，并把这种可持续性消费知识的形式投射到那些具有挑战性的经济和政治精英机构中，通过定期执行和部署消费者相关领域的科学研究来提高消费者的利益。

基于国际视角，学者们探讨了可持续性消费的管理。他们认为各国政府组织间缺乏加强可持续性消费的承诺，这可以用其在全球治理中的"弱势"，以及消费者与厂商之间存在强烈的对立利益来解释（Fuchs 和 Lorek，2005）。

政府干预可以用于减少工作时间。Schor（2005）发现，在发达国家，成功的可持续性消费路径能够通过减少工作时长来维持消费的稳定性。这是生态学和经济学领域的学者们都没有认真对待过的解决方案。Schor（2005）认为，技术的改变不足以实现可持续性消费模式，为了避免消费水平的持续增长，以收入换取时间势在必行。

以英国为例，有研究已经探索出了基于文化理论的分析框架，借以对可持续性消费政策进行评估。文化理论认为，社会应该发展多元化政策来包容所有观点。Seyfang（2004）运用这一框架考察了英国的可持续性消费战略，识别出当前政策的许多缺陷，包括对个人主义的严重偏见和以市场为基准的新自由主义政策。这些偏见使英国只能对小部分不可持续性消费问题进行回应。它对政策的建议包括：加强竞争性文化投入，实现更团结、更平等，以及减少物质主义消费模式（Seyfang，2004）。

来自加拿大的学者们对鼓励家庭可持续性消费的全国性策略进行了讨论。该策略建议利用政策工具来实现这一目标，如整合现有的联邦项目、实施干预、制定合理价格、进行生态税改革，以及促进与合作伙伴共同开展相关活动等（Timmer 等，2009）。

9.4.3　符合伦理道德的消费

符合伦理道德的消费者，是指那些在进行购买决策时会考虑到自己的选择对其周围社会产生影响的消费者（Harrison 等，2005）。这些消费者的消费行为被认为是符合伦理道德的。然而，这种消费方式天生就有局限性。如果道德标准以规范化的价值为中心，很显然那些支持农业产业化、资本主义市场经济及方便食品的人也都表现出了价值规范——一种特定的伦理道德价值。此外，那些被保护文化遗产的愿望所引导的食品选择或许也不同于主流主张的符合伦理道德的消费。尽管存在局限性，这一术语仍然被应用于相关研究的文献中。符合伦理道德的消费可能与社会理论的自反性相关。以此概念性框架为基础，学者们以加拿大两个地区的三个民族文化群体为研究对象，考察了自反性和传统可能有助于解释与食品相关的伦理道德消费在地区间存在差异的途径（Beagan等，2010）。

学者们提出了一个符合伦理道德的消费行为指数，并且将其应用于德国和美国的大学生样本中，进一步探讨民族文化与理论上决定这些行为的其他因素所起的作用。与假说一致，受访者的理想主义和社会参与行为都是符合伦理道德消费的重要预测因素（Witkowski 和 Reddy，2010）。

合作银行的《道德消费主义报告》（Ethical Consumerism Report，ECR）诞生于 1999年，在英国该报告一直作为反映符合伦理道德支出的"晴雨表"。该报告对符合伦理道德的消费进行了如下划分：符合伦理道德的食品和饮料、绿色家园、生态旅游及交通、符合伦理道德的个人产品、社区，以及符合伦理道德的金融（Cooperative Bank，2011）。

以 Brekke 等（2003）的研究为基础，Starr（2009）提出了一个成本和收益的概念框架，用于理解道德消费的传播。该框架以异质偏好和对社会规范的敏感性为核心特征。基于 2004 年综合社会调查（General Social Survey，GSS）的数据，通过回归与"道德购买"倾向相关的因素，Starr（2009）发现，当周围其他人进行有道德的购买时，人们也更愿意进行符合伦理道德的购买。这与社会规范在促进符合伦理道德消费的行为上所起的作用一致。此外，符合伦理道德的购买，与受教育程度和收入呈正相关关系（Starr，2009）。

自愿简朴（Voluntary Simplicity）

自愿简朴被视作引发部分在当代明显有别于一般认识和观念的现象的通称，如放弃最大化消费或最大化收入。自愿简朴的动机，可能包括以自我为中心或利他的考虑（Etzioni，1998；Shaw 和 Newholm，2002）。符合伦理道德的简朴主义是指对道德关注做出反应的自愿简朴行为。已有研究对自愿简朴进行了两项定性研究，发现了符合伦理道德的简朴主义的三种特性：（1）约束性，自愿约束的某种形式被视为符合伦理道德消费的一部分；（2）多样性，简朴行为具有相当多的不同表现形式；（3）强迫性，来自于对正直的内在道德冲动的强烈动机，而非改变世界的愿望，或是与改变世界的愿望并存（Shaw 和 Newholm，2002）。

研究人员在一家澳大利亚的慈善零售店进行了一项关于购买处理过的衣服以彰显道德身份的定性研究。这种做法的核心是由慈善组织为其专门的实体零售店处理捐赠的服装，重新对其进行商品化，然后卖给消费者，以满足他们个性化的符合伦理道德的身份的需要。研究还发现，消费者都拥护反消费观点，其中也包括反社团主义（Anti-corporatism）（Brace-Govan 和 Binay，2010）。

9.4.4 具有社会责任的消费

具有社会责任的消费（Socially Responsible Consumption，SRC），与可持续性消费类似。研究发现，具有社会责任的商品购买和处置（Socially Responsible Purchase and Disposal，SRPD）包括以下三方面：（1）购买具有社会责任且表现好的公司的产品或服务；（2）回收产品；（3）对产品的规避和使用量的减少，取决于它们对环境的影响。在理论的发展和市场策略方面，SRPD 为学者和实践者们提供了一种重要的分析工具（Webb 等，2008）。

9.5　不理想的消费行为

9.5.1 炫耀性消费
炫耀性消费的重要理论

商品的象征性价值可以追溯到美国经济学家 Veblen（1899）提出的"炫耀性消费"概念。他把炫耀性消费定义为显示消费者财富、权力及地位的浪费性消费。通过这一行为，消费者得到了荣誉及自我满足。这种炫耀性消费超出了商品的原有效用并且改变了商品的价值，是商品象征意义的重要表现。

商品象征性价值的理论，最早由法国社会学家 Jean Baudrillard 提出。他在《消费者社会》（The Consumer Society）一书中指出，伴随着以丰富的物质商品为特征的消费社会的兴起，商品的象征性价值可以分为两个层次，即独特性象征和社会性象征。商品的独特性象征，由设计、风格、品牌及形象所体现，由此来从其他商品中彰显其差异及独特性。而商品的社会性象征，指的是商品成为社会地位、生活方式、品味及社会身份的象征（Baudrillard，1998）。

德国社会学家 Max Weber（1978）主张社会分层是基于三个基本维度：财富和收入、权力，以及职业声望。它们分别与阶层、政党和身份地位相对应。按照 Weber 的观点，阶层是基于商品生产与消费之间的关系，而身份地位则建立在商品消费的原则之上。Weber 强调，区分不同社会地位群体的主要标志是消费和生活方式，而经济地位、政治地位及社会声望，则会通过影响个人消费和生活的方式来反映阶层属性。

法国社会学家 Bourdieu（1984）在他名为《区别》（Distinction）的书中，提出了采用以消费者品味来划分社会阶层的新视角。Bourdieu 利用经济资本和文化资本，将消费者的品味划分为不同层次。例如，经济资本雄厚的人通常会将奢侈轿车、别墅及巴黎右岸银行的商业通道作为自己的品味；文化资本较多的人将外语、前卫文化、巴黎左岸的美术馆作为自己的品味；而那些只拥有很少的经济资本和文化资本的人，则仅限于满足自己的生存需要，将诸如土豆、普通红酒、足球及大众舞蹈等作为自己的品味。不同社会阶层的人具有不同的品味，高阶层的人通常表现出奢侈的生活品味，而低阶层的人则表现出需要满足必需品的生活品味。因此，从这个意义上说，社会群体就变成了拥有不同品味的群体。Bourdieu 的研究进一步丰富了炫耀性消费理论（Trigg，2001）。

炫耀性消费的理论模型

为了更好地理解炫耀性消费，学者们提出了相应的理论模型。一项理论分析表明，当偏好满足"单交叉属性"（Singlecrossing Property）时，Veblen 的炫耀性消费效应通常就不会出现；只有当这些属性不具备时，Veblen 的炫耀性消费效应才可能出现。在那种情况下，廉价品牌产品以边际成本作为价格，虽然奢侈品牌产品不具有本质上的优越性，但却可以对那些渴望炫富的消费者卖出更高的价格（Bagwell 和 Bernheim，1996）。另有理论研究表明，在均衡状态下，炫耀性消费的信号价值以可识别的方式决定了消费者的数量，而消费者的行为要么是功利主义，要么是因循守旧。如果消费者墨守成规，那么炫耀性商品的市场需求曲线可能呈现正斜率的特点（Corneo 和 Jeanne，1997）。Arrow 和 Dasgupta（2009）发现，当前消费越多，就越能提升当前的相对消费水平，但是会减弱未来的相对消费水平。以理论模型为基础，已有研究明确了幸福（当前效用）函数的结构，在模型中上述两种效应相互抵消。研究结果显示，虽然家庭调查表明相对消费很重要，但家庭的消费行为无法解释相对消费效应的存在（Arrow 和 Dasgupta，2009）。

炫耀性消费的功能

研究表明，以奢侈品消费等为代表的炫耀性消费具有提升自尊、凸显身份及彰显显赫地位的功能。学者们还发现，奢侈品在人际关系中具有重要的信号功能。实验研究表明，女性奢侈品可以作为信号系统，直接作用于那些对她们的恋爱关系构成威胁的其他女性。保护自己配偶的动机，引发了女性寻求和炫耀其奢华财产的行为。女性以昂贵的物品作为信号，来显示其恋人对她们的绝对忠诚。同时，炫耀名牌手袋和鞋子，可以有效阻止其他女性抢走她们的伴侣（Wang 和 Griskevicius，2014）。然而，炫耀性消费可能会降低消费者幸福感。以瑞士豪华轿车的消费为研究对象，基于详细跟踪的数据，研究表明，该地区豪华轿车的盛行对个体幸福感具有消极影响，其中对贫困者的影响最大（Winkelmann，2010）。

炫耀性消费的影响因素

学者们考察了平等和炫耀性消费之间的关系。研究表明，当消费者关注于更小的财富差距时，高度的平等会减少消费；但是，当他们关注更高的职位收益时，高度的平等却会增加消费。例如，当消费具有炫耀性功能时，社会竞争目标是首要的，并且消费者所处的环境也是充满竞争性的（Ordabayeva 和 Chandon，2011）。Sun 等（2012）考察了在工业化程度较低的国家中，社会阶层与炫耀性消费之间的联系。通过对消费者数据进行分析，结构方程模型的结果表明，社会阶层与炫耀性消费有关。此外，广告关注度与炫耀性消费的衡量方式有关（Sun 等，2012）。

炫耀性消费的比较研究

Jinkins（2014）提出了炫耀性消费实证分析模型，以衡量美国和中国消费者同伴信念（Peer Beliefs）的重要性。根据模型的估计结果，中国消费者比美国消费者对同伴信念的关注程度高 20%。两国炫耀性消费动机的绝对值都较小。Jinkins 运用该估计模型评估 1990—2002 年间美国汽车奢侈品税所产生的福利效应。结果表明，奢侈品税给几乎所有美国人带来的好处都微乎其微，却伤害了小部分酷爱汽车的消费者（Jinkins，2014）。运用美国具有代表性的消费数据，Charles 等（2009）发现，与白人相比，黑人和拉美裔在有形商品（如服装、珠宝和汽车）上的支出所占比重更高。这些差异实际上存在于所有亚种群之间。随着时间的推移，上述差异变得相对稳定，并且具有巨大的经济效应（Charles 等，2009）。

9.5.2　不道德的消费

几项研究报告探讨了与消费者接受不道德的消费活动有关的因素。学者们分析了消费者文化认同和马基雅维里主义①对接受不符合伦理道德的服饰消费活动的影响。不符合伦理道德的服装消费行为包括退回裤子时保留腰带，以及退回在特殊活动中穿过的晚礼服等。基于中国和美国学生的调查样本，研究发现，那些非常认同美国文化的学生比那些认同中国文化的学生，更能够接受不符合伦理道德的服装消费行为。那些行事风格更偏向马基雅维里主义的学生，比其他学生更能够接受不符合伦理道德的服装消费行为（Shen 和 Dickson，2001）。基于马来西亚大学生样本的调查数据，有研究考察了性别和道德课程对符合伦理道德的购物行为的潜在影响。消费者的道德架构主要包括四个方面：从非法活动中主动获利、在其他费用上被动获利、从被质疑的行动中主动获利，以及无伤害/无犯规。Lau 和 Choe（2009）发现，在上述四种消费者道德信念中，女学生仅在其中两个方面更具道德品质。进一步地，那些没有上过道德课程的学生，在至少两种以上的消费者道德维度中更具道德品质。这与之前的研究一致，因此学者们呼吁在大学中应提供更有效的道德课程培训（Lau 和 Choe，2009）。

学者们考察了不道德的消费的过程和结果。在一次全国性的消费者研究会议上，学者们提交了四份研究报告来探讨相关问题。第一份报告表明，为了保护消费者不在道德属性和其他理想产品属性（如价格和质量）之间进行情感上的权衡，消费者对负面道德属性信息的错误记忆率高于对正面道德属性信息的错误记忆率。第二份报告观测了许多不符合伦理道德的行为，包括抄袭、欺骗、偷盗、购买盗窃商品及撒谎。结果表明，当消费者缺乏自我控制时，更容易发生或参与上述行为，更容易接受相关信息，并且认为发生或参与这些行为是正常的。在第三个报告中，学者们探讨了短期关注和长期关注的差异会对做出不符合伦理道德行为的决定产生什么样的影响。在心理学中，启动效应（Priming Effect）是一种隐性记忆效应。在这种效应中，对一种刺激的暴露会影响对另一种刺激的反应。研究发现，启动资金（Priming Money）会让人专注于当下，从而增加在任务上作弊的可能性，而启动时间（Priming Time）则会让人专注于未来，从而降低作弊的可能性。在第四份报告中，学者们探讨了道德违规所引发的情绪对后续支出决策（如向慈善机构捐款、为自己和他人支出）的影响（Naylor 和 McGraw，2011）。

学者们也试图从理论的角度理解不道德的消费。中和（Neutralization）是一种防御

---

① 也叫权术主义，是一种人格特征。

机制，人们通过这种机制淡化他们的行为所产生的影响。为了从理论上理解消费者如何明确他们的消费行为所产生的负面影响，以及他们如何连续不断地或阶段性地将制定不太符合伦理道德的消费决策合理化，McGregor（2008）探讨了中和理论的功能，并重点讨论了13种中和技巧。

9.5.3 强迫性购买

强迫性购买被定义为一种习惯性的、重复的购买行为，它是对消极事件或感觉的主要反应（O'Guinn和Faber，1989）。强迫性购买者会有不得不购买某些物品的感受，这通常会超出他们的经济能力。他们不一定必须要求在物质上有所收获，但是需要通过购买行为来减轻焦虑或紧张情绪。

尽管强迫性购买在短期内会给消费者带来正面的回报，但会产生长期的负面影响。强迫性购买者很难控制购买欲，虽然他们发现并意识到了其不利影响，但还是会不停地购买（Hirschman，1992；O'Guinn和Faber，1989）。也就是说，强迫性购买者或许不喜欢自己的行为，但是却被迫重复其购买行为。

部分研究把强迫性购买与消费者的金融态度和行为结合起来。强迫性购买者很有可能会比普通消费者拥有更多的信用卡，并且会更不理性地使用信用卡（O'Guinn和Faber，1989；Roberts，1998）。他们把金钱看作身份地位的象征，会通过购买来提升自尊（Hanley和Wilhelm，1992）。矛盾的是，强迫性购买者会因为他们的消费而产生"冲突感"（Hanley和Wilhelm，1992）。以大学生样本为例，有研究发现具有强迫性购买倾向的学生，更可能有信用卡债务（Wang和Xiao，2009）。

9.5.4 冲动性购买

当消费者具有突然的并且通常是强烈和持续的立即购买的冲动时，就会产生冲动性购买行为。购买的冲动是极其复杂的，并且可能引发情感上的冲突。此外，产生冲动性购买行为的消费者，往往很少会考虑这种消费行为所带来的后果（Rook，1987）。冲动性购买是一种即时性的体验，通常会伴随着兴奋感和紧迫感。它强迫消费者在某一时刻购买产品，而不是在深思熟虑之后购买。这不同于计划外购买，因为它涉及体验式的购买冲动。因此，冲动性购买通常发生在"之前并没有购买某一特定产品或者去完成某一特定购买任务的意图"的情况下（Beatty和Ferrell，1998）。

对美国消费者而言，冲动性购买较为普遍。一些新闻报道声称，接近90%的消费者经常会出现冲动性购买行为（Welles，1986）。虽然在全国范围内缺乏关于冲动购物的代表性研究，但部分研究发现，大部分消费者经常会在购物时发生冲动性购买行为，这部分消费者所占的比例在30%~50%之间（Beatty和Ferrell，1998；Rook，1987）。

冲动会在某一时刻的催促下驱使某人去实施某一行为，如没有任何思考和迟疑地立即购买一件商品。购买可以减轻人们对该物品的渴望。当个人冲动行事时，他们倾向于迅速而不加思索地做出反应，这也增加了计划外消费和不理想消费行为发生的可能性（Rook和Fisher，1995）。冲动性购买的一大特征，就是人们倾向于屈从购买冲动，即使他们意识到它会带来潜在的负面影响（Rook，1987）。冲动性购买者受到诸如兴奋和快乐等情感的驱动，而不那么冲动的买家在很大程度上是基于功利主义的考虑。如果一个人可以做到完全理性，那么这种购买的冲动就会被遏制。相对于强迫性购买，冲动性购买源于购物时严重的自控力缺失。对消费者而言，冲动性购买是程度较轻的问题。尽管消费者已经意识到短暂丧失自我控制可能会导致冲动购买（Baumeister，2002），但强迫性购买是长期失控所致。这两种购买模式，在购买过程之中和之后，都包含复杂的情绪。

冲动性购买会对消费者造成负面影响。例如，冲动的个体更有可能滥用他们的信用卡。研究发现，信用卡有助于激发人们对事物的自发欲望，甚至可以加速这一进程，并且会增加购买的满足感，因为信用卡无须清点现金或签发支票。此外，由于付款日期滞后的原因，财务后果也会被顺延（Pirog和Roberts，2007）。

9.5.5 过度消费

少数消费者会出现过度消费的现象。2010年的消费者金融调查表明，有6%的家庭的支出会超出他们的收入水平（Bricker等，2012）。2012年的国民理财能力研究表明，19%的美国家庭的支出会超过收入（FINARAIEF，2013）。消费者支出调查数据的多元回归分析结果表明，收入与过度消费呈正相关关系，而受教育程度则与过度消费呈负相关关系（Bae等，1993）。过度消费可能由负债融资的消费热潮引发，这种消费热潮可能会造成社会成本高昂。轻松获得信贷可以将经济活动推至可持续水平之上，最终导致支出削减、从过度增长的行业中裁员，以及冲销坏账。从制度经济学的角度看，过度借贷趋势的根源在于，消费者倾向于接受大众不断增加消费的观念。监管应局限于公共问题，而不是通过私人手段来解决（Starr，2010）。

9.6 总结

消费者支出是最重要的衡量消费者经济福利的指标。为了理解消费行为，经济学领域的学者们提出了很多理论模型，如生命周期假说，以及由其演变而来的预防性储蓄模型等。近年来，经济学领域的学者们已经把心理学的研究进展与标准效用函数模型整合在一起，提出了行为模型，如行为生命周期假说及双曲线消费模型，以便更好地理解消费行为。消费既有实物存在上的利益和成本，也有经验上的利益和成本。消费者还有各种各样的决策风格。

消费活动很容易被国家统计机构所追踪，美国联邦劳工统计局每年都会公布有关消费者支出的统计数据。研究表明，生命周期内的消费支出呈现驼峰状的特点，相对于青年人和老年人而言，中年群体的消费支出比重更高。住房、交通及食品是美国消费者的三大主要消费支出类型。养老金和保险是第四大主要消费支出类型。尤其是对老年消费者而言，医疗支出变得越来越重要。已有的大量研究考察了不同支出类型中消费者支出的群体差异。

消费者信心目前用于预测消费者支出和总体经济。事实上，它可能更适用于直接衡量消费者的经济福利。未来的研究可以探讨如何利用这一概念来衡量消费者的主观经济福利。

理想的消费行为包括理性消费、可持续性消费、符合伦理道德的消费及具有社会责任的消费。这些行为不仅有助于提高个人消费者的购买力，还可以通过个人行为对社会福利做出贡献。不理想的消费行为包括炫耀性消费、不道德的消费、强迫性购买、冲动性购买及过度消费行为。这些行为不仅会降低消费者的短期经济福利，还会影响其长期福利。除此之外，这些行为可能会把不必要的社会成本转嫁给其他消费者或社会中的其他部门，进而影响经济的可持续发展。

参考文献

[1] About the law. (2010). Retried November 21, 2010, from http://www.healthcare.gov/law/about/index.html.

[2] Ando, A., & Modigliani, F. (1963). The life cycle hypothesis of saving: Aggregate implications and tests. The American Economic Review, 53(March), 55–84.

[3] Ando, A., & Modigliani, F. (1964). The "life-cycle" hypothesis of saving: A correction. The American Economic Review, 54(2), 111–113.

[4] Angeletos, G., Laibson, D., Repetto, A., Tobacman, J., & Weinberg, S. (2001). The hyperbolic consumption model: Calibration, simulation, and empirical evaluation. Journal of Economic Perspectives, 15(3), 47–68.

[5] Anker, R. (2011). Engel's law around the world 150 years later. In Political Economy Research Institute Working Paper No. 247. Amherst, MA: University of Massachusetts at Amherst.

[6] Arrow, K. J., & Dasgupta, P. S. (2009). Conspicuous consumption, inconspicuous leisure. The Economic Journal, 119(541), F497–F516.

[7] Attanasio, O. P., & Weber, G. (2010). Consumption and saving: Models of intertemporal allocation and their implications for public policy. Journal of Economic Literature, 48(3), 693–751.

[8] Bae, M., Hanna, S., & Lindamood, S. (1993). Patterns of overspending in US households. Financial Counseling and Planning, 4(1), 1–30.

[9] Bagwell, L. S., & Bernheim, B. D. (1996). Veblen effects in a theory of conspicuous consumption. The American Economic Review, 86, 349–373.

[10] Baudrillard, J. (1998), The consumer society: Myths and structures. English Translation (Original work in French published 1970). Thousand Oaks, CA: Sage.

[11] Baumeister, R. F. (2002). Yielding to temptation: Self-control failure, impulsive purchasing, and consumer behavior. Journal of Consumer Research, 28(March), 670–676.

[12] Beagan, B. L., Ristovski-Slijepcevic, S., & Chapman, G. E. (2010). People are just becoming more conscious of how everything's connected: "Ethical" food consumption in two regions of Canada. Sociology, 44(4), 751–769.

[13] Beatty, S. E., & Ferrell, M. E. (1998). Impulse buying: Modeling its precursors. Journal of Retailing, 74(2), 169–191.

[14] Berk, M. L., & Monheit, A. C. (2001). The concentration of health care expenditures, revisited. Health Affairs, 20(2), 9–18.

[15] Black, I. R., & Cherrier, H. (2010). Anti-consumption as part of living a sustainable lifestyle: Daily practices, contextual motivations and subjective values. Journal of Consumer Behaviour, 9(6), 437–453.

[16] Blanciforti, L., Green, R., & Lane, S. (1981). Income and expenditure for relatively more versus relatively less nutritious food over the life cycle. American Journal of Agricultural Economics, 63, 255–260.

[17] Blumenthal, D., & Collins, S. R. (2014). Health care coverage under the Affordable Care Act—A progress report. New England Journal of Medicine, 371(3), 275–281.

[18] Bourdieu, P. (1984), Distinction: A social critique of the judgment of taste. English Translation by Richard Nice (Original work in French published in 1979). Cambridge, MA: Harvard University Press.

[19] Brace-Govan, J., & Binay, J. (2010). Consumption of disposed goods for moral identities: A nexus of organization, place, things and consumers. Journal of Consumer Behaviour, 9(1), 69–82.

[20] Bram, J., & Ludvigson, S. C. (1998). Does consumer confidence forecast household expenditure? A sentiment index horse race. Federal Reserve Bank of New York: Economic Policy Review, 4(2), 59–78.

[21] Brekke, K. A., Kverndokk, S., & Nyborg, K. (2003, September 9-10). An economic model of moral motivation. Journal of Public Economics, 87, 1967-1983.

[22] Bricker, J., Kennickell, A. B., Moore, K. B., & Sabelhaus, J. (2012). Changes in U.S. family finances from 2007 to 2010: Evidence from the survey of consumer finances. Federal Reserve Bulletin, 98(2), 1-80.

[23] Browning, M., & Crossley, T. F. (2001). The life-cycle model of consumption and saving. Journal of Economic Perspectives, 15, 3-22.

[24] Cai, Y., Alviola, P., Nayga, R., & Wu, X. (2008). The effect of food-away-from-home and food-at-home expenditures on obesity rates: A state-level analysis. Journal of Agricultural and Applied Economics, 40(2), 507-521.

[25] Carroll, C. D. (1997). Buffer-stock saving and the life cycle/permanent income hypothesis. The Quarterly Journal of Economics, 112(February), 1-55.

[26] Carroll, C. D., Fuhrer, J. C., & Wilcox, D. W. (1994). Does consumer sentiment forecast household spending? If so, why? American Economic Review, 84(5), 1397-1408.

[27] Case, A., Lin, I., & McLanahan, S. (2000). How hungry is the selfish gene? The Economic Journal, 110, 781-804.

[28] Case, A., & Paxson, C. (2001). Mothers and others: Who invests in children's health? Journal of Health Economics, 20, 301-328.

[29] Charles, K. K., Hurst, E., & Roussanov, N. (2009). Conspicuous consumption and race. The Quarterly Journal of Economics, 124(2), 425-467.

[30] Cohen, M. J. (2006). Sustainable consumption research as democratic expertise. Journal of Consumer Policy, 29(1), 67-77.

[31] Cook, B., & Manning, W. (2009). Measuring racial/ethnic disparities across the distribution of health care expenditures. Health Services Research, 44(5p1), 1603-1621.

[32] Cooperative Bank. (2011). Ethical consumerism report 2011 (p. 6). Manchester, UK: The Cooperative Bank.

[33] Corneo, G., & Jeanne, O. (1997). Conspicuous consumption, snobbism and conformism. Journal of Public Economics, 66(1), 55-71.

[34] Creech, B. (2008). Spending on telephone service. Consumer Expenditure Survey Anthology, 2008.

[35] Report 1009 (pp. 74-77). Washington, DC: U.S. Bureau of Labor Statistics.

[36] Csikszentmihalyi, M. (2000). The costs and benefits of consuming. Journal of Consumer Research, 27(2), 267-272.

[37] Deaton, A. (1991). Saving and liquidity constraints. Econometrica, LIX(1991), 1221-1248.

[38] DeLeire, T., & Kalil, A. (2005). How do cohabiting couples with children spend their money? Journal of Marriage and Family, 67, 286-295.

[39] Dominitz, J., & Manski, C. F. (2004). How should we measure consumer confidence? The Journal of Economic Perspectives, 18(2), 51-66.

[40] Douthitt, R. A., & Fedyk, J. M. (1988). The influence of children on family life cycle spending behavior: Theory and applications. Journal of Consumer Affairs, 22(2), 220-248.

[41] Du, R. Y., & Kamakura, W. A. (2006). Household life cycles and lifestyles in the United States. Journal of Marketing Research, 43(1), 121-132.

[42] Duesenberry, J. (1967). Income, saving, and the theory of consumer behavior. New York: Oxford University Press.

[43] Duetsch, M. (2008). Out-of-pocket health care spending patterns of older Americans, as measured by the Consumer Expenditure Survey. In Consumer Expenditure Survey Anthology, 2008 (pp. 46-51). Report 1009. Washington, DC: U.S. Bureau of Labor Statistics.

[44] Dunn, E. W., Aknin, L. B., & Norton, M. I. (2008). Spending money on others promotes happiness. Science, 319(5870), 1687–1688.

[45] Etzioni, A. (1998). Voluntary simplicity characterization, select psychological implications, and societal consequences. Journal of Economic Psychology, 19, 619–643.

[46] Fan, J. X., & Lewis, J. K. (1999). Budget allocation patterns of African Americans. Journal of Consumer Affairs, 33(1), 134–164.

[47] Fan, J. X., Sharpe, D. L., & Hong, G. S. (2003). Health care and prescription drug spending by seniors. Monthly Labor Review, 126, 16–26.

[48] Fan, J. X., & Xiao, J. J. (1998). Decision making styles of young Chinese adults. Journal of Consumer Affairs, 32(2), 275–293.

[49] Fan, J. X., & Zick, C. D. (2004). The economic burden of health care, funeral, and burial expenditures at the end of life. Journal of Consumer Affairs, 38(1), 35–55.

[50] Fan, J. X., & Zuiker, V. S. (1998). A comparison of household budget allocation patterns between Hispanic Americans and non-Hispanic White Americans. Journal of Family and Economic Issues, 19(2), 151–174.

[51] Ferdous, N., Pinjari, A., Bhat, C., & Pendyala, R. (2010). A comprehensive analysis of household transportation expenditures relative to other goods and services: An application to United States consumer expenditure data. Transportation, 37(3), 363–390.

[52] Fernádez-Villaverde, J., & Krueger, D. (2007). Consumption over the life cycle: Facts from Consumer Expenditure Survey data. Review of Economics and Statistics, 89(3), 552–565.

[53] FINRAIEF. (2013). Financial capability in the United States: Report of findings from the 2012 National Financial Capability Study. Washington, DC: FINRA Investor Education Foundation.

[54] Friedman, M. (1957). A theory of the consumption function. Princeton, NJ: Princeton University Press.

[55] Fuchs, D. A., & Lorek, S. (2005). Sustainable consumption governance: A history of promises and failures. Journal of Consumer Policy, 28(3), 261–288.

[56] Fukuda, K. (2010). A cohort analysis of household vehicle expenditure in the U.S. and Japan: A possibility of generational marketing. Marketing Letters, 21(1), 53–64.

[57] Griffith, R., Leibtag, E., Leicester, A., & Nevo, A. (2009). Consumer shopping behavior: How much do consumers save? Journal of Economic Perspectives, 23(2), 99–120.

[58] Gruber, J., & Levy, H. (2009). The evolution of medical spending risk. Journal of Economic Perspectives, 23(4), 25–48.

[59] Hall, R. E. (1978). Stochastic implications of the life cycle-permanent income hypothesis: Theory and evidence. Journal of Political Economy, 86(6), 971–987.

[60] Hanley, A., & Wilhelm, M. S. (1992). Compulsive buying: An exploration into self-esteem and money attitudes. Journal of Economic Psychology, 13, 5–18.

[61] Harrison, R., Newholm, T., & Shaw, D. (Eds.). (2005). The ethical consumer. London: Sage.

[62] Himmelberg, C., Mayer, C., & Sinai, T. (2005). Assessing high house prices: Bubbles, fundamentals and misperceptions. Journal of Economic Perspectives, 19(4), 67–92.

[63] Hirschman, E. C. (1992). The consciousness of addiction: Toward a general theory of compulsive consumption. Journal of Consumer Research, 19 (September), 155–179.

[64] Hiu, A. S., Siu, N. Y., Wang, C. C., & Chang, L. M. (2001). An investigation of decision-making styles of consumers in China. Journal of Consumer Affairs, 35(2), 326–345.

[65] Hong, G.-S., & Kim, S. Y. (2000). Out-of-pocket health care expenditure patterns and financial burden across the life cycle stages. Journal of Consumer Affairs, 34(2), 291–313.

[66] Hurst, E., & Aguiar, M. (2004). Consumption, expenditure and home production over the life cycle. Working paper. Chicago: University of Chicago.

[67] Jackson, T. (2006). Readings in sustainable consumption. In The Earth scan reader in sustainable consumption (pp. 1−27). London: Earth scan.

[68] Jinkins, D. C. (2014). Conspicuous consumption in the United States and China. Working paper. Retrieved from ftp://ftp.iza.org/RePEc/Discussionpaper/ dp8323.pdf.

[69] Jung, J., & Tran, C. (2010). Medical consumption over the life cycle: Facts from a U.S. medical expenditure panel survey. Retrieved January 15, 2011, from SSRN.

[70] Keynes, N. M. (1936). The general theory of employment, interest, and money. London: Macmillan.

[71] Kimball, M. S. (1990). Precautionary saving in the small and in the large. Econometrica,38(January), 53−73.

[72] Laibson, D. I. (1997). Golden eggs and hyperbolic discounting. Quarterly Journal of Economics,62 (2), 443−478.

[73] Lanfranco, B. A., Ames, G. C. W., & Huang, C. L. (2002). Food expenditure patterns of the Hispanic population in the United States. Agribusiness, 18(2), 197−211.

[74] Lau, T.-C., & Choe, K.-L. (2009). Consumers' acceptance of unethical consumption activities: Implications for the youth market. International Journal of Marketing Studies, 1(2), 56−61.

[75] Lawson, R. (1991). Patterns of tourist expenditure and types of vacation across the family life cycle. Journal of Travel Research, 29(4), 12−18.

[76] Levin, L. (1998). Are assets fungible? Testing the behavioral theory of life-cycle savings. Journal of Economic Behavior & Organization, 36(1), 59−83.

[77] Ludvigson, S. C. (2004). Consumer confidence and consumer spending. The Journal of Economic Perspectives, 18(2), 29−50.

[78] Marr, B., & McCready, D. (2009). The application of household life cycle variables to spending patterns using Canadian data. Canadian Studies in Population, 23(1), 23−47.

[79] McCollough, J. (2010). Consumer discount rates and the decision to repair or replace a durable product: A sustainable consumption issue. Journal of Economic Issues, 44(1), 183−204.

[80] McGregor, S. L. (2008). Conceptualizing immoral and unethical consumption using neutralization theory. Family and Consumer Sciences Research Journal, 36(3), 261−276.

[81] Modigliani, F. (1986). Life cycle, thrift, and the wealth of nations. American Economic Review, 76,297−313.

[82] Modigliani, F., & Brumberg, R. (1954). Utility analysis and the consumption function: An interpretation of cross-section data. In K. K. Kurihara (Ed.), Post Keynesian economics (pp. 388−436). New Brunswick, NJ: Rutgers University Press.

[83] Mohanty, S. A., Woolhandler, S., Himmelstein, D. U., Pati, S., Carrasquillo, O., & Bor, D. H. (2005). Health care expenditures of immigrants in the United States: A nationally representative analysis. American Journal of Public Health, 95(8), 1431−1438.

[84] Naylor, R. W., & McGraw, P. (2011). Harming, stealing, lying, and cheating: Exploring the antecedents and consequences of unethical consumption behavior (A Panel Summary). Building Connections: Proceedings of Association for Consumer Research, 39, 230−234.

[85] O'Guinn, T. C., & Faber, R. J. (1989). Compulsive buying: A phenomenological exploration. Journal of Consumer Research, 16(2), 147−157.

[86] Oladosu, G. (2003). An almost ideal demand system model of household vehicle fuel expenditure allocation in the United States. Energy Journal, 24(1), 1−21.

[87] Ordabayeva, N., & Chandon, P. (2011). Getting ahead of the Joneses: When equality increases conspicuous consumption among bottom-tier consumers. Journal of Consumer Research,38(1), 27−41.

[88] Paulin, G. (2008). Examining expenditure patterns of young, single adults in a historical context:

Two recent generations compared. In Consumer Expenditure Survey Anthology, 2008 (pp. 52–73). Report 1009. Washington, DC: U.S. Bureau of Labor Statistics.

[89]Paulin, G., & Lee, Y. (2002, July). Expenditures of single parents: How does gender figure in? Monthly Labor Review, 125, 16–37.

[90]Pirog, S. F., & Roberts, J. A. (2007). Personality and credit card misuse among college students: The mediating role of impulsiveness. Journal of Marketing Theory and Practice, 15(1), 65–77.

[91]Podoshen, J. S., Li, L., & Zhang, J. (2011). Materialism and conspicuous consumption in China: A cross-cultural examination. International Journal of Consumer Studies, 35(1), 17–25.

[92]Putler, D., Li, T., & Liu, Y. (2007). The value of household life cycle variables in consumer expenditure research: An empirical examination. Canadian Journal of Administrative Sciences, 24(4), 284–299.

[93]Quigley, J. M., & Raphael, S. (2004). Is housing unaffordable? Why isn't it more affordable? Journal of Economic Perspectives, 18(1), 191–214.

[94]Raper, K. C., Wanzala, M. N., & Nayaga, R. M., Jr. (2002). Food expenditures and household demographic composition in the US: A demand systems approach. Applied Economics, 34(8),981–992.

[95]Roberts, J. A. (1998). Compulsive buying among college students: An investigation of its antecedents, consequences, and implications for public policy. Journal of Consumer Affairs, 32(2),295–319.

[96]Rook, D. W. (1987). The buying impulse. Journal of Consumer Research, 14 (September),189–199.

[97]Rook, D. W., & Fisher, R. J. (1995). Normative influences on impulsive buying behavior. Journal of Consumer Research, 22(December), 305–313.

[98]Schaninger, C. M., & Danko, W. D. (1993). A conceptual and empirical comparison of alternative household lifecycle models. Journal of Consumer Research, 19 (March), 580–594.

[99]Schooley, D., & Worden, D. (2008). A behavioral life-cycle approach to understanding the wealth effect. Business Economics, 43(2), 7–15.

[100]Schor, J. B. (2005). Sustainable consumption and work time reduction. Journal of Industrial Ecology, 9(1–2), 37–50.

[101]Seyfang, G. (2004). Consuming values and contested cultures: A critical analysis of the UK strategy for sustainable consumption and production. Review of Social Economy, 62(3), 323–338.

[102]Sharpe, D. L. (2008). Consumer financial issues in health care. In J. J. Xiao (Ed.), Handbook of consumer finance research (pp. 319–336). New York: Springer.

[103]Shaw, D., & Newholm, T. (2002). Voluntary simplicity and the ethics of consumption. Psychology & Marketing, 19(2), 167–185.

[104]Shefrin, H. M., & Thaler, R. H. (1988). The behavioral life-cycle hypothesis. Economic Inquiry, 26(September), 609–643.

[105]Shen, D., & Dickson, M. A. (2001). Consumers' acceptance of unethical clothing consumption activities: Influence of cultural identification, ethnicity, and Machiavellianism. Clothing and Textiles Research Journal, 19(2), 76–87.

[106]Shin, J., & Moon, S. (2007). Do HMO plans reduce health care expenditure in the private sector? Economic Inquiry, 45(1), 82–99.

[107]Souleles, N. S. (2004). Expectations, heterogeneous forecast errors, and consumption: Micro evidence from the Michigan consumer sentiment surveys. Journal of Money, Credit and Banking, 36(1), 39–72.

[108]Sprotles, G. B., & Kendall, E. L. (1986). A methodology for profiling consumers' decision-making styles. Journal of Consumer Affairs, 20(2), 267–279.

[109]Starr, M. A. (2009). The social economics of ethical consumption: Theoretical considerations and empirical evidence. The Journal of Socio-Economics, 38(6), 916-925.

[110] Starr, M. A. (2010). Debt-financed consumption sprees: Regulation, freedom and habits of thought. Journal of Economic Issues, 44(2), 459-470.

[111]Sun, F., Xiao, J. J., & Zhang, Y. X. (2012). Social stratification and status consumption in China. American Review of China Studies, 13(1), 1-16.

[112]Timmer, V., Prinet, E., & Timmer, D. (2009). Sustainable household consumption: Key considerations and elements for a Canadian strategy. Toronto, ON: Consumer Council of Canada.

[113]Todd, M. (2010). A graphical history of the dollar exchange rate. Retrieved November 21, 2010, from http://www.miketodd.net/encyc/dollhist-graph3.htm.

[114]Trigg, A. B. (2001). Veblen, Bourdieu, and conspicuous consumption. Journal of Economic Issues,35, 99-115.

[115]U.S. Bureau of Labor Statistics. (2013). Consumer expenditures-2012. News release. Washington, DC: Author. Retrieved from http://www.bls.gov/news.release/pdf/cesan.pdf.

[116]Veblen, T. B. (1899). The theory of the leisure class. Boston: Houghton Mifflin.

[117]Vendemia, M. (2008). Housing expenditures by race and Hispanic or Latino origin. In Consumer Expenditure Survey Anthology, 2008 (pp. 78-86). Report 1009. Washington, DC: U.S. Bureau of Labor Statistics.

[118]Wagner, J., & Hanna, S. (1983). The effectiveness of family life cycle variables in consumer expenditure research. Journal of Consumer Research, 10(3), 281-291.

[119]Walsh, G., Mitchell, V. W., & Hennig-Thurau, T. (2001). German consumer decision-making styles. Journal of Consumer Affairs, 35(1), 73-95.

[120]Wang, Z. (2009). The convergence of health care expenditure in the US states. Health Economics,18(1), 55-70.

[121]Wang, Y., & Griskevicius, V. (2014). Conspicuous consumption, relationships, and rivals: Women's luxury products as signals to other women. Journal of Consumer Research, 40(5), 834-854.

[122]Wang, J., & Xiao, J. J. (2009). Buying behavior, social support, and credit card indebtedness of college students. International Journal of Consumer Studies, 33, 2-10.

[123]Webb, D. J., Mohr, L. A., & Harris, K. E. (2008). A re-examination of socially responsible consumption and its measurement. Journal of Business Research, 61(2), 91-98.

[124] Weber, M. (1978), Economy and society. English Transition. (Original work in German published1956). Berkley, CA: University of California Press.

[125]Wee, C. C., Phillips, R. S., Legedza, A. T. R., Davis, R. B., Soukup, J. R., Colditz, G. A., et al. (2005). Health care expenditures associated with overweight and obesity among us adults:Importance of age and race. American Journal of Public Health, 95(1), 159-165.Welles, G. (1986, May 21). We're in the habit of impulsive buying. USA Today, p. 1.

[126]Wilcox, D. W. (1989). Social security benefits, consumption expenditure, and the Life Cycle Hypothesis. Journal of Political Economy, 97(2), 288-304.

[127]Wilcox, J. (2007). Forecasting components of consumption with components of consumer sentiment. Business Economics, 42(4), 22-32.

[128]Wilkes, R. E. (1995). Household lifecycle stages, transitions and product expenditures. Journal of Consumer Research, 22(June), 27-42.

[129]Winkelmann, R. (2010). Conspicuous consumption and happiness. Zurich, Socioeconomic Institute Working Paper.

[130]Witkowski, T. H., & Reddy, S. (2010). Antecedents of ethical consumption activities in Germany and the United States. Australasian Marketing Journal, 18(1), 8-14.

[131]Xiao, J. J., & Anderson, J. G. (1997). Hierarchical financial needs reflected by household finan-

cial asset shares. Journal of Family and Economic Issues, 18(4), 333-356.

[132]Xiao, J. J., & Li, H. (2011). Sustainable consumption and life satisfaction. Social Indicators Research, 104(2), 323-329.

[133]Xiao, J. J., & Olson, G. I. (1993). Mental accounting and saving behavior. Home Economics Research Journal, 22(1), 92-109.

[134]Yang, F. (2009). Consumption over the life cycle: How different is housing? Review of Economic Dynamics, 12(3), 423-443.

[135]You, W., & Nayga, R. M., Jr. (2005). Household fast food expenditures and children's television viewing: Can they really significantly influence children's dietary quality? Journal of Agricultural and Resource Economics, 30(2), 302-314.

[136]Zan, H., & Fan, J. (2010). Cohort effects of household expenditures on food away from home. Journal of Consumer Affairs, 44(1), 213-233.

[137]Zeldes, S. P. (1989). Consumption and liquidity constraints: An empirical investigation. Journal of Political Economy, 97(2), 305-346.

[138]Ziol-Guest, K. M., DeLeire, T., & Kalil, A. (2006). The allocation of food expenditure in married and single-parent families. Journal of Consumer Affairs, 40(2), 347-371.

[139]Ziol-Guest, K., Kalil, A., & DeLeire, T. (2004). Expenditure decisions in single-parent households. In A. Kalil & T. DeLeire (Eds.), Family investments in children: Resources and parenting behaviors that promote success (pp. 181-208). Mahwah, NJ: Erlbaum.

[140]Zuvekas, S. H., & Cohen, J. W. (2007). Prescription drugs and the changing concentration of health care expenditures. Health Affairs, 26(1), 249-257.

第10章 消费者借贷

摘要： 本章首先对消费者借贷及其与消费者经济福利之间的关系进行了回顾，接着梳理了几种主要贷款类型的相关研究文献，这些贷款类型包括住房抵押贷款、汽车贷款、教育贷款、信用卡和发薪日贷款。最后，本章还对消费者破产的相关文献进行了回顾。

10.1 消费者负债概述

在不同的语境中，负债（Debt）也被称为借贷（Borrowing）、信贷（Credit）、贷款（Loan）和债务（Liability）。消费者负债具有帮助消费者实现在整个生命周期里使消费曲线更加平滑的作用。若没有消费者负债，很多消费者可能不能够拥有自己的房屋、接受大学教育、买车和消费其他昂贵的产品和服务。因此，在负债额度可控的前提下，负债能够提升消费者的经济福利。

然而，如果消费者不能按时偿还他们的贷款，他们拖欠的贷款将会不断积累，并且不得不偿还本金和利息。尽管负债状况是对消费者经济状况的客观衡量，但并不能用来直接衡量消费者的经济福利。能否获取信贷可以看作消费者经济福利的指标，因为它让消费者能够用自己未来的钱来为当前的消费买单。然而，若因债务过高而导致破产，则会让消费者在经济上处于困境。因此，为了帮助消费者提高经济福利，消费者负债必须得到妥善的管理。消费经济学领域的学者指出，适当的借贷是理性的行为，是平滑生命周期各期消费所必需的。Dynan（2009）讨论了消费者负债的优点和缺点。根据她的研究，尽管负债具有积极和消极的两个方面，但是在过去的三十年里，过度使用消费者借贷更多的是损害了消费者的经济福利。

近年来，消费者负债迅速增长。根据美国的加总数据，Dynan 和 Kohn（2007）发现，家庭总体债务与家庭个人总收入之比在 1980—2006 年间从 0.6 上升到了 1.0。偏好、利率和家庭预期收入的变化，不是消费者借贷增加的原因，但人口统计学特征的变化可以部分地解释负债的增加。房价的增长似乎是消费者负债增加的主要原因，它从几个不同的路径影响着家庭借贷。金融机构不断地进行金融创新，似乎也推动了消费者负债种类和数量的增加（Dynan 和 Kohn，2007）。

消费者负债还影响着消费者的生活，例如，会对消费者的婚姻满意度产生影响。

Dew（2008）使用美国全国家庭和住户调查数据，探讨了负债额大小与婚姻满意度的关系，发现消费者债务数量的变化确实会对已婚大妇的婚姻满意度产生影响。消费者债务的数量越多，夫妻在一起的时间就越少，夫妻之间关于金钱的争吵就越多，这些都会导致夫妻之间的婚姻满意度下降（Dew，2008）。

不同类型消费者贷款的可贷款额度和利率存在差别。2013年，74.5%的美国家庭都至少背负了一种贷款，其中42.9%的家庭有自住房屋按揭贷款，20%的家庭使用了教育贷款，30.9%的家庭使用了汽车贷款，10.1%的家庭有其他分期贷款，38.1%的家庭存在没有偿还的信用卡欠款。所有这些家庭的债务中位数为60 400美元。首套住房贷款及住房相关财产的贷款中位数分别为115 000美元和90 000美元。教育贷款、汽车贷款、其他分期贷款和信用卡贷款的中位数分别为16 000美元、11 900美元、3 300美元和2 300美元（Bricker等，2014）。

部分基于债务的财务指标，可以用来衡量债务负担。这些指标都与消费者的经济福利呈负相关关系。一个被广泛采用的比率是杠杆率，即总债务与总资产的比率。在2013年，美国家庭的总杠杆率是14.6%，借款者杠杆率的中位数是38.6%，而2001年总杠杆率和借款者的杠杆率的中位数则分别是12%和29.4%（Bricker等，2014）。

另一个被广泛采用的财务指标是债务收入比。2013年，美国家庭的总债务收入比是104.6%，借款者的债务收入比中位数为107.4%，而2001年这两个指标则分别为80.1%和76.7%。当期需偿还的总贷款与收入之比为12%，借款者该项指标的中位数为15.9%，与2001年相比有小幅下降。2013年，8.2%的美国家庭当期需偿还贷款与收入的比率超过40%，而2001年的这一比例为8.8%（Bricker等，2014）。

使用1992—2005年的消费者支出调查数据，学者们对偿债比率（DSR）各相关因素之间的关系进行了探讨。研究发现，高的偿债比率并不意味着消费者的消费对其收入变化具有更高的敏感性。然而，DSR确实有助于识别那些借贷受到限制的家庭。特别地，低流动资产和高负债比率家庭的消费，对收入变化的敏感性高于其他低流动资产的家庭（Johnson和Li，2007）。

债务拖欠可以被视作经济福利恶化的指标，因为它意味着消费者在财务上出现了困难。2013年，14.9%的美国家庭出现债务拖欠，6.9%的家庭拖欠债务超过60天，而2001年这两个指标分别是14%和5.3%（Bricker等，2014）。Xiao和Yao（2014）利用消费者金融调查数据，对消费者借贷违约与其所处的生命周期阶段进行分析，发现在家庭生命周期的15个阶段中，最容易出现违约（拖欠偿还贷款60天以上）的3个阶段分别是：育有7岁以上子女的年轻父母、育有15岁以上子女的单身中年父母、育有15岁以下子女的单身父母。较年轻的家庭相比于年长的家庭更容易出现财务困境；有小孩的家庭出现债务违约的概率会增加（Xiao和Yao，2014）。

10.2 住房抵押贷款

对美国家庭来说，住房抵押贷款已经变得越来越重要。对大多数消费者来说，如果没有住房抵押贷款，成为有房一族的梦想将难以实现。抵押贷款占美国家庭总资产的比率从1949年的15%上升到1979年的28%，2001年进一步上升到41%（Green和Wacher，2005）。房价不断上升和利率不断下降的大环境，使得许多家庭能够通过抵押贷款融资来提高家庭的资产净值。部分因素与抵押贷款再融资的繁荣有关，如自有住房率的上升、家庭资产价值的上升、历史上少见的低利率、再融资的增加、家庭住房净值贷款的增加、相对放松的信贷监管和更多的股权投资（Lander，2008）。需要指出的是，对偏好当前消费的家庭来说，借新债还旧债是个危险的诱惑，会使得家庭的储蓄减少（Khandani等，2013）。

现代美国抵押贷款的结构随着时间的推移而不断演变。19世纪30年代以前，美国的抵押贷款在今天看来已经面目全非：利率不一、首付高且期限短。大萧条之前，典型的住房拥有者通常对他们的家庭贷款每年进行一次调整。然而，现在美国的抵押贷款与其他国家相比，可以给消费者提供更多的选择：可以选择固定利率或浮动利率，选择是否在贷款申请和实际购买房屋之间锁定利率，选择利率重设的时间，选择分期偿还的间隔和形式，预付款自由，并且一般都是用房屋净值作为抵押进行自由地借贷。消费者还可以用极低的首付，获得条件极具吸引力的住房抵押贷款（Green和Wacher，2005）。

住房抵押贷款对绝大多数人来说是可获取的，因为美国抵押贷款体系为房利美（Fannie Mae）和房地美（Freddie Mac）提供了隐性的政府担保，解决了如何说服低风险借款者与高风险借款者加入广泛的抵押贷款资金池的问题。这些抵押贷款资金池为抵押贷款支持证券的发行提供了强有力的后盾，上述证券可以随后在金融市场上出售。但是对住房抵押借款者来说，获得好处的同时也面临了一系列的风险——房利美和房地美担保失灵的风险，这将会花费联邦政府大量的资金，或者给美国金融市场带来系统性风险，又或者是两者兼而有之（Green和Wtcher，2005）。不幸的是，这个担忧在2008年成为现实。

住房抵押贷款市场在2005年的中期受到了首次冲击，随后情况开始迅速恶化。根据美国抵押贷款银行家协会（Mortgage Bankers Association，MBA）的数据，抵押贷款的严重债务拖欠率（拖欠还款90天以上或者已经丧失抵押品赎回权）从1979年到2006年之间的平均值为1.7%。但是，在2008年的第三季度，该比率飙升至5.2%。抵押贷款的拖欠，预示了丧失抵押品赎回权的抵押贷款率的迅速上升：约170万消费者的住房在2008年的第三季度丧失了赎回权，相比于2007年前三季度的110万，这个数字上升了62%（Mayer等，2009）。

抵押贷款违约和拖欠被认为是消费者经济福利恶化的指标。抵押贷款违约和拖欠，主要集中在那些抵押贷款被归类为次级或接近一级的借款者中。部分住房抵押贷款市场的主要参与者，把上述两类贷款归类为非一级借款。尽管没有一个严格的分类标准，但次级贷款通常被贷给那些有信用污点和仅能够支付很少首付的家庭。准优质抵押贷款（Near-prime Mortgages），则被贷给那些只有很少的信用问题的，或者不能或不愿意提供完备资产或收入证明的申请人。其中，部分借款者更愿意投资于房地产，而不是成为他们所购买房产的所有者（Mayer等，2009）。

松散的次级贷款承销标准（最为明显的表现是放款机构允许借款者完全不用支付首

付），以及当时美国许多地方房价停滞甚至下跌，似乎都是导致抵押贷款违约率上升的最直接因素。抵押贷款违约和拖欠数量的激增，以及无证或低额抵押贷款比例的上升，表明承销业务在其他方面也在恶化。非正规抵押贷款的特征，如利率重置、提前还款罚金或负摊销条款，似乎并不是发生违约的重要原因，因为遭受这些条款问题的借款者可以使用其他抵押贷款再融资。然而，随着市场意识到不良承销的程度和房价开始下跌，再融资的机会变得更加有限。借款者可能无法通过再融资来解决他们的债务问题，因此可能不得不违约（Mayer 等，2009）。

止赎（丧失抵押房屋的赎回权）是消费者经济福利恶化的重要指标。它也可能会对其周边区域产生负的溢出效应。Campbell 等（2009）对过去 20 年来在马萨诸塞州的房屋交易数据进行研究，发现在止赎或售卖时间上与至少一个卖方的死亡或破产时间相近的房屋，会以比其他周边房屋更低的价格出售，且折扣特别大，平均为房屋价值的27%。止赎折扣似乎与周边低房价所带来的威胁有关。他们还发现，以止赎出售的房屋为中心，每靠近 80 米，邻近房子的价格将下降约 1%（Campbell 等，2009）。

发生大量止赎和违约可能是由消费者在金融知识方面的有限认知造成的。消费者可能难以理解与抵押相关的专业术语，从而做出不明智的贷款决策。研究表明，从 20 世纪 90 年代末到 21 世纪初，许多美国家庭——特别是所受教育程度较低和相对不富裕的家庭——支付的抵押贷款利率比实际需要的高（Campbell，2006）。美国家庭通常需要在固定利率抵押贷款（Fixed-Rate Mortgage，FRM）和可调利率抵押贷款（Adjustable-Rate Mortgage，ARM）之间做出选择。理论研究表明，ARM 一般更具有吸引力，但对于那些背负大额抵押贷款、收入不稳定、违约成本高或迁徙可能较低的风险厌恶家庭来说，情况却并不是这样的（Campbell 和 Cocco，2003）。实际上，许多消费者可能不知道FRM 和 ARM 之间的差异，这导致了抵押贷款产品的误用。Bucks 和 Pence（2008）通过将以家庭为单位报告的消费者金融调查数据中的上述变量的分布情况，与放贷机构报告的数据的分布进行比较，来评估借款者是否知道他们的抵押贷款条件。尽管大多数借款者似乎都知道基本的抵押贷款条款，但是 ARM 的借款者似乎会低估或不知道他们的利率可能会改变多少。如果利率上升，付款发生大幅变化的借款者更有可能声称他们不知道这些合同条款。收集和处理这些信息的困难，可能是借款者缺乏贷款知识的原因之一（Bucks 和 Pence，2008）。

政府应当通过立法，来使想要通过抵押贷款购买房屋的家庭能够获得更多关于抵押贷款方面的信息。研究表明，当所有费用都计入贷款利率时，家庭将支付较低的抵押贷款费用，从而简化了成本比较的工作（Woodward，2003）。有的学者主张，抵押贷款中未偿还的本金余额，应该根据房屋抵押品所在区域的房价进行自动调整（Shiller，2008）。Thaler 和 Sunstein（2008）指出，住房抵押贷款应以标准化的形式公布在网上，以便于消费者在购房时进行比较。

10.3 汽车贷款

包括轿车和轻型卡车在内的汽车，是美国消费者持有的最常见的非金融资产。2001

年，拥有汽车的家庭所占份额超过84%，高于拥有自有住房的家庭的份额，而后者的份额为68%。大约3/4的汽车消费通过信贷融资完成，汽车消费贷款是家庭借贷最常见的形式之一（Agarwal等，2008）。

汽车贷款可以帮助消费者平滑消费并减少借贷限制。根据消费支出调查的数据，有研究分析了消费者在通过汽车贷款使其可支配收入实现可预见增长（汽车贷款使得当期支出减少）时，他们在其他产品上的消费情况。结果表明，进行汽车贷款会导致可支配收入每增加10%，非耐用消费增加2%~3%（Stephens，2008）。

消费者对汽车贷款的需求会依据期限和利率的差异而有所不同。采用消费者支出调查中关于汽车贷款合同的数据，Attanasio等（2008）估计了贷款需求相对于利率和还款期限的弹性。他们发现，除了高收入家庭，其他消费者对还款期限反应敏感，但对利率变化反应不敏感。这两种弹性都会随着家庭收入的变化而改变，还款期限弹性随着收入的增加而降低，还款利率弹性则随收入增加而上升（Attanasio等，2008）。

与汽车贷款预付款相关的因素，在已有文献中得到了确认。Agarwal等（2008）在大量贷款样本中，用竞争性风险框架分析了汽车贷款的提前偿付和违约概率之间的关系。研究发现，当汽车贷款人的信用风险（由Fair Isaac Corp评分）降低时，违约概率也会降低，而要求提前付款的概率会升高。贷款与汽车价值的比率增加，则提高了违约的概率，并使得要求提前付款的概率上升（Agarwal等，2008）。有研究对次级汽车贷款的违约和提前偿付的竞争风险模型进行了估计，结果表明提前还款比率会随还款期限的延长而快速上升，但不受现行市场利率的影响。违约率比提前还款率更容易受到总体经济冲击的影响。失业率的增加带来违约率的上升，表明次级汽车贷款违约主要是由家庭资产流动性危机所引起的（Heitfield和Sabarwal，2004）。

低收入消费者可能更倾向于通过社区信用社，而不是社区银行（传统商业银行）获得汽车贷款。根据从实际汽车贷款申请中收集的数据，学者们考察了社区信用社和传统社区银行在审核汽车贷款时对待关系贷款的差异性。研究发现，社区银行依赖于信用评分，而不是依靠关系发放贷款。然而，关系贷款是信用合作社进行贷款决策的关键因素。与信用合作社有密切联系的低收入家庭，尽管信用记录不佳，仍有可能获得贷款（Holmes等，2007）。

10.4　教育贷款

教育贷款为消费者投资子女或自身人力资本提供了重要的资源。近几十年来，美国家庭，尤其是年轻家庭（成员年龄在40岁及以下的家庭）的教育贷款持有率和规模有所增加。从2001年到2013年，在年轻家庭中，教育贷款的持有率从22.4%上升到38.8%，教育贷款的中位数从10 500美元上升到16 800美元（Bricker等，2014）。

Avery和Turner（2012）使用美国国家统计数据，验证了学生是否为他们的大学投资借了过多债务。根据过去30年的国家统计数据，他们发现大学毕业生的毕生收入高于高中毕业生。近年来，接受过大学教育者与只接受过高中教育者的收入差距在持续扩大。例如，根据全国统计收入的平均数，按每年3%的折现率计算现值，到64岁时，大学毕业生的加总净收入接近120万美元，而高中毕业生的加总净收入约为78万美元。考虑就读大学、专业选择及收入分配等因素，研究发现，总体而言，学生没有因入学就读而过度借用教育贷款。此外，有证据显示，部分学生未能充分使用政府资助的学生贷款，而借用过多的信用卡债务或牺牲过多的学习时间来做兼职工作。该项研究还表明，部分以营利为目的的大学，其学生可能借贷过多，超过了进入大学学习所能给他们带来的收益（Avery和Turner，2012）。

不同学生对于教育贷款的使用可能有不同特点。Birch和Miller（2008）考察了在澳大利亚申请政府补贴学生贷款的决定因素。研究发现，学生的社会经济地位，在很大程度上决定了他们能否获得全额助学贷款。其他主要的决定因素包括学生的人口统计学特征和大学招生特点。Ionescu（2008）根据美国的数据，研究了在美国联邦学生贷款计划（Federal Student Loan Program，FSLP）下，获得高等教育资助的大学毕业生的还款行为。研究表明，债务较低的大学毕业生将按固定利率还款，而债务较高的大学毕业生将转入与收入相匹配的还款计划（旨在帮助低薪工作的学生，如在非营利组织或公共领域服务的学生偿还贷款）。使用该模型定量化分析2006年的改革（消除了锁定学生贷款利率的可能性）所带来的效应，Ionescu发现改革导致违约率显著增加，这主要是由低收入借款者的违约所造成的。基于收入的生命周期和人力资本积累的异质模型，有研究量化分析了教育贷款政策对大学入学率、借款行为和违约率的影响。学习能力和人力资本初始投资，共同决定了一个人是否选择进入大学，而父母的财富对子女是否选择进入大学的影响很小。还款的灵活性显著提高了入学率，而贷款申请资格的放宽对入学率或违约率几乎没有影响。灵活的还款政策使低收入家庭受益，而贷款申请资格的放宽对这些家庭的影响可以忽略不计（Ionescu，2009）。

部分研究探讨了学生对教育贷款的反应。Wells（2007）分析了大学生对债务的态度，以明确他们不关心自己高债务水平的原因。总体而言，受访者不太关心他们的债务和未来的财务状况。在这个问题上，大一或大二的学生表现得最为乐观，研究生及本科高年级受访者相对来说认为他们负担的债务贴现值最大（Wells，2007）。Kuzma等（2010）研究了在经济衰退期间，一所中西部州立大学商学院大三和大四年级学生的工作负担、债务水平，以及他们对债务的认知水平。总体而言，学生们自信他们能够在毕业时找到工作，并能负担得起需要偿还的债务。结果表明，受访者对未来的工资预期，将受到这种信心的显著影响。此外，学生对其就业前景和债务管理能力的信心，以及对债务可能会影响他们未来生活的程度的认知，与学生债务水平显著相关（Kuzma等，2010）。Haultain等（2010）考察了当前和未来新西兰大学生看待债务的态度。结果显示，大学生们的态度由两个部分组成，即对债务和债务效用的恐惧。平均而言，纵向地，学生在中学毕业和完成大学第一年学业时，对债务变得不那么恐惧，但他们对债务效用的看法，仍然保持不变（Haultain等，2010）。

部分对教育贷款的研究，侧重于公共政策方面。在道德风险背景下，关于奖学金或学生贷款这二者谁能更好地改善学生福利的理论研究表明，对大学毕业生的收入征税以获取融资的奖学金方案，在改善学生福利方面至少与教育贷款一样好。事实上，如果个人的努力和父母的支持，可以被政策制定者观察到的话，那么前者（奖学金）将是最优的；如果个人的努力和父母的支持不能被完全了解的话，奖学金资助的方式也是次优于教育贷款的（Cigno 和 Luporini，2009）。学者们认为，教育投资的独特性质导致教育贷款市场的失灵。尽管在经验上，教育贷款市场失灵假说成立，但是教育投资的风险回报率仍具有吸引力。在对教育贷款市场失灵的有关文献的回顾中，学者们提出了反对市场失灵假说的观点，并表明应该正确地界定和保护借款者对他们自己未来收入的财产权。保护财产权和消除教育贷款补贴可以促进更健康的教育贷款市场的形成（Carver，2007）。

关于教育贷款是否应该在破产中被免除这一议题，在已有的研究文献中有所涉及。通过文献回顾，学者们发现加拿大、澳大利亚、英国、美国和新西兰这五个国家对政府学生贷款破产的做法非常相似，即高中毕业后申请的受政府或政府关联机构补贴的教育贷款在破产时将不能得到免除。这种做法主要基于两个重要的理由：防止学生破产的滥用和保护公众利益的需要。然而，有学者认为这是没有根据的（Ben-Ishai，2006）。目前，美国的《破产法案》（Bankruptcy Code）特别规定，教育贷款在破产时不能得到免除。这意味着，与所有其他无担保债务不同，教育贷款不能通过破产程序免除。它们保留下来，并继续困扰债务人在破产后的生活。这种规定非常苛刻，部分学者建议采用美国几个学费高昂的法学院所使用的收入匹配还款方法来减轻借款者的债务负担（Pottow，2006）。然而，最近的一些判决表明，法院倾向于逾越《破产法案》的规定，给出它们认为对于挣扎在教育贷款偿还中的债务人更公平的判决。例如，部分法院现在允许免除部分教育贷款，特别是免除那些造成过度财务困难的部分债务，以此减轻不恰当的困难标准对债务人造成的痛苦。其他学者强调，根据《破产法案》，部分解除破产学生贷款债务是法院的一个无效判决。这里有两个原因：第一，法院没有规定"过度负担"的判定标准，通常采用最严格的标准来确定借款者是否存在过度的负担；第二，也没有法定或公平的程序赋予法院权力选择哪部分教育贷款债务可以被免除（Miller，2004）。

10.5 信用卡贷款

信用卡债务属于无担保债务。大多数消费者使用信用卡是为了方便，他们按时还款，不累积债务。然而，部分消费者使用信用卡来借款并累积债务，这将使他们支付比抵押贷款、教育贷款和其他贷款更高的利率。信用卡使用的普及，是由信用市场管制放松造成的。

20 世纪 70 年代末，信贷市场的管制放松使得信用卡银行等金融机构蓬勃发展起来。在放松管制之前，银行中的信用卡部门总是亏损，但是在放松管制之后，信用卡成为银行的现金牛业务（Manning，2000）。研究表明，尽管信用卡行业在放松管制后看起具有竞争性市场的特点，但其行为与传统经济理论的预测不一致，因为银行业的信贷部门在 1983—1988 年这段时间里赚取的回报率是银行其他一般部门回报率的 3~5 倍（Ausubel，1991）。根据经济理论，如果信用卡行业是竞争性市场，那么与银行其他部门相比，它不应该获得这么高的回报率。信用卡业务的利润在 20 世纪 90 年代末仍然很高（Ausub-

el，1997）。另有研究发现，1978年最高法院的判决从根本上改变了信用卡贷款市场，显著扩大了信用卡贷款的可得性，提高了借款者的平均风险溢价。该判决结果导致信用卡发放量大幅增长，持有人的平均信用质量下降，并由此造成了个人破产数量在较长时期内持续增长（Ellis，1998）。对消费者而言，特别是对低收入消费者而言，一个好消息是他们比以前更容易获得信贷（Bird 等，1999；Johnson，2005；Lyons，2003）；而坏消息是，这些消费者的违约率可能会上升，在信贷市场中可能出现逆向选择问题。有研究采用主要信用卡发行商提供的市场实验数据，得到了支持这一论点的证据。同时，研究发现信用较差的消费者更有可能接受信用卡的苛刻条款，而接受苛刻条款的消费者显然更容易违约（Ausubel，1999）。

信贷市场管制的放松，使某几类特殊人群能够获取信用卡贷款，但他们可能会出于不恰当的目的使用信用卡贷款。Lyons（2003）估计了美国家庭信贷获取能力的变化趋势，根据她的调查结果，所有家庭获得所期望债务水平的能力在1992年之后增加，并且在1992—1998年之间显著上升。在信贷获取方面获得最大收益的群体是黑人家庭和长期低收入家庭（Lyons，2003）。Bird 等（1999）使用1983—1995年的SCF数据，跟踪了贫困者债务状况与大众相比的变化，发现贫困家庭信用卡申请量的增速是信用卡申请量总体增速的两倍多；贫困家庭信用卡的平均欠款额的增速，几乎与非贫困家庭的欠款额增长得一样快（Bird 等，1999）。Draut 和 Silva（2003）归档整理了美国家庭在1989—2001年的信用卡使用情况，发现收入低于1万美元且欠有信用卡债务的家庭所占比例增加了184%。黑人和拉美裔消费者比白人欠有更多的信用卡债务（Draut 和 Silva，2003）。Johnson（2005）基于消费者金融调查数据，分析了信用卡市场的变化情况。由于信用评分技术的改进和信用卡债务的风险定价，拥有信用卡的家庭，特别是低收入家庭的比重在增加（Johnson，2005）。还有研究考察了全国低收入和中等收入消费者的信用卡使用情况，发现10个家庭中有7个家庭使用信用卡作为支付汽车维修费、基本生活支出、医疗费用或房子维修费用的安全保障（或缓冲）。接近一半的人有错过或延迟还款的经历，近1/4的家庭报告称至少有一次或两次缴纳了滞纳金（Demos and Center for Responsible Lending，2005）。

处在不同生命周期阶段的消费者，其信用卡的使用情况可能有所不同。研究发现，与年轻的单身人士相比，年长的独居家庭和单亲家庭更可能欠有信用卡债务，无子女的中年夫妇更不可能欠有信用卡债务，只有独居家庭比年轻的单身人士更可能欠有更多的信用卡债务。超支与信用卡余额的多少及信用卡债务金额大小有关（Baek 和 Hong，2004）。使用信用卡的正确态度（如使用信用卡进行多种类型的购买）与信用卡债务相关（Chien 和 DeVaney，2001）。

对于处在生命周期早期阶段的消费者，特别是对年轻人来说，信用卡管理是个人理财的关键。对大学生使用信用卡行为的研究在过去20年就已经开始（Grable 和 Joo，2006；Hayhoe 等，1999；Hayhoe 等，2000；Joo 等，2003；Lyons，2004；Lyons，2008；Palmer 等，2001；Wang 和 Xiao，2009；Xiao 等，1995）。对来自阿肯色州、加利福尼亚州和俄亥俄州的4 000多名学生的调查显示，在学生的大学学习过程中，他们申请得到更多的信用卡，并且累积了更多的信用卡债务。此外，每周工作10小时以上的学生比每周工作时间少于10小时的学生更有可能发生债务问题（Dale和Bevill，2007）。危险的信用卡使用行为，是指欠有信用卡债务、不全部支付信用卡账单、延迟信用卡还款及超额透支信用卡的做法。这些危险的信用卡使用行为可能会对生活造成负面影响，如损害健康（Adams和Moore，2007；Nelson等，2008）。研究发现，信用卡债务增加了大学生的经济压力（Grable和Joo，2006）。危险的信用卡使用行为与冲动性购买（Roberts，1998；Roberts和Jones，2001）和物质主义（Pinto等，2000）相关。此外，信用卡债务也可能影响大学生的学业成绩（Pinto等，2001）。

相反地，研究表明，采取积极恰当的金融行为，包括正确的借贷行为，一般有助于提高生活满意度和其他与生活相关领域的满意度（Serido等，2014；Shim等，2009；Shim等，2010；Xiao等，2007；Xiao等，2009）。金融知识越丰富的大学生，越不容易出现不当的信用行为（Xiao等，2011；Xiao等，2014）。2009年《信用卡问责与披露法案》（Credit Card Accountability Responsibility and Disclosure Act）颁布实施后，大学生对信用卡的使用有所减少。根据这项法律，21岁以下的年轻人需要成年人联署才能拥有信用卡。

10.6　发薪日贷款

消费者借入次级债是经济福利恶化的表现。因为次级债手续费高，通常是贷给那些经济状况处于弱势的消费者的（Lander，2008）。发薪日贷款（Payday Loan）是次贷产品的典型形式，往往采用相对标准的形式和贷款流程。一般来说，消费者走进营业厅，请求贷款并提供工作证明，如果贷款得到批准，在几分钟后将拿着贷款走出营业厅。2013年，4.2%的美国家庭使用了发薪日贷款（Bricker等，2014）。其"典型"的贷款条件是，每借入100美元需偿还15~30美元的利息（Stegman，2007），收取的费用比主流金融机构要高得多。

大多数发薪日贷款用户来自低收入、少数种族群体，以及军人家庭。申请发薪日贷款要求客户必须拥有支票账户并且有工作。研究发现，发薪日贷款的目标客户群体一般非常年轻（45岁以下），65%的家庭有18岁以下的孩子，大多数来自中低收入、中等教育水平和流动资产有限的家庭（Lawrence和Elliehausen，2008）。其中，不到一半的家庭拥有储蓄（Elliehausen，2009）。一般来说，处在这个生命周期阶段的消费者对借贷的需求很高，虽然92%的家庭依赖于其他类型的贷款，但大多数家庭在过去12个月中都被拒绝过贷款申请，他们的信用卡额度已用完，还款能力被密切关注，且不太可能获得抵押贷款（Lawrence和Elliehausen，2008）。

发薪日贷款的风险包括支付高额利息，如果其被重复使用，债务将可能会失去控制。部分研究表明，发薪日贷款不利于缓解财务困境（Melzer，2009），并与军人借款者较差的工作表现有关（Carrell和Zinman，2008）。为了保护作为军人的借款者，2007年的《国家安全法案》（National Defense Authorization Act）限定发薪日贷款年利率最高为36%，批评该贷款的人士主张对所有发薪日贷款都适用该法案（最高利率为36%）

（CRL，2009）。

然而，部分学者认为，发薪日贷款之所以这么普遍是有原因的。发薪日贷款可能是特定消费者能够获得的唯一借款来源。如果没有发薪日贷款，那么这些消费者可能会借入手续费更高的贷款，或者面临没有贷款造成的更糟糕的后果，如无法支付上下班通勤用汽车的维修费用，从而不能按时上班，甚至是失去工作（Campbell等，2010）。

10.7 破产

破产是消费者经济福利恶化的表现，因为它表明个人财务状况出现了严重的问题。目前的破产法允许消费者在破产条款之间进行选择。当面临极端的财务困难时，可选择第7章条例或第13章条例。第7章条例是快速债务清算，通常被称为直接破产。选择第13章条例，需要债务人承诺用长达5年的全部可支配收入来偿还债务（Lown，2008）。美国个人破产申请的数量在1980—2005年间增长了5倍，从1980年的每年约30万例增加到2001—2005年的每年100多万例。到2000年初，每年申请破产的人数多于从大学毕业的人数、离婚的人数，或被诊断患有癌症的人数（White，2009）。从经济学角度来看，破产对消费者有两个好处，即起到消费保险（针对过度消费的负面后果）和创业保险（针对经营不善的后果）的作用。在回顾相关文献后，研究发现，由于美国各个州的破产法律只在豁免财产条目上有差异，因此学者们集中研究资产豁免对破产的影响，并发现高收入消费者在高豁免的州会有更多的借贷，高豁免的州会有更多的企业家申请破产（White，2009）。

学者们试图确定与申请破产有关的因素。Sullivan等（1989）利用20世纪70年代后期的消费者破产项目（Consumer Bankruptcy Project，CBP）的数据，发现债务人通常是美国的中产阶级，他们由于不可控的债务和不断增加的经济波动而对债务失去控制（Sullivan等，1989）。在CBP II中，Sullivan等（2000）确定了与破产申请相关的五个影响因素：失业、上升的债务水平、离婚、意外医疗费用和无法负担的房价。也有学者认为，除了失业和离婚外，其他一些因素更加重要，如赌博、信用卡透支和其他债务问题等（White，2009）。基于2003年特拉华州的个人破产申请数据，Zhu（2008）在研究中发现了其他的债务来源。结果表明，住房和耐用消费品的家庭支出，如房屋和汽车支出，是造成个人破产的主要原因。在回顾了几个相关研究之后，White（2007）指出，典型的破产申请者不是中产阶级消费者，而是不断走向贫困的消费者。总的来说，自1980年以来，信用卡和抵押贷款市场的繁荣是导致美国破产申请数量增加的最重要的原因（White，2007）。

《防止破产滥用和消费者保护法案》（Bankruptcy Abuse Prevention and Consumer Protection Act）于2005年10月生效。2005年，个人破产申请的数量达到顶峰，并且超过200万起。新法案有两个主要变化：一是通过严格的审核标准和昂贵的申请费用来减少破产条例的选择；二是要求在破产申请前进行咨询并在破产后开展事后教育（Lown，2008）。新法案的主要目的是缩小个人破产的规模，这个缩减的目标似乎在2006年（597 965起破产申请）和2007年（822 590起破产申请）就已达成。然而，在2008年和

2009 年，这个数字又恢复到了非常高的水平，2008 年和 2009 年分别有 1 074 225 起和 1 412 838 起破产申请（接近 2001 年的水平）（American Bankruptcy Institute，2010）。这可能是由于受金融危机的影响，美国消费者面临大量失业和收入大幅下降所造成的。

学者们探讨了 2005 年的新个人破产法是否在引发住房抵押贷款危机或使其恶化方面发挥了作用。特别地，研究发现，房主在决定是否在住房抵押贷款上违约和是否申请破产之间存在着强烈的并且以前未被注意到的关系。在理论上，破产和违约，可能存在替代或互补的关系。结果表明，对大多数房主来说，破产与贷款违约之间是互补的关系，止赎和破产之间的关系也是互补的。但是，2005 年的破产法改革后，房主将破产视为违约和止赎的替代品（Li 和 White，2009）。

学者们分析了新破产法的第 13 章条例如何帮助财务困难的债务人保住自己的住房、避免止赎、使债务人有更多的时间偿还抵押贷款，并且增强他们偿还抵押贷款的能力以免除部分或全部无担保债务。部分研究还发现，几乎所有使用第 13 章条例的债务人，都希望能够保住自己的住房。尽管 2005 年通过的这项重大破产法改革，旨在强迫收入较高的破产者偿还第 13 章条例规定的部分无担保债务，但现实情况并非如此。White 和 Zhu（2010）讨论了如何使用破产来解决止赎危机，在第 13 章条例中，当债务人的抵押贷款超过了他们的住房价值时，法官可以限制（或部分免除）抵押贷款债务（White 和 Zhu，2010）。也有研究指出，新的破产法不能解决导致破产的根本问题，如改善就业机会和收紧信贷管制等（Lown，2008）。

10.8　总结

债务使消费者能够买到他们原来没有能力购买的商品，从而改善其经济福利。如果没有贷款，很多消费者将不能购买住房、汽车、教育服务和其他耐用消费品。在衡量消费者经济福利的指标中，与债务有关的指标比纯债务的指标更好。衡量总债务负担的指标包括杠杆率、债务/收入比率与还款/收入比率。当还款/收入比率为 40% 或更高时，表明消费者出现了严重的财务困难。尽管消费者借贷对消费者有利，但过于沉重的债务负担会对消费者的经济福利产生负面影响。未来的研究可以进一步探讨债务负担程度与消费者经济福利之间的关系，并给出具体合理的参考建议，以便消费者对各种债务进行更好的管理。

抵押贷款是消费者最重要的债务形式。如果没有住房抵押贷款，大多数美国人买不起自己的住房。对于多数消费者来说，长期固定利率住房抵押贷款可能是不错的选择，但如果他们充分了解短期浮动利率抵押贷款的好处与风险，部分消费者就可能会使用可变的短期抵押贷款来改善他们的经济福利。研究表明，多数消费者在申请住房抵押贷款时，没有被充分告知他们需要知道的信息。学者们提出了多种方法帮助消费者在做抵押贷款决策时更好地了解相关情况。

部分消费者使用抵押贷款购买汽车。由于其中多数为短期贷款，所以从长远来看，它们不会影响消费者的经济福利。对于多数消费者来说，全款买车是可以负担得起的。

教育贷款被认为是对人力资本进行投资的较好方式。学者们考察了学生是否借了过多的教育贷款，证据表明答案是否定的。事实上，部分学生可能没有充分利用政府补贴的低息学生贷款。在公共政策领域，关于教育贷款是否应该在破产中被免除依然存在着争论。

用信用卡贷款的做法被认为是不可取的。信用卡存在的目的是提高支付效率，为消费者提供便利。消费者使用信用卡借款来平滑现金流量问题，短期内不会损害他们的经济福利。然而，部分消费者使用信用卡支付日常开支，从长远来看会损害经济福利，因为他们永远不会还清债务，并且可能被生活中的债务所困扰。

发薪日贷款是多数低收入消费者使用高利贷的形式之一。这些消费者以极高的利率从发薪日贷款机构借款，原因在于他们不能从提供定期的、利率低得多的贷款的主流金融机构获得借款。部分学者认为，使用发薪日贷款和其他高利贷产品可能会对消费者有一些好处。

破产是反映消费者经济福利恶化的重要指标。申请破产，说明个人的财务状况出现了严重的问题。与其他负面记录相比，如法律规定的延迟还款记录保留7年，破产记录将会被官方保留长达10年，因此消费者需要更谨慎地管理债务以避免发生破产。在2005年的破产法中，政府提高了申请破产的门槛。学者们还给出了政策建议，帮助破产的消费者和企业减少财务负担。

参考文献

［1］ Adams, T., & Moore, M. (2007). High-risk health and credit behavior among 18-to 25-year-old college students. Journal of American College Health, 56, 101–108.

［2］ Agarwal, S., Ambrose, B., & Chomsisengphet, S. (2008). Determinants of automobile loan default and prepayment. Economic Perspectives, 32(3), 17–28.

［3］ American Bankruptcy Institute. (2010). Bankruptcy statistics. Retrieved May 20, 2010, from http://www.abiworld.org/Content/NavigationMenu/NewsRoom/BankruptcyStatistics/Bankruptcy_Filings_1.htm.

［4］ Attanasio, O., Goldberg, P., & Kyriazidou, E. (2008). Credit constraints in the market for consumer durables: Evidence from micro data on car loans. International Economic Review, 49(2),401–436.

［5］ Ausubel, L. M. (1991). Failure of competition in the credit card market. American Economic Review, 81(1), 50–81.

［6］ Ausubel, L. M. (1997). Credit card defaults, credit card profits, and bankruptcy. American Bankruptcy Law Journal, 71, 249–270.

［7］ Ausubel, L. M. (1999). Adverse selection in the credit card market. mimeo. College Park, MD:University of Maryland.

［8］ Avery, C., & Turner, S. (2012). Student loans: Do college students borrow too much—Or not enough? Journal of Economic Perspectives, 26, 165–192.

［9］ Baek, E., & Hong, G. (2004). Effects of family life-cycle stages on consumer debts. Journal of Family and Economic Issues, 25(3), 359–385.

［10］Ben-Ishai, S. (2006). Government student loans, government debts and bankruptcy: A comparative study. Canadian Business Law Journal, 44(2), 211–244.

［11］Birch, E. R., & Miller, P. W. (2008). The impact of income-contingent provisions on students' loan taking behaviour. Journal of Economic Studies, 35(1), 4–25.

［12］Bird, E. J., Hagstrom, P. A., & Wild, R. (1999). Credit card debts of the poor: High and rising Journal of Policy Analysis and Management, 18(1), 125–133.

［13］Bricker, J., Dettling, L. J., Henriques, A., Hsu, J. W., Moore, K. B., Sabelhaus, J., et al. (2014).Changes in US family finances from 2010 to 2013: Evidence from the Survey of Consumer Finances. Federal Reserve Bulletin, 100(4), 1–40.

［14］Bucks, B. K., & Pence, K. M. (2008). Do borrowers know their mortgage terms? Journal of Urban Economics, 64, 218–233.

［15］Campbell, J. Y. (2006). Household finance. Journal of Finance, 61, 1553–1604.

［16］Campbell, J., & Cocco, J. (2003). Household risk management and optimal mortgage choice. Quarterly Journal of Economics, 118, 1449–1494.

［17］Campbell, J. Y., Giglio, S., & Pathak, P. (2009). Forced sales and house prices. National Bureau of Economic Research Working Paper 14866.

［18］Campbell, J., Jackson, H., Madrian, B., & Tufano, P. (2010). The regulation of consumer financial products: An introductory essay with four case studies. Working paper. Cambridge, MA:Harvard University.

［19］Carrell, S., & Zinman, J. (2008). In harm's way? Payday loan access and military personnel performance. Working paper. Hanover, NH: Dartmouth College.

［20］Carver, A. (2007). The market failure for student loans. Journal of Private Enterprise, 23(1),101–115.

［21］Chien, Y., & DeVaney, S. A. (2001). The effects of credit attitude and socioeconomic factors on credit card and installment debt. Journal of Consumer Affairs, 35(1), 162–179.

［22］Cigno, A., & Luporini, A. (2009). Scholarships or student loans? Subsidizing higher education in the presence of moral hazard. Journal of Public Economic Theory, 11(1), 55–87.

[23]CRL. (2009). Congress should cap interest rates. Research brief. Durham, NC: Center for Responsible Lending.

[24]Dale, L., & Bevill, S. (2007). An analysis of the current status of student debt: Implications for helping vulnerable students manage debt. Academy of Educational Leadership Journal, 11(2),121−127.

[25]Demos and Center for Responsible Lending. (2005). The plastic safety net: The reality behind debt in America. New York: Authors.

[26]Dew, J. (2008). Debt change and marital satisfaction change in recently married couples. Family Relations, 57(1), 60−71.

[27]Draut, T., & Silva, J. (2003). Borrowing to make ends meet: The growth of credit card debt in the 90's. New York: Demos.

[28]Dynan, K. (2009). Changing household financial opportunities and economic security. Journal of Economic Perspectives, 23(4), 49−68.

[29]Dynan, K. E., & Kohn, D. L. (2007). The rise in U.S. household indebtedness: Causes and consequences. FEDS Working Paper No. 2007−37. Retrieved from SSRN: http://ssrn.com/abstract= 1019052.

[30]Elliehausen, G. (2009). An analysis of consumers' use of payday loans. In Financial Services Research Program, Monograph No. 41. Washington, DC: George Washington University.

[31]Ellis, D. (1998, March). The effect of consumer interest rate deregulation on credit card volumes, charge-offs and personal bankruptcy rates. Bank Trends, 98−05, 1−11.

[32]Gabaix, X., & Laibson, D. (2006). Shrouded attributes, consumer myopia, and information suppression in competitive markets. Quarterly Journal of Economics, 121(2), 505−540.

[33]Grable, J. E., & Joo, S. H. (2006). Student racial differences in credit card debt and financial behaviors and stress. College Student Journal, 40(2), 400−408.

[34]Green, R. K., & Wachter, S. M. (2005). The American mortgage in historical and international context. Journal of Economic Perspectives, 19(4), 93−114.

[35]Haultain, S., Kemp, S., & Chernyshenko, O. (2010). The structure of attitudes to student debt. Journal of Economic Psychology, 31(3), 322−330.

[36]Hayhoe, C. R., Leach, L. J., Turner, P. R., Bruin, M. J., & Lawrence, F. C. (2000). Differences in spending habits and credit card use of college students. The Journal of Consumer Affairs, 34 (1), 113−133.

[37]Hayhoe, C. R., Leach, L., & Turner, P. R. (1999). Discriminating the number of credit cards held by college students using credit and money attitudes. Journal of Economic Psychology, 20,643−656.

[38]Heitfield, E., & Sabarwal, T. (2004). What drives default and prepayment on subprime auto loans? Journal of Real Estate Finance and Economics, 29(4), 457−477.

[39]Holmes, J., Isham, J., Petersen, R., & Sommers, P. M. (2007). Does relationship lending still matter in the consumer banking sector? Evidence from the automobile loan market. Social Science Quarterly, 88(2), 585−597.

[40]Ionescu, F. (2008). Consolidation of student loan repayments and default incentives. The B. E. Journal of Macroeconomics, 8(1), Article 22. DOI: 10.2202/1935−1690.1682.

[41]Ionescu, F. (2009). The Federal Student Loan Program: Quantitative implications for college enrollment and default rates. Review of Economic Dynamics, 12(1), 205−231.

[42]Johnson, K. W. (2005). Recent development in the credit card market and the financial obligations ration. Federal Reserve Bulletin (Autumn), 91, 473−486.

[43]Johnson, K. W., & Li, G. (2007). Do high debt payments hinder household consumption smoothing? Finance and economics discussion series. Washington, DC: Federal Reserve Board.

[44]Joo, S. H., Grable, J. E., & Bagwell, D. C. (2003). Credit card attitudes and behaviors of college students. College Student Journal, 37(3), 405−419.

[45] Khandani, A. E., Lo, A. W., & Merton, R. C. (2013). Systemic risk and the refinancing ratchet effect. Journal of Financial Economics, 108(1), 29–45.

[46] Kuzma, A., Kuzma, J., & Thiewes, H. (2010). An examination of business students' student loan debt and total debt. American Journal of Business Education, 3(4), 71–77.

[47] Lander, D. A. (2008). Regulating consumer lending. In J. J. Xiao (Ed.), Handbook of consumer finance research (pp. 387–410). New York: Springer.

[48] Lawrence, E., & Elliehausen, G. (2008). A comparative analysis of payday loan customers. Contemporary Economic Policy, 26(2), 299–316.

[49] Li, W., & White, M. (2009). Mortgage default, foreclosure, and bankruptcy. SSRN Working Paper Series.

[50] Lown, J. M. (2008). Consumer bankruptcy. In J. J. Xiao (Ed.), Handbook of consumer finance research (pp. 363–374). New York: Springer.

[51] Lyons, A. C. (2003). How credit access has changed over time for U.S. households. Journal of Consumer Affairs, 37(Winter), 231–255.

[52] Lyons, A. C. (2004). A profile of financially at-risk college students. The Journal of Consumer Affairs, 38(1), 56–80.

[53] Lyons, A. C. (2008). Risky credit card behavior of college students. In J. J. Xiao (Ed.), Handbook of consumer finance research (pp. 185–208). New York: Springer.

[54] Manning, R. D. (2000). Credit card nation: The consequences of America's addition to credit. New York: Basic Books.

[55] Mayer, C., Pence, K., & Sherlund, S. M. (2009). The rise in mortgage defaults. Journal of Economic Perspectives, 23(1), 27–50.

[56] Melzer, B. T. (2009). The real costs of credit access: Evidence from the payday lending market. Working paper. Evanston, IL: Kellogg School of Management, Northwestern University.

[57] Miller, L. (2004). The option that is not an option: The invalidity of the partial discharge option for the student loan debtor. Wake Forest Law Review, 39(4), 1053–1078.

[58] Nelson, M. C., Lust, K., Story, M., & Ehlinger, E. (2008). Credit card debts, stress and key health risk behaviors among college students. American Journal of Health Promotion, 22(6), 400–412.

[59] Palmer, T. S., Pinto, M. B., & Parente, D. H. (2001). College students' credit card debt and the role of parental involvement: Implications for public policy. Journal of Public Policy & Marketing, 20(1), 105–113.

[60] Pinto, M. B., Parente, D. H., & Palmer, T. S. (2000). Materialism and credit card use by college students. Psychological Reports, 86, 643–652.

[61] Pinto, M. B., Parente, D. H., & Palmer, T. S. (2001). College student performance and credit card usage. The Journal of College Student Development, 42(1), 49–58.

[62] Pottow, J. A. E. (2006). The nondischargeability of student loans in personal bankruptcy proceedings: The search for a theory. Canadian Business Law Journal, 44(2), 245–278.

[63] Roberts, J. A. (1998). Compulsive buying among college students: An investigation of its antecedents, consequences, and implications for policy. The Journal of Consumer Affairs, 32(2), 295–319.

[64] Roberts, J. A., & Jones, E. (2001). Money attitudes, credit card use, and compulsive buying among American college students. The Journal of Consumer Affairs, 35(2), 213–240.

[65] Serido, J., Shim, S., Xiao, J. J., Tang, C., & Card, N. (2014). Financial adaptation among college students: Helping students cope with financial strain. Journal of College Student Development, 55(3), 310–316.

[66] Shiller, R. J. (2008). The subprime solution: How today's global financial crisis happened, and what to do about it. Princeton, NJ: Princeton University Press.

[67] Shim, S., Barber, B., Card, N., Xiao, J. J., & Serido, J. (2010). Financial socialization of first-

year college students: The roles of parents, work, and education. Journal of Youth and Adolescence,39, 1457-1470.

[68]Shim, S., Xiao, J. J., Barber, B., & Lyons, A. (2009). Pathways to life success: A model of financial well-being for young adults. Journal of Applied Developmental Psychology, 30, 708-723.

[69]Stegman, M. A. (2007). Payday lending. Journal of Economic Perspectives, 21(1), 169-190.

[70]Stephens, M. (2008). The consumption response to predictable changes in discretionary income:Evidence from the repayment of vehicle loans. Review of Economics and Statistics, 90(2),241-252.

[71]Sullivan, T., Warren, E., & Westbrook, J. L. (1989). As we forgive our debtors. New York: Oxford University Press.

[72]Sullivan, T., Warren, E., & Westbrook, J. L. (2000). The fragile middle class: Americans in debt. New Heaven, CT: Yale University Press.

[73]Thaler, R. H., & Sunstein, C. R. (2008). Nudge: Improving decisions about health, wealth, and happiness. New Haven, CT: Yale University Press.

[74]Wang, J., & Xiao, J. J. (2009). Buying behavior, social support, and credit card indebtedness of college students. International Journal of Consumer Studies, 33(1), 2-10.

[75]Wells, C. (2007). Optimism, intertemporal choice, and college student debt. Journal of Personal Finance, 5(4), 44-66.

[76]White, M. J. (2007). Bankruptcy reform and credit cards. Journal of Economic Perspectives, 21(4),175-199.

[77]White, M. J. (2009). Bankruptcy: Past puzzles, recent reforms, and the mortgage crisis. American Law and Economics Review, 11, 1-23.

[78]White, M. J., & Zhu, N. (2010). Saving your home in chapter 13 bankruptcy. Journal of Legal Studies, 39(1), 33-61.

[79]Woodward, S. E. (2003). Consumer confusion in the mortgage market. Sand Hill Econometrics Working Paper. Retrieved March 31, 2010, from http://www.sandhillecon.com/pdf/consumer_confusion.pdf.

[80]Xiao, J. J., Ahn, S., Serido, J., & Shim, S. (2014). Earlier financial literacy and later financial behavior of college students. International Journal of Consumer Studies, 38, 593.

[81]Xiao, J. J., Noring, F. E., & Anderson, J. G. (1995). College students' attitudes towards credit cards. Journal of Consumer Studies and Home Economics, 19, 155-174.

[82]Xiao, J. J., Shim, S., Barber, B., & Lyons, A. (2007). Academic success and well-being of college students: Financial behaviors matter. Report. TCAI, University of Arizona. Available from http://cals.arizona.edu/fcs/tcai/research/pilotreport.pdf.

[83]Xiao, J. J., Tang, C., Serido, J., & Shim, S. (2011). Antecedents and consequences of risky credit behavior among college students: Application and extension of the Theory of Planned Behavior.Journal of Public Policy & Marketing, 30(2), 239-245.

[84]Xiao, J. J., Tang, C., & Shim, S. (2009). Acting for happiness: Financial behavior and life satisfaction of college students. Social Indicators Research, 92, 53-68.

[85]Xiao, J. J., & Yao, R. (2014). Consumer debt delinquency by family lifecycle categories.International Journal of Bank Marketing, 32(1), 43-59.

[86]Zhu, N. (2008). Household consumption and personal bankruptcy. Working paper. San Diego, CA: UC Davis.

第11章 消费者储蓄

摘要: 本章对消费者储蓄领域的相关文献进行了总结: 首先, 介绍了消费者储蓄的概况; 其次, 对储蓄动机的相关研究进行了回顾; 再次, 梳理了为紧急情况、子女教育和退休而储蓄的相关文献; 进一步地, 讨论了长期储蓄和投资的重要概念——风险承受能力; 最后, 对帮助低收入消费者群体增加储蓄的制度性援助, 即个人发展账户 (Individual Development Account, IDA) 的相关研究进行了梳理和回顾。

11.1 消费者储蓄概述

通过储蓄和投资累积而来的资产, 是衡量消费者经济福利的重要指标。在过去50年里, 以资产衡量的美国消费者经济福利有所增加。研究表明, 从1962年到2008年, 房价收入比翻了一番。退休储蓄方面, 越来越多的家庭拥有个人退休账户 (Individual Retirement Account, IRA), 而拥有传统意义上的固定收益养老金计划的家庭则相对较少。从1989年到2007年, 家庭股权持有量也在不断增加。尽管在规模上存在差异, 但低、中和高收入群体的储蓄模式基本相同 (Dynan, 2009)。

大约一半的消费者都声称自己拥有储蓄存款, 但人口统计学特征不同的家庭自我报告的储蓄率存在差异。根据2013年消费者金融调查数据, 53.0%的家庭报告称拥有储蓄存款。收入与自我报告的储蓄呈正相关关系 (Bricker等, 2014)。

净资产 (总资产减去总负债) 是衡量消费者经济福利的另一个重要指标。净资产规模在不同人口统计学特征的家庭中也是不同的。2013年, 美国家庭净资产的中位数是81 200美元。家庭的净资产与家庭收入呈正相关关系。收入在后20%的家庭的净资产中位数为6 400美元, 而收入在前10%的家庭资产中位数则高达1 125 900美元。直至第二年长的年龄组, 年龄与净资产的正相关关系依然成立。2014年, 年龄在65~74岁的消费者的净资产中位数最高, 达到232 000美元; 最年轻群体 (35岁以下) 的净资产中位数最低, 仅为10 400美元 (Bricker等, 2014)。

资产可分为金融资产和非金融资产。2013年, 94.5%的美国家庭至少持有一种及以上形式的金融资产。最常见的金融资产是交易账户 (如支票和储蓄账户) (93.2%) 和退休账户 (49.2%)。其他常见的金融资产包括现金价值寿险 (19.2%)、股票 (13.8%)、储蓄债券 (10.0%)、联合投资 (8.2%) 和定期存款 (7.8%)。2013年,

91.0％的美国家庭至少持有一种及以上形式的非金融资产。最常见的非金融资产是汽车（86.3％）和自有住房（65.2％）。家庭持有的其他非金融资产包括其他住宅地产（13.2％）、商业企业股权（11.7％）、非住宅房地产权益（7.2％），以及其他资产（7.3％）（Bricker等，2014）。

已有研究揭示了家庭金融资产所有权的模式。基于1989年消费者金融调查数据，在两种资产之间的所有权关联中，22对（61％）资产对彼此有积极影响。例如，拥有储蓄账户增加了拥有支票账户的可能性，反之亦然。8对（22％）资产不存在彼此所有权的交互影响。4对（11％）资产对彼此的所有权具有负面影响。剩下的两对（6％）资产显示出非对称的影响效应（Xiao，1995）。Xiao（1996）使用1989年消费者金融调查数据，考察了收入和生命周期变量对家庭持有的11项金融资产所有权的影响。结果显示，诸如户主年龄、婚姻状况、就业状况、子女状况等生命周期变量，对11项金融资产的所有权都存在影响。该结论可以用于构建不同家庭生命周期的规划方案，从而对财务规划与咨询的教育和商业项目进行改进（Xiao，1996）。

学者们考察了家庭持有债券和股票的决定因素，发现规划期至少为10年的家庭拥有较多的债券和股票。声称以财富增长为储蓄动机的消费者，都持有较多的股票。在控制收入和其他变量之后，股票和债券持有量将随着消费者受教育水平的提高而增加，并且白人比非白人要高（Zhong和Xiao，1995）。另一项研究探讨了支票账户在存款机构显著放松管制时期（1983—1989年）的发展趋势，发现低收入家庭在拥有各种不同的支票账户和基本支票账户余额方面表现欠佳（Xiao等，1997）。

11.2 储蓄动机

储蓄动机可以被认为是以帮助消费者改善经济福利为目的的储蓄目标。Keynes（1936）首先提出了8种储蓄动机，包括预防性动机（为不可预见的意外事件留存准备金）、平滑生命周期储蓄和消费的动机（为缓解在可预见的未来收入和个人需求之间的矛盾关系而提供资金储备）、跨期替代性动机（能享受利率和增值）、改善生活的动机（能享受逐渐增加的生活消费支出）、独立性动机（能享受独立的感觉和做事的权力，虽然没有明确的想法或明确的具体行动意图）、创业动机（确保能开展大规模的投机或商业项目）、遗赠性动机（能遗赠给子女亲友一笔财富）和贪婪性动机（满足纯粹的吝啬心理，如明知不合理但仍顽固反对支出消费的行为）。上述部分动机已被经济学领域的学者们发展为正式的理论，如生命周期假说等（参见第9章对相关理论的探讨）。通过对储蓄理论和相关研究的回顾，学者们发现Keynes所提到的许多动机在60年后仍然具有现实意义（Browning和Lusardi，1996）。

许多经济理论用间接证据说明了储蓄动机。例如，生命周期假说将退休储蓄动机的存在进行了概念化。这个概念包括以下假定，即劳动者在有工作的时候储蓄，并且在他们退休时提取存款，这就是所谓的退休储蓄动机（Ando和Modigliani，1963）。预防性储蓄动机，假定人们对未来的收入和支出存在不确定性，因此他们储蓄的目的是预防突发意外事件（Carroll，1997；Carroll，2001）。此外，与此相关的代际转移理论认为，人们通过储蓄可以给子女积累更多财富（Barro，1974；Kurz，1984）。

在现实中，人们可能存在多个储蓄动机（Browning 和 Lusardi，1996）。根据 2010 年消费者金融调查数据，受访者反馈的最常见的储蓄原因是退休（30.1%）和保持流动性（紧急状况）（35.2%）。其他的储蓄原因分别是以备在未来进行消费（11.5%）、支付子女教育成本（8.2%）、维持家庭生活（5.7%）、购买住房（3.2%）和投资（1.2%）（Bricker 等，2012）。基于中国全国调查数据的一项研究显示，紧急状况、退休和教育是中国城市消费者储蓄的几大主要原因（Yao 等，2014）。

有研究对受访者自我报告的储蓄动机进行了分析，发现储蓄动机具有层次性特点，其具体表现形式是，随着人们可支配经济资源的增加，人们的财务需求也在随之向更高层次移动。例如，低收入消费者更多地可能是为了日常开支而储蓄，中等收入消费者则是为了紧急情况而储蓄，而高收入消费者则主要为了退休而储蓄（Xiao 和 Noring，1994）。具有层次性特点的储蓄动机，可能与心理账户（Mental Account，MA）相关联（Xiao 和 Olson，1993）。多层次的储蓄动机，会在消费者金融资产份额的配比上得到反映（Xiao 和 Anderson，1997）。其他学者的研究，也发现了储蓄动机具有层次性特点（DeVaney 等，2007；Canova 等，2005）。不同国家的消费者，可能具有不同的储蓄动机。例如，与美国消费者（所有种族）相比，中国的消费者将更有可能为了自己的子女而进行储蓄（Xiao 和 Fan，2002）。

11.3 应急性储蓄

交易账户（Transaction Account，TA）[①]资金对于家庭而言，通常被认为是重要的应急基金。2010年，美国家庭交易账户资金的中位数为 3 500 美元。交易账户中的金额因人口统计学特征的群体差异而有所不同。2010年，收入后 20% 的家庭的交易账户金额的中位数为 700 美元，而收入前 10% 的家庭的交易账户金额的中位数为 35 000 美元。年龄与交易账户中的金额呈正相关关系。2010年，最年长的年龄分组（75岁或以上）的交易账户金额的中位数为 7 200 美元，而最年轻的年龄分组（35岁以下）的交易账户金额的中位数仅为 2 100 美元。家庭结构不同，相应的交易账户金额也具有不同的特点。已婚且没有子女的家庭的交易账户金额的中位数最高，达到 7 100 美元；而单身且有子女家庭的交易账户金额的中位数最低，仅为 1 000 美元（Bricker 等，2012）。

大量研究考察了家庭应急基金持有数量的影响因素，并探讨了应急基金的持有对家庭经济福利的影响（Harness 等，2008）。应急基金，指的是在收入突发锐减的情况下，先前储蓄起来用于支付家庭当前开支的资金（Johnson 和 Widdows，1985）。根据流动性水平，应急基金可分为流动性高的基金、流动性中等的基金及两者兼而有之的复合型基金。纵观已有研究，适当的应急基金水平，指的是足以维持家庭 3~6 个月支出的资金数量。应急基金相关比率已被用于研究老年女性（Hong 和 Swanson，1995）和新婚家庭

---

① 包括储蓄账户、支票账户及股票账户等。

（Godwin，1996）的经济福利。学者们还比较了家庭在两个时间段内的应急基金持有状况（Chang 和 Huston，1995），并且对家庭应急基金持有给予了不同的指导性建议（Bhargava 和 Lown，2006）。大量研究还考察了在亚裔美国家庭（Hong 和 Kao，1997）、不同的就业状况（Rodriquez-Flores 和 DeVaney，2007）和不同家庭类型（Huston 和 Chang，1997）的家庭应急基金持有情况。家庭储蓄的应急基金数量，更多的是受到人们储蓄能力，而非他们对应急基金的实际需要的影响（Bi 和 Montalto，2004）。基于预期效用理论，家庭应根据收入不确定性，确定应急基金的不同持有比率（Chang 等，1997）。应急基金水平也可能与理财行为有关。研究发现，消费者感知的应急基金水平与部分理财行为有关，如有规律地储蓄、全额偿还信用卡账单及制定书面的理财计划等（Joo 和 Grable，2006）。

11.4　子女教育储蓄

为子女大学教育而储蓄，是父母对子女人力资本的投资。这种投资通过帮助子女经济独立来提高他们的经济福利。大多数父母都把子女的教育储蓄作为储蓄目标之一。根据1992年消费者金融调查数据，Lee 等（1997）发现，受过更多教育的父母，比其他情况相近但所受教育程度较低的父母，更有可能把大学教育储蓄作为主要的储蓄目标。亚裔和拉美裔父母比非拉美裔白人父母，更有可能将大学教育储蓄作为储蓄目标。有退休账户的父母，更有可能把大学教育储蓄作为储蓄的目标，但研究中其他金融变量的系数不显著（Lee 等，1997）。

子女教育储蓄可能与生命周期假说一致，都强调了平滑消费的重要性。基于消费者金融调查中父母实际的财务支持额度的数据，Yilmazer（2008）对子女大学教育的预期支出进行了估计，并且考察了预期支出对父母储蓄的影响。研究表明，家长对每个子女的大学费用支持额度，会随着子女数量的增加而减少。这个结果与生命周期理论框架下对储蓄和消费的预测相一致，家庭用为预期支出而进行的提前储蓄来平滑其消费（Yilmazer，2008）。Souleles（2000）研究了家庭需要为子女支付大学费用时的生活水平。基于消费者支出调查数据的研究发现，尽管开支较大，但是当家庭将子女每学年学费支出平滑到家庭历年总体开支中时，似乎做得比较好，这与生命周期假设相一致。也有研究表明，消费下降会有所延迟，尤其是子女刚开始上大学的家庭，其消费会下降，但下降的幅度都非常小（Souleles，2000）。

家长对子女大学教育的财务支持，因家庭类型不同而各异。Turley 和 Desmond（2010）使用全国高等教育学生资助调查（National Postsecondary Student Aid Study，NPSAS）中家长访谈的子样本数据，比较了已婚、离婚、再婚父母对子女大学教育的支持力度。研究发现，离异的父母比初婚的父母贡献显著减少，尽管再婚父母的收入与初婚父母相当，但对子女大学教育贡献的金额却与离异父母相差不大，都比初婚父母要少。他们还考察了离婚和再婚父母对子女大学教育财务支持的差异。有些州的法院特许家长对超过18岁子女的大学教育支出继续给予财务上的支持。研究发现，是否居住在实施上述法律的这些州，与父母资助增加与否并不相关（Turley 和 Desmond，2010）。

有的家长甚至使用他们的退休基金帮助子女完成大学教育。有学者基于父母调查样本进行研究，发现有两个上大学子女的父母，将更有可能使用退休储蓄来支付大学费用。当对第一个子女大学费用的贡献较少时，父母更有可能使用退休储蓄。收入较高的父母使用退休储蓄来支付大学费用的可能性较小（Todd 和 DeVaney，1997）。

为了让子女接受更高等的教育，多数家长使用 529 计划进行储蓄。因为如果父母将资金用于子女大学教育的基金积累，这些储蓄基金计划可以使他们免于纳税。然而，研究发现 529 计划对消费者经济福利的影响非常有限。有学者考察了 529 大学储蓄计划的市场，发现国家税收优惠与 529 计划费用之间呈正相关关系。通过投资于 529 计划，直接销售 529 大学储蓄计划的投资管理费用每增加 3~6 个基点，潜在应纳税所得收益会增加 100 美元。这表明，旨在让更多的人上得起大学的政府政策，却使投资公司赚取了超额手续费（Bogan，2014）。

子女发展账户（Child Development Account，CDA）是政府鼓励父母为子女的高等教育进行储蓄的政策。在缅因州，全州 CDA 项目已经设立。这个项目依托于国家的 529 计划平台，并且为每个新生儿接受高等教育提供了 500 美元的财政奖励。该项目旨在通过鼓励父母在子女出生时就开始进行大学教育储蓄，从而增加其子女获得高等教育的机会。早期的研究证据表明，对于所有符合条件的适龄孩子，总体入学率仅为 21%。对 437 个满足 CDA 条件的父母进行调查的数据显示，500 美元的奖励是有吸引力的，理财经验丰富的父母让子女参加 CDA 计划的可能性更高（Huang 等，2013）。

11.5 退休储蓄

对于大多数消费者而言，退休储蓄是较为常用的储蓄目标。充足的退休储蓄，可以被看作反映消费者经济福利的重要指标。然而，多数消费者并没有充足的退休储蓄，部分消费者甚至没有退休储蓄账户。根据 2010 年消费者金融调查数据，仅有约一半（50.4%）的美国家庭有退休储蓄账户。退休储蓄账户的持有率因家庭特征不同而有所差异。研究发现，退休账户持有率与收入正相关。在收入水平最低的 20% 的家庭中，只有 11.2% 的家庭拥有退休储蓄账户，而在收入水平最高的 10% 的家庭里，高达 90% 的家庭都拥有退休储蓄账户。年龄对退休储蓄账户持有率的影响则呈现倒 U 形曲线的特点。中年年龄分组（45~54 岁）退休储蓄账户的持有率最高，达到 60.0%，而最年轻的年龄分组（35 岁以下）退休储蓄账户的持有率最低，只有 41.1%。家庭结构对退休储蓄账户持有率的影响也表现出不同的特点。没有子女的夫妇的退休储蓄账户持有率最高，达到 61.6%；55 岁以上的单身人士的退休储蓄账户持有率最低，仅为 33.7%（Bricker 等，2012）。

退休储蓄账户中退休金的中位数也处于中等水平，在 2010 年为 44 000 美元。它与收入呈正相关关系。收入水平最低的 20% 的家庭的退休储蓄账户中退休金的中位数为 8 000 美元，而收入水平最高的 10% 的家庭的退休储蓄账户中退休金的中位数则高达 277 000 美元。有两个年龄分组（55~64 岁，65~74 岁）拥有的退休金最多，达到 100 000 美元，最年轻的（35 岁以下）人群拥有的退休金最少，只有 10 500 美元。不同结构的家庭拥有的退休储蓄账户中退休金的中位数是不同的。没有子女的夫妇退休金最高，为 77 000 美元；而有子女的单身父母退休金最低，仅为 17 800 美元（Bricker 等，2012）。与工作相关的退休计划是自愿的，多数消费者没有选择参加。收入与退休计划的非参与率密切相关，收入水平最低的 20% 的家庭的非参与率为 54.6%，而收入水平最高的 10% 家庭的非参与率仅为 5.5%（Bricker 等，2012）。

在美国，退休金的主要来源是社会保障基金、雇主承担的固定津贴退休计划、固定缴款的退休计划（401k 及类似计划）和私人储蓄等（Hanna 和 Chen，2008）。近年来，由于社会保障制度的不确定性，以及固定津贴计划有着向固定缴款计划转变的趋势，退休收入是否充足已成为一个重大议题。雇主固定津贴计划向固定缴款计划转变的趋势，始于 1974 年的《员工退休收入和保障法案》（Employee Retirement Income and Security Act）。1978 年，《国内税收法规》（Internal Revenue Code）将 401k 退休计划增补进去。1981 年，在该法规的解读中允许雇主从应纳税基数中对雇主和员工缴纳 401k 退休计划部分的收入进行扣减（Campbell 等，2010）。1975 年，固定津贴（Defined Benefit，DB）退休计划参与者人数与固定缴款（Defined Contribution，DC）退休计划参与者人数之比为 2.4 : 1，而到了 2007 年，这一比率为 3.4 : 1（US Department of Labor，2010）。在与工作相关的退休计划中，参与和缴款多少与许多因素有关。雇主类型匹配、从退休计划中提取或借款的能力、风险承受能力、劳动收入，以及为当前雇主工作的年限等，都与 401k 退休计划的缴款多少呈正相关关系（Xiao，1997）。

在过去几十年里，行为经济学领域的学者们发现，劳动者不能理性地参与、缴纳和有效地管理他们的退休计划。例如，计划参与率、缴款率和资产配置结果，都会受到雇主违约的严重影响（Carroll 等，2009；Choi 等，2004a，2005；Madrian 和 Shea，2001；Thaler 和 Benartzi，2004）；参与者在资产配置和缴款率的选择上，基本都以过去的回报作为参考（Benartzi，2001；Choi 等，2004b；Choi 等，2009）；他们未能实现再平衡（Ameriks 和 Zeldes，2004；Mitchell 等，2006）；他们认为自己公司的股票会高于市场的回报（Lai 和 Xiao，2010）；他们的资产配置决策对于可供选择的投资结构而言是具有敏感性的（Benartzi 和 Thaler，2001；Brown 等，2007；Benartzi 和 Thaler，2007）。上述研究结果表明，员工在为退休而进行储蓄时，存在认知上的局限性。

对退休储蓄计划的广泛关注，促使 2006 年颁布的《养老金保护法案》中增列了几个与退休计划相关的重要条款。该法案允许雇主对退休储蓄计划进行合理安排，包括进行自动登记、缴费的逐步动态升级、多样化的违约资产处置等（Campbell 等，2010）。新的研究证据表明，将为劳动者提供自动注册和目标日期基金作为默认退休储蓄投资的雇主在不断增多。学者们建议，政府应该进一步加强退休储蓄监管，如放宽准入条件、促进退休财富的年金化，并且协助员工进行投资决策等（Campbell 等，2010）。

大量研究对退休储蓄的充足性进行了探讨。人们感知的退休收入的充足性，可能与年龄、性别、收入、自谋职业的情况及规划周期有关系（Malroutu 和 Xiao，1995）。基于对主要参数，如投资回报率和退休消费需求的不同假设，由它们分别估计的实际充足率也存在差异（Hanna 和 Chen，2008）。最悲观的估计是，假设在 62 岁退休，只有 31%

的家庭具有足够高的储蓄率（Moore 和 Mitchell，1997）。最乐观的估计是，80%的家庭在退休时将实现最优的消费水平（Scholz 等，2006）。其他估计结果均处于两者之间：52%（Yuh 等，1998a；Yuh 等，1998b）、56%（Ameriks，2000；Ameriks，2001；Yao 等，2003）、57%（Hanna 等，2003）和65%（Butrica 等，2003）。

学者们考察了美国家庭间不平等的来源，并对这些户主均为老年退休者的家庭的基尼系数进行了分解。结果表明，投资和劳动收入不平等对总收入不平等的影响最大。该研究还从收入不平等的来源出发，探讨了三种类型家庭（夫妇中有一人退休的家庭、夫妇两人均已退休的家庭及单身退休的家庭）的收入不平等问题。结果显示，投资收入的不平等，是导致单身退休家庭和夫妇两人已退休家庭收入不平等的最主要原因（Xiao 等，1999）。

11.6 风险承受能力

在长期投资中，如在年轻时为退休而储蓄，消费者需要考虑其金融资产的风险和收益问题。在经济研究和理财规划中，风险承受能力是一个重要概念。在不同研究领域中，风险承受能力有不同的表示和界定。

在经济学和行为科学领域中，Grable（2008）对风险承受能力进行了全面的文献回顾。风险承受能力的概念框架可分为两大类，即新古典框架和描述性框架。新古典框架源自 Von Neumann 和 Morgenstern（1947）提出的预期效用理论（Expected Utility Theory，EUT）。在该框架下，消费者知道选项和概率，并选择具有最高期望值的选项。消费者做出理性选择，从而得到最高的期望值。在这个框架下，假定消费者是风险厌恶的，以及相对的风险厌恶系数是不变的，一般用图形表示可得出，随着边际效用的缓慢增加，消费者财富的增加速度会越来越慢（Deaton 和 Muellbauer，1980）。作为 EUT 的拓展，现代投资组合理论被发展出来并用于资产投资组合的分析。该理论表明，当与风险相关的回报较高时，投资者才愿意接受额外的风险（Markowitz，1952）。风险承受能力的新古典概念框架模式具有一定的局限性，更严格和更规范的分析可以通过计算机的辅助来实现（Hanna，1989）。例如，Hanna 等（1995）使用计算机专家系统和 EUT 理论对最佳退休储蓄进行预测，同时假设不同水平的风险承受能力会引发不同的生命周期退休储蓄。现代经济研究使用规范化方法，将实际行为与最佳的（或规范的）行为进行比较，从而确定哪些家庭更有可能会犯错误（Yuh 和 Hanna，2010）。

风险承受能力的描述性框架，指的是一组描述实际消费者行为的框架。预期效用理论在用数学函数设定研究问题时具有优势，这些数学函数在特定的假设下可以得到相应的结论。然而，部分效用函数的基本假设受到学者们的质疑和挑战。Friedman 和 Savage（1948）首先对效用函数的假设提出了质疑，因为效用函数假定消费者涉及财富领域的不同类型资产，具有不变的风险厌恶水平。Allais（1953）通过提供自相矛盾的证据，来显示消费者并不会做出理性的决策。基于上述及其他相关研究的结论都与预期效用理论的假设相背离，Kahneman 和 Tversky（1979）提出了前景理论（Prospect Theory）。前景理论是具有革命性意义的，因为它推动了行为经济学和行为金融学领域相关研究的进一步发展。普林斯顿大学的心理学教授Kahneman，也因为其在该领域和其他经济学相关领域的贡献，于2002年获得了诺贝尔经济学奖。

前景理论已经发展出自己的理论术语来代替EUT中的相关概念。例如，在前景理论中，效用被称为价值，概率被称为决策权重，选择被称为前景。与EUT不同，前景理论对于消费者风险承受倾向的解释，根据实际情况而有所差异。然而，EUT则认为消费者在金融决策中具有相同的风险规避倾向。具体来说，在收益的情境中，消费者是风险厌恶的，而在损失的情境中，消费者是具有风险承受能力的（Kahneman和Tversky，1979）。在高级的前景理论中（Tversky和Kahneman，1992），消费者的风险承受能力被赋予了高概率和低概率的描述语境。基于敏感性递减和损失规避这两个基本原理，累积前景理论（Cumulative Prospect Theory，CPT）提出了风险态度的四重模式，即低风险高收益、高风险高损失、高风险高收益及低风险低损失。

预期效用理论和前景理论都假定消费者基于评估结果而做出投资决策。然而，消费者对风险选择的决策，可能还会受到情绪的影响。Loewenstein等（2001）提出了"风险感觉"（Risk-as-Feeling）的概念，用于替代已有文献中出现的"风险承受能力"这一概念。在该框架下，情绪反应会对决策造成影响。例如，心情好的人比心情不好的人更倾向于认为危险的情况并不是那么令人害怕。

风险承受能力的测度有以下6种方法：个人和专业判断法、试探法、客观测度法、单一问题测度法、风险测度量表，以及上述方法的联合测度量表（Grable，2008）。研究表明，个人和专业判断法是不准确的（Roszkowski和Grable，2005）。试探法是适用于投资决策的一种简化方式。研究发现，多数试探法并不可靠（Grable，2000）。客观测度法是使用投资的结果进行度量。例如，用股票所有权（Fan和Xiao，2006）或风险资产与财富的比例（Riley和Chow，1992；Xiao等，2001）去客观地反映风险承受能力。由于投资结果可能受许多因素的影响，而人们的态度和行为只是其中一部分因素，因此这种测度方法也有可能不准确。

目前被普遍使用的是单一问题测度法，其在消费者金融调查中得到应用。该调查涉及的单一测度问题，主要是询问受访者在给定的金融收益条件下愿意承担的风险水平。单一问题测度法的应用很简单，而且在大量风险承受能力的相关研究中都有所涉及。然而，该方法也受到了批评，因为大多数消费者的反馈是零风险承受能力，因此它可能也并不准确（Hanna和Lindamood，2004），并且不能反映金融风险承受能力的范围（Grable和Lytton，2001）。

在过去的20年里，学者们已经开发出了数种多项目风险测度量表。Grable和Lytton（1999）通过对已有文献进行回顾，发现风险承受能力包括3个核心维度，即投资风险、舒适度与体验，以及投机。基于上述因素，他们制定了13项风险测度量表。Roszkowski（1999）为美国学院（American College）开发了一个金融风险量表。这些量表的开发，主要是基于金融规划行业的需要。在EUT框架下，其他风险测度量表也被开发出来。这些量表提出的问题都基于受访者收入的百分比变动，如Barsky等（1997）开发的问题，以及由Hanna和Lindamood（2004）在此基础上进行改进的版本等。

风险承受能力可能会以间接的方式与消费者经济福利产生联系。适当的风险承受能力与适当的资产配置和投资策略相匹配，将实现理想的理财目标，从而有助于提升消费者的经济福利。在进一步的研究中，需要考察风险承受能力对经济福利的影响，以及其与相关的中介和调节因素之间的关系。

11.7　个人发展账户

消费者储蓄是消费者为未来消费而进行的金融资源积累。如果低收入消费者在担心日常的生存问题，那么还能够为长期目标而进行储蓄吗？华盛顿大学的教授 Michael Sherraden 认为这个问题的答案是肯定的。在美国消费者权益委员会年度会议的主旨演讲中，Sherraden（2000）探讨了个人发展账户是如何从一个学术界的想法转变成为受欢迎的政策倡议的。个人发展账户的想法，首先在一篇学术论文中被提出（Sherraden，1988），然后在相关学术著作中出现（Sherraden，1991）。通过几个有影响力的参议员、基金会和非营利组织的共同努力，个人发展账户已经在美国 40 多个州发展成为备受欢迎的政策倡议。特别值得一提的是，美国政府为数百万低收入家庭实施了相匹配的储蓄计划，个人发展账户的实验性测试在美国和其他国家业已产生了一定的政策影响力（Center for Social Development，2011）。

个人发展账户是一种有包容性的资产积累政策。其关键假设是，资产的积累变化能改变人们的思维和行为。个人发展账户已被引入并作为与收入相匹配的储蓄策略，从而表明如果贫困者像中层和上层阶层那样有激励和机会，他们就会进行资产积累。个人发展账户是特殊的储蓄账户，早在个人出生时就已开始，由政府为符合条件的家庭进行匹配储蓄，以此用于家庭未来的教育、工作培训、购买住房、开办小企业或其他发展目的。个人发展账户可能存在多个匹配存款的来源，包括政府、公司、基金会、社区团体和个人捐助者。建立个人发展账户的目的，是为建立大规模的、先进的和以资产为基础的政策体系奠定基础，而这可能需要花费数十年的时间（Sherraden，2000）。

根据个人发展账户理论，如果适当的制度被有效地建立起来，低收入消费者就可能会进行储蓄。Sherraden 和他的同事们识别出了鼓励贫困者进行储蓄的至关重要的 6 个制度因素（Beverly 和 Sherraden，1999；Sherraden 等，2003）：（1）进入制度化的储蓄机制；（2）帮助个人了解资产积累流程和收益的信息；（3）提高储蓄吸引力的激励机制；（4）简易化，包括制定合同化储蓄或预付款限制，以及技术的可行性机制，从而使得消费者只顾眼前而不顾未来的想法很难得逞；（5）预期，在个人发展账户中体现每月储蓄目标，以及员工与同龄人的社会压力；（6）限制，即固定政策和项目的边界或约束，如与收入相匹配的存款上限和取出个人发展账户存款的限制等。

针对个人发展账户开展的评估研究，指出了该倡议的部分影响。例如，纵向研究表明，个人发展账户参与者的储蓄模式具有显著差异。在第 18 个月和第 48 个月时，高度积极的参与者比不积极的参与者会进行更多的储蓄。这表明态度可能影响个人发展账户的储蓄结果（Han 和 Sherraden，2009）。更重要的是，个人发展账户项目对美国及其他国家的社会福利政策产生了广泛的影响。首先，个人发展账户促进了直接公共资源的分配。个人发展账户在 1996 年颁布的《福利改革法案》(Welfare Reform Act) 中成为美国各州的选择之一。《联邦独立资产法案》(The Federal Assets for Independence Act) 作为对个人发展账户的首次公开证明，在 1998 年颁布并成为法律。其他对个人发展账户进行拓展的法案，定期会被提交到美国国会进行审议。美国有超过 40 个州采用了某种类型的个人发展账户政策。其次，个人发展账户改变了公众对贫困者储蓄的态度。当前鼓励贫困者进行储蓄几乎成为美国的主流思潮，并获得了两党在政治上的支持。再次，个人发展账户的相关研究为美国和其他部分国家的经济政策制定提供了信息支持。最后，个人发展账户激励了金融机构进行金融产品和服务的创新，使其能够更好地为低收入消费者服务 (Sherraden，2008)。

个人发展账户被认为是一种政策创新，被描述为"制定了一种明确的新方式来做法律和法规规定的事情，应被给予资金上的支持，并在有意义的范围内影响了人们，是可持续的"(Sherraden，2000)。Sherraden 教授被认为是学术政策研究的开创者。根据他的说法，学术政策研究的开创需要沿着两个方向——学术和应用前沿——有目的地发展一种理念。关于个人发展账户和相关主题的学者和实践者的信息，可以在美国密苏里州圣路易斯华盛顿大学社会发展中心的网站上找到 (http://csd.wustl.edu /Pages/default.aspx)。

11.8 总结

消费者储蓄可以通过资产来衡量，消费者拥有的资产是反映消费者经济福利的重要指标。消费者经济福利的另一个测度指标是净资产。基于已有研究，在过去的 50 年中，由于金融市场的大规模创新，以资产和净资产衡量的消费者经济福利不断增加。所有收入群体的消费者都增加了储蓄，但收入群体之间的差异也比之前变得更大。

储蓄动机鼓励消费者积累财富，以实现其短期的或长期的目标。普遍的储蓄动机包括为紧急状况、子女教育和退休而储蓄。与经济理论所揭示的结论不同，多个储蓄动机是可以共存的。储蓄目标可能与消费者经济状况一样具有层次性的特点。拥有较多经济资源的消费者也将拥有更长期的储蓄目标。

为紧急情况进行的储蓄，可以被认为是短期的储蓄目标。美国的大多数消费者没有储蓄足够的应急基金。他们中的许多人可能是理性的，因为其有稳定的工作，对劳动收入方面的经济状况充满自信。然而，收入不稳定的消费者，需要将 3~6 个月的收入用于应急基金储蓄，以防失业。

子女教育的储蓄对于有子女或者有生育子女计划的消费者来说显得尤为重要。因为支持子女接受大学教育对普通家庭来说是一笔较大的支出，对于有子女的家庭来说，尽早开始储蓄对平滑消费具有重要意义。有的消费者很早就开始利用 529 税收优惠计划来为子女教育进行储蓄。部分消费者甚至使用退休储蓄账户来支持他们子女的大学教育，这种做法是不可取的。

对于美国的大多数消费者来说，退休储蓄是非常重要的，因为社会保障制度并不健全，并且大多数公司正在从提供固定津贴养老金转向提供固定缴款退休计划(401k 或类似的计划）。根据国家统计数据，大量消费者还没有开始参与和工作有关的退休计划或没有向当前退休计划缴纳足够的款项。多数消费者面临的另一个问题是使用不合理的或不是最佳的方法来管理退休投资，这可能会损害他们的长期投资收益和经济福利。

风险承受能力是财务规划和经济理论中的重要概念。学者们发展了许多理论和方法来测度这个概念。基于现代投资组合理论，高风险与高回报相关。要寻求高回报，消费者需要承担高风险。风险承受能力可以用客观和主观的方法来测量。它可能会通过一些中介因素间接地影响消费者的经济福利。

为了鼓励低收入消费者进行储蓄，个人发展账户政策已在美国的许多州实施。理论上来说，如果建立适当的机构并且有效地发挥其功能来支持该倡议的话，那么低收入消费者就会且能够进行储蓄。此外，消费者的资产水平到了一定程度就可能改变其行为，使他们比以前更能自给自足。对这项社会政策的评估研究，提供了支持上述论点的一些证据。

参考文献

[1] Allais, M. (1953). Le comportement de l'homme rationel devant le risqué: Critique des potulats et axioms de le'ecole Americaine. Econometrica, 21, 503-546.

[2] Ameriks, J. (2000). Using retirement planning software to assess Americans' preparedness for retirement: An update. Benefits Quarterly, 16(4), 37-51.

[3] Ameriks, J. (2001). Assessing retirement preparedness with planning software: 1998 update. Benefit Quarterly, 17(4), 44-53.

[4] Ameriks, J., & Zeldes, S. P. (2004). How do household portfolio shares vary with age? Working paper. New York: Columbia University.

[5] Ando, A., & Modigliani, F. (1963). The life cycle hypothesis of saving: Aggregate implications and tests. American Economic Review, 53(March), 55-84.

[6] Barro, R. J. (1974). Are government bonds net wealth? Journal of Political Economy, 82(November/December), 1095-1117.

[7] Barsky, R. B., Juster, F. T., Kimball, M. S., & Shapiro, M. D. (1997). Preference parameters and behavioral heterogeneity: An experimental approach in the health and retirement study. Quarterly Journal of Economics, 5, 537-579.

[8] Benartzi, S. (2001). Excessive extrapolation and the allocation of 401(k) accounts to company stock? Journal of Finance, 56(5), 1747-1764.

[9] Benartzi, S., & Thaler, R. H. (2001). Naive diversification strategies in retirement saving plans. American Economic Review, 91(1), 79-98.

[10] Benartzi, S., & Thaler, R. H. (2007). Heuristics and biases in retirement savings behavior. The Journal of Economic Perspectives, 21(3), 81-104.

[11] Beverly, S., & Sherraden, M. (1999). Institutional determinants of saving: Implications for low-income households and public policy. Journal of Socio-Economics, 28, 457-473.

[12] Bhargava, V., & Lown, J. M. (2006). Preparedness for financial emergencies: Evidence from the Survey of Consumer Finances. Financial Counseling and Planning, 17(2), 17-26.

[13] Bi, L., & Montalto, C. P. (2004). Emergency funds and alternative forms of saving. Financial Services Review, 13(2), 93-109.

[14] Bogan, V. L. (2014). Savings Incentives and Investment Management Fees: A Study of the 529 College Savings Plan Market. Contemporary Economic Policy, 32(4), 826-842.

[15] Bricker, J., Dettling, L. J., Henriques, A., Hsu, J. W., Moore, K. B., Sabelhaus, J., et al. (2014).Changes in US family finances from 2010 to 2013: Evidence from the Survey of Consumer Finances. Federal Reserve Bulletin, 100(4), 1-40.

[16] Bricker, J., Kennickell, A. B., Moore, K. B., & Sabelhaus, J. (2012). Changes in US family finances from 2007 to 2010: Evidence from the Survey of Consumer Finances. Federal Reserve Bulletin, (June), 1-80.

[17] Brown, J. R., Liang, N., & Weisbenner, S. (2007). Individual account investment options and portfolio choice: Behavioral lessons from 401(k) plans. Journal of Public Economics, 91(10), 1992-2013.

[18] Browning, M., & Lusardi, A. (1996). Household saving: Micro theories and micro facts. Journal of Economic Literature, 34(December), 1797-1855.

[19] Butrica, B. A., Iams, H. M., & Smith, K. E. (2003). It's all relative: Understanding the retirement prospects of baby-boomers. Center for Retirement Research at Boston College, WRP2003-21.

[20] Campbell, J., Jackson, H., Madrian, B., & Tufano, P. (2010). The regulation of consumer financial products: An introductory essay with four case studies. Working paper. Cambridge, MA: Harvard University.

[21] Canova, L., Rattazzi, A. M. M., & Webley, P. (2005). The hierarchical structure of saving mo-

tives. Journal of Economic Psychology, 26(February), 21-34.

[22]Carroll, C. D. (1997). Buffer-stock saving and the life cycle/permanent income hypothesis. The Quarterly Journal of Economics, 112(February), 1-55.

[23]Carroll, C. D. (2001). A theory of the consumption function, with and without liquidity constraints. The Journal of Economic Perspectives, 15(3), 23-45.

[24]Carroll, G. D., Choi, J. J., Laibson, D., Metrick, A., & Madrian, B. C. (2009). Optimal defaults and active decisions. Quarterly Journal of Economics, 124(4), 1639-1674.

[25]Chang, Y. R., Hanna, S., & Fan, J. X. (1997). Emergency fund levels: Is household behavior rational. Financial Counseling and Planning, 8(1), 47-55.

[26]Chang, Y. R., & Huston, S. J. (1995). Patterns of adequate household emergency fund holdings: A comparison of households in 1983 and 1986. Financial Counseling and Planning, 6,119-128.

[27]Center for Social Development. (2011). Inquiry, innovation, & impact: Report to the community. St. Louis, MO: Author.

[28]Choi, J. J., Laibson, D., Madrian, B. C., & Metrick, A. (2004a). For better or for worse: Default effects and 401(k) savings behavior. In D. A. Wise (Ed.), Perspectives in the economics of aging. Chicago: University of Chicago Press.

[29]Choi, J. J., Laibson, D., Madrian, B. C., & Metrick, A. (2004b). Employees' investment decisions about company stock. In O. S. Mitchell & S. P. Utkus (Eds.), Pension design and structure: New lessons from behavioral finance (pp. 121-136). New York: Oxford University Press.

[30]Choi, J. J., Laibson, D., Madrian, B. C., & Metrick, A. (2009). Reinforcement learning and savings behavior. Journal of Finance, 44(6), 2515-2534.

[31]Choi, J. J., Laibson, D., & Madrian, B. C. (2005). Are empowerment and education enough? Under diversification in 401(k) plans. Brookings Papers on Economic Activity, 2005(2),151-198.

[32]Deaton, A., & Muellbauer, J. (1980). Economics and consumer behavior. Cambridge: Cambridge University Press.

[33]DeVaney, S. A., Anong, S. T., & Whirl, S. E. (2007). Household savings motives. Journal of Consumer Affairs, 41(Summer), 174-186.

[34]Dynan, K. (2009). Changing household financial opportunities and economic security. Journal of Economic Perspectives, 23(4), 49-68.

[35]Fan, J. X., & Xiao, J. J. (2006). Cross-cultural differences in risk tolerance: A comparison between Americans and Chinese. Journal of Personal Finance, 5(3), 54-75.

[36]Friedman, M., & Savage, L. J. (1948). The utility analysis of choices involving risk. Journal of Political Economy, 56, 279-304.

[37]Godwin, D. D. (1996). Newlywed couples' debt portfolios: Are all debts created equally? Financial Counseling and Planning, 7, 57-69.

[38]Grable, J. E. (2000). Financial risk tolerance and additional factors which affect risk taking in everyday money matters. Journal of Business and Psychology, 14(4), 625-630.

[39]Grable, J. E. (2008). Risk tolerance. In J. J. Xiao (Ed.), Handbook of consumer finance research (pp. 3-34). New York: Springer.

[40]Grable, J. E., & Lytton, R. H. (1999). Financial risk tolerance revisited: The development of a risk assessment instrument. Financial Services Review, 8(3), 163-181.

[41]Grable, J. E., & Lytton, R. H. (2001). Assessing the concurrent validity of the SCF risk assessment item. Financial Counseling and Planning, 12(2), 43-52.

[42]Han, C., & Sherraden, M. (2009). Attitudes and saving in individual development accounts: Latent class analyses. Journal of Family and Economic Issues, 30, 226-236.

[43]Hanna, S. (1989). Optimization for family resource management. Proceedings of the Southeastern Regional Association for Family Economics-Home Management Conference, 4-16.

[44]Hanna, S. D., & Chen, S. C. (2008). Retirement savings. In J. J. Xiao (Ed.), Handbook of consumer finance research (pp. 35-46). New York: Springer.

[45]Hanna, S., Fan, J. X., & Chang, Y. R. (1995). Optimal life cycle savings. Financial Counseling and Planning, 6, 1-15.

[46]Hanna, S., Garman, E. T., & Yao, R. (2003). Projected retirement adequacy of workers Age 50 to 61: Changes between 1998 and 2001. Profit Sharing. 1-40.

[47]Hanna, S. D., & Lindamood, S. (2004). An improved measure of risk aversion. Financial Counseling and Planning, 15(2), 27-38.

[48]Harness, N., Chatterjee, S., & Finke, M. (2008). Household financial ratios: A review of literature. Journal of Personal Finance, 6(4), 77-97.

[49]Hong, G. S., & Kao, Y. E. (1997). Emergency fund adequacy of Asian Americans. Journal of Family and Economic Issues, 18(2), 127-145.

[50]Hong, G. S., & Swanson, P. M. (1995). Comparison of financial well-being of older women: 1977 and 1989. Financial Counseling and Planning, 6, 129-138.

[51]Huang, J., Beverly, S., Clancy, M., Lassar, T., & Sherraden, M. (2013). Early program enrollment in a statewide Child Development Account program. Journal of Policy Practice, 12(1), 62-81.

[52]Huston, S. J., & Chang, Y. R. (1997). Adequate emergency fund holdings and household type. Financial Counseling and Planning, 8(1), 37-46.

[53]Johnson, D. P., & Widdows, R. (1985). Emergency fund levels of households. The Proceedings of the American Council on Consumer Interests 31th Annual Conference, 235-241.

[54]Joo, S., & Grable, J. E. (2006). Using predicted perceived emergency fund adequacy to segment prospective financial consulting clients. Financial Services Review, 15(4), 297-313.

[55]Kahneman, D., & Tversky, A. (1979). Prospect theory: An analysis of decision under risk. Econometrica, 47, 263-291.

[56]Keynes, J. M. (1936). The general theory of employment, interest, and money. New York: Harcourt Brace.

[57]Kurz, M. (1984). Capital accumulation and the characteristics of private inter-generational transfers. Economica, 51(February), 1-22.

[58]Lai, C. W., & Xiao, J. J. (2010). Consumer biases and competences in company stock holdings. Journal of Consumer Affairs, 44(1), 179-212.

[59]Lee, S., Hanna, S., & Siregar, M. (1997). Children's college as a saving goal. Financial Counseling and Planning, 8(1), 33-36.

[60]Loewenstein, G. F., Weber, E. U., Hsee, C. K., & Welch, N. (2001). Risk as feelings. Psychological Bulletin, 127, 267-286.

[61]Madrian, B. C., & Shea, D. (2001). The power of suggestion: Inertia in 401(k) participation and savings behavior. Quarterly Journal of Economics, 116(4), 1149-1187.

[62]Malroutu, L., & Xiao, J. J. (1995). Perceived retirement income adequacy. Financial Counseling and Planning, 6, 17-23.

[63]Markowitz, H. (1952). Portfolio selection. Journal of Finance, 7(1), 77-91.

[64]Mitchell, O. S., Mottola, G., Utkus, S., & Yamaguchi, T. (2006). The inattentive participant: Trading behavior in 401(k) plans. Working paper. Philadelphia, PA: Pension Research Council, University of Pennsylvania.

[65]Moore, J. F., & Mitchell, O. S. (1997). Projected retirement wealth and savings adequacy in the Health and Retirement Study. NBER Working Paper 6240.

[66]Riley, W. B., & Chow, K. V. (1992). Asset allocation and individual risk aversion. Financial Analysts Journal, 48(6), 32-37.

[67]Rodriquez-Flores, A., & DeVaney, S. A. (2007). The effect of employment status on households'

emergency funds. Journal of Personal Finance, 5(4), 67-84.

[68]Roszkowski, M. J. (1999). Risk tolerance in financial decisions. In D. M. Cordell (Ed.),Fundamentals of financial planning (pp. 179-248). Bryn Mawr, PA: The American College.

[69]Roszkowski, M. J., & Grable, J. (2005). Estimating risk tolerance: The degree of accuracy and the paramorphic representations of the estimate. Financial Counseling and Planning, 16(2),29-47.

[70]Scholz, J., Seshadri, A., & Khitatrakun, S. (2006). Are Americans saving "optimally" for retirement? Journal of Political Economy, 114, 607-643.

[71]Sherraden, M. (1988). Rethinking social welfare: Toward assets. Social Policy, 18(3), 37-43.

[72]Sherraden, M. W. (1991). Assets and the poor: A new American welfare policy. Armonk, NY:M. E. Sharpe.

[73]Sherraden, M. (2000). From research to policy: Lessons from individual development accounts. Journal of Consumer Affairs, 34(2), 159-181.

[74]Sherraden, M. (2008). IDAs and asset-building policy: Lessons and directions. Center for Social Development working paper, (08-12).

[75]Sherraden, M., Schreiner, M., & Beverly, S. (2003). Income, institutions, and saving performance in Individual Development Accounts. Economic Development Quarterly, 17(1), 95-112.

[76]Souleles, N. S. (2000). College tuition and household savings and consumption. Journal of Public Economics, 77(2), 185-207.

[77]Thaler, R. H., & Benartzi, S. (2004). Save more tomorrow: Using behavioral economics to increase employee savings. Journal of Political Economy, 112(1, Part 2), S164-S187.

[78]Todd, K. J., & DeVaney, S. A. (1997). Financial planning for retirement by parents of college students. Financial Counseling and Planning, 8(1), 25-32.

[79]Turley, R. N. L., & Desmond, M. (2010). Contributions to college costs by married, divorced, and remarried parents. Journal of Family Issues, 32(6), 767-790.

[80]Tversky, A., & Kahneman, D. (1992). Advances in prospect theory: Cumulative representation of uncertainty. Journal of Risk and Uncertainty, 5(4), 297-323.

[81]U.S. Department of Labor, Employee Benefit Security Administration. (2010). Private Pension Plan Bulletin: Abstract of 2007 Form 5500 Annual Reports. Retrieved from http://www.dol.gov/ebsa/pdf/2007pensionplanbulletin.pdf.

[82]Von Neumann, J., & Morgenstern, O. (1947). Theory of games and economic behavior. Princeton, NJ: Princeton University Press.

[83]Xiao, J. J. (1995). Patterns of household asset ownership. Financial Counseling and Planning, 6, 99-106.

[84]Xiao, J. J. (1996). Effects of family income and life cycle stages on household financial asset ownership. Financial Counseling and Planning, 7, 21-30.

[85]Xiao, J. J. (1997). Saving motives and 401(k) contributions. Financial Counseling and Planning,8 (2), 65-74.

[86]Xiao, J. J., Alhabeeb, M. J., Hong, G.-S., & Haynes, G. W. (2001). Attitudes toward risks and risktaking behavior of business owning families. Journal of Consumer Affairs, 35, 307-325.

[87]Xiao, J. J., & Anderson, J. G. (1997). Hierarchical financial needs reflected by household financial asset shares. Journal of Family and Economic Issues, 18(4), 333-356.

[88]Xiao, J. J., & Fan, J. X. (2002). A comparison of saving motives of urban Chinese and American workers. Family and Consumer Sciences Research Journal, 30(4), 463-495.

[89]Xiao, J. J., Misroute, L., & Olson, G. I. (1997). Family cheque accounts and banking deregulation in the US. Journal of Consumer Studies and Home Economics, 21, 25-39.

[90]Xiao, J. J., Malroutu, Y. L. & Yuh, Y. (1999). Sources of income inequality among the elderly. Financial Counseling and Planning, 10(2), 49-59.

［91］Xiao, J. J., & Noring, F. E. (1994). Perceived saving motives and hierarchical financial needs. Financial Counseling and Planning, 5, 25-44.

［92］Xiao, J. J., & Olson, G. I. (1993). Mental accounting and saving behavior. Home Economics Research Journal, 22(1), 92-109.

［93］Yao, R., Hanna, S. D., & Montalto, C. P. (2003). The capital accumulation ratio as an indicator of retirement adequacy. Financial Counseling and Planning, 14(2), 1-11.

［94］Yao, R., Xiao, J. J., & Liao, L. (2014). Effects of age on saving motives of Chinese Urban consumers. Journal of Family and Economic Issues. Online First.

［95］Yilmazer, T. (2008). Saving for children's college education: An empirical analysis of the trade-off between the quality and quantity of children. Journal of Family and Economic Issues, 29(2), 307-324.

［96］Yuh, Y., & Hanna, S. D. (2010). Which households think they save? Journal of Consumer Affairs, 44(1), 70-97.

［97］Yuh, Y., Hanna, S. D., & Montalto, C. P. (1998a). Mean and pessimistic projections of retirement adequacy. Financial Services Review, 9(3), 175-193.

［98］Yuh, Y., Montalto, C. P., & Hanna, S. D. (1998b). Are Americans prepared for retirement? Financial Counseling and Planning, 9(1), 1-12.

［99］Zhong, L. X., & Xiao, J. J. (1995). Determinants of family bond and stock holdings. Financial Counseling and Planning, 6, 107-114.

附录 名词术语

AARP	美国退休人员协会
Absolute Income Hypothesis	绝对收入假说
Adjustable-rate Mortgage	可调利率抵押贷款
Advertised Reference Price	广告参考价格
Advertisement Social Responsibility	广告社会责任
Affective Involvement	情感参与
Affordability	可负担能力
Affordable Care Act	《平价医疗法案》
Agency for Consumer Advocacy	消费者权益保护机构
Agenda 21	《21世纪议程》
Aggregate Leverage Ratio	总杠杆率
Aid to Families with Dependent Children	援助受抚养儿童家庭计划
Almost Ideal Demand System	几近理想需求系统
Amazon Shorts E-books	亚马逊微型电子书市场
American Association of Retired Persons	美国退休人员协会
American Council on Consumer Interests	美国消费者权益委员会
American Economic Review	《美国经济评论》
Anglo-Capitalists	英美资本主义集团
Anti-Consumption	反消费
Anti-corporatism	反社团主义
Antitrust Division	反垄断局
ATM	自动取款机
Bankruptcy Abuse Prevention and Consumer Protection Act	《防止破产滥用和消费者保护法案》
Bankruptcy Code	《破产法案》

Baseline Survey of Financial Capability　　　　理财能力的基线调查

Behavioral Risk Factor Surveillance System　　行为风险因素监控系统

Borrowing　　　　　　　　　　　　　　　借贷

Brand Familiarity　　　　　　　　　　　　品牌熟悉度

British Household Panel Survey　　　　　　英国家庭跟踪调查

Buffer-Stock Saving Model　　　　　　　　缓冲备用储蓄模型

Buyer's Bill of Rights　　　　　　　　　　《买方权利法案》

Capital in the Twenty-first Century　　　　《21世纪资本论》

Captured Theory　　　　　　　　　　　　规制俘虏理论

Census Bureau　　　　　　　　　　　　　人口普查局

Center for Public Representation at University of　威斯康星大学法学院公共代表中心
Wisconsin Law School

Center for Social Development　　　　　　社会发展中心

Centesimus Annus　　　　　　　　　　　《百年》通谕

Chapter 13　　　　　　　　　　　　　　第13章条例

Chapter 7　　　　　　　　　　　　　　　第7章条例

Chicago Consumer Coalition　　　　　　　芝加哥消费者联盟

Child Development Account　　　　　　　子女发展账户

Children's Online Privacy Protection Act　　《儿童在线隐私保护法案》

China Consumer Association　　　　　　　中国消费者协会

Chinese National Consumer Protection Law　《中华人民共和国消费者权益保护法》

Choosing Outlets　　　　　　　　　　　　购物网点选择

Citizen Utility Boards　　　　　　　　　市民公用事业委员会

Clayton Act　　　　　　　　　　　　　　《克莱顿法案》

Closed-Form Solution　　　　　　　　　　闭合形式解

Cognitive Involvement　　　　　　　　　认知参与

Cohort Effect　　　　　　　　　　　　　群组效应

Collective Empowerment　　　　　　　　集体赋权

Committee on Suggested State Legislation of the　联邦贸易委员会与州政府委员会建
Council of State Governments　　　　　　议的州立法委员会

Communities of Color　　　　　　　　　　有色社区

Compare Alternative Price　　　　　　　可替代品比较价格

Conference Board　　　　　　　　　　　美国商务会议委员会

Congressional Budget Office　　　　　　国会预算办公室

Consolidated Omnibus Budget Reconciliation Act　统一综合预算协调法案

Consumer Action in San Francisco	旧金山消费者行动组织
Consumer Acumen	消费者智慧
Consumer Advisory Board	消费者咨询委员会
Consumer Bankruptcy Project	消费者破产项目
Consumer Borrowing	消费者借贷
Consumer Bulletin	《消费者公报》
Consumer Confidence Index	消费者信心指数
Consumer Economic Wellbeing	消费者经济福利
Consumer Education and Protective Association	消费者教育和保护组织
Consumer Expenditure Survey	消费支出调查
Consumer Expenditure Survey Diary Component	消费者支出调查中的日记部分
Consumer Federation of America	美国消费者联合会
Consumer Financial Capability	消费者理财能力
Consumer Financial Protection Bureau	美国联邦消费者金融保护局
Consumer Interest	消费者权益
Consumer Interest Groups	消费者权益组织
Consumer Issues	消费者议题
Consumer Journalism	消费者新闻报道
Consumer News and Business Channel	消费者新闻和商业频道
Consumer Politics	消费者政治学
Consumer Product Safety Act	《消费品安全法案》
Consumer Product Safety Commission	美国消费品安全委员会
Consumer Protection Association in Cleveland	克利夫兰消费者保护协会
Consumer Reports	《消费者报告》
Consumer Representation	消费者代表
Consumer Research	消费者研究
Consumer Right to Privacy	消费者隐私权
Consumer Rights	消费者权利
Consumer Saving	消费者储蓄
Consumer Sentiment Index	消费者情绪指数
Consumer Sovereignty	消费者主导权
Consumer Styles Inventory	消费者决策风格问卷
Consumer Union	消费者联盟
Consumer Victims	消费者受损
Consumer Wellbeing	消费者福利

Consumerism	消费主义
Consumers International	消费者国际
Cooperative and Labor Communities	协作和劳动委员会的州消费者联盟
Corporate Social Responsibility	企业社会责任
Council of Better Business Bureaus	商业改善局理事会
Credit	信贷
Credit Card Accountability Responsibility and Disclosure Act	《信用卡问责与披露法案》
Credit CARD Act	《信用卡业务相关责任和信息披露法案》
Cross-National Equivalent File	跨国均等档案
Culture Theory	文化理论
Cumulative Prospect Theory	累积前景理论
Debt Service Ratio	偿债比率
Debt-to-income Ratio	债务收入比
Defined Benefit	固定津贴
Defined Contribution	固定缴款
Department of Agriculture	美国农业部
Department of Housing and Urban Development	住房和城市发展部
Department of Justice	司法部
Detailed Monthly Consumer Price Indices	详细月度消费价格指数
Diffusion of Innovation	创新扩散理论
Direct-To-Consumer Ads	直接面向消费者的广告
Direct Marketing Association	直接营销协会
Distinction	《区别》
Dodd-Frank Act	《多德-弗兰克华尔街改革和消费者保护法案》
Earned Income Tax Credit	劳动所得税抵扣
Earnest Strivers	认真奋斗集团
Earning Puzzles	收入之谜
Easterlin Paradox	伊斯特林悖论
E-banking	电子银行
Empathic Concern	共情关注
Employee Retirement Income and Security Act	《员工退休收入和保障法案》
Encyclopedia of the Consumer Movement	《消费者运动百科全书》

Energy Information Administration	能源信息管理局
Engel coefficient	恩格尔系数
Engel's law	恩格尔定律
Entertainment，Escapist and Aesthetic Experiences	网站的娱乐性、逃避现实性和审美体验
Environmental Protection Agency	环境保护局
Ethical Consumerism Report	道德消费主义报告
Ethnic Enclave	种族飞地
Eudaimonic	幸福感
Euler Equation	欧拉方程
eWOM	网络口碑
Expected Utility Theory	预期效用理论
Experimenting with Appearance	外观实验
Fair Credit Reporting Act	《公平信用报告法案》
Fair Housing Act	《公平住房法案》
Fair Information Practices	公平信息实践
Fair Trade Coffee	公平交易咖啡
Federal Deposit Insurance Corporation	联邦存款保险公司
Federal Food，Drug，and Cosmetic Act	《食品、药品和化妆品法》
Federal Hazardous Substances Act	《联邦危险物品法案》
Federal Reserve System	美联储
Federal Student Loan Program	联邦学生贷款计划
Federal Trade Commission	联邦贸易委员会
Federal Trade Commission Act	《联邦贸易委员会法案》
Financial Literacy	金融素养
Financial Satisfaction	财务满意度
Financial Services Modernization Act	《金融服务现代化法案》
FINRA Investor Education Foundation	美国金融业监管局投资者教育基金会
Fire Safe Cigarette Act	《防火香烟法案》
Five-parameter Generalized Beta Distribution	五参数广义贝塔分布
Fixed-Rate Mortgage	固定利率抵押贷款
Flammable Fabrics Act	《易燃纺织品法案》
Food and Drug Administration	食品和药物管理局
Food Safety and Inspection Service	食品安全检验局

Food-Away-From-Home	在外用餐
Former Central Planners	前中央计划集团
Frontiers on Consumer Interest Research	消费者权益研究前沿
Gallup Organization	盖洛普机构
General Social Survey	社会综合调查
Gini index	基尼系数
Good Housekeeping	《好管家》
Gotcha Capitalism	《解读资本主义》
Great Society	伟大社会
Gross Domestic Product	国内生产总值
Guard against Adulteration	《防止掺假》
Harvard Law Review	《哈佛法律评论》
Health and Human Services	美国卫生与公共服务部
Health Insurance Portability and Accountability Act	《健康保险流通与责任法案》
Health Maintenance Organization	健康维护组织
Health Regulatory Boards	卫生监督管理委员会
Heterogeneous Collection of Mechanisms	机制的异质性集合
Hopeful Starters	充满希望的初建集团
Human Development Index	人类发展指数
Image Interactivity Technology	影像互动技术
Immigrant Legacy	移民后代
Incentive-Enhancing Preferences	促进激励的偏好
Index of Consumer Sentiment	消费者信心指数
Index of Economic Well-Being	经济福利指数
Index of Sustainable Economic Welfare	可持续经济福利指数
Individual Development Account	个人发展账户
Individual Empowerment	个人赋权
Individual Retirement Account	个人退休账户
Information High-way	信息高速公路
Intergenerational Transfers	代际转移
Internal Revenue Code	国内税收法规
International Consumer Day	国际消费者保护日
International Organization of Consumer Union	国际消费者联盟组织
Journal of Consumer Affairs	《消费者事务期刊》
Journal of Economic Psychology	《经济心理学期刊》

Leverage Ratio	杠杆率
Liability	债务
Libertarian Paternalism	软家长主义
Life Cycle Hypothesis	生命周期假说
Life Cycle Permanent Income Model	生命周期永久收入模型
Little FTC Acts	小联邦贸易委员会法
Loan	贷款
Low-to-Moderate Income	低收入到中等收入
Luxembourg Income Study	卢森堡收入调查
Machiavellianism	马基雅维里主义
Magnuson-Moss Warranty Act	《马格努森-莫斯产品保证法案》
Marketing Avoidance	规避营销
McClure's	《麦克卢尔》
Meat Inspection Act	《肉类检验法》
Medicaid	医疗补助计划
Medical Expenditure Panel Survey	医疗支出跟踪调查
Medicare	医疗保险制度
Medicare Part D	医疗保险处方药计划
Merriam-Webster's Desk Dictionary	《韦氏英英字典》
Mortgage Bankers Association	抵押贷款银行家协会
Nader's Raiders	纳德突击队
National Bureau of Economic Research	美国国家经济研究局
National Bureau of Standards	美国国家标准局
National Conference of Commissioners on Uniform State Laws	全国统一州法律委员会
National Consumer Week	全国消费周
National Consumers' League	国家消费者联合会
National Council on Economic Education	国家经济教育委员会
National Credit Union Administration	国家信用社管理局
National Defense Authorization Act	《国家安全法案》
National Environmental Policy Act	《国家环境政策法案》
National Highway Traffic Safety Administration	美国国家公路交通安全管理局
National Income Accounting	国民收入账户
National Postsecondary Student Aid Study	全国高等教育学生资助研究
National Press	国家新闻

Public Interest Research Groups	公共利益研究团体
Public Service Commission	公共服务委员会
Public Utilities Commission	公共事业委员会
Pure Food and Drug Act	《纯净食品和药品法案》
Pyramid Schemes	传销
Quality of Life	生活质量
Reflexivity	自反性
Refrigerator Safety Act	《冰箱安全法案》
Regulation and Consumer Protection	政府监管和消费者权益保护
Relative Income Hypothesis	相对收入假说
Relative Risk Aversion	相对风险厌恶系数
Right to Service	服务权
Rip Offs	消费者盘剥
Risk Aversion	风险厌恶
Risk Tolerance	风险承受能力
Risk-as-Feeling	风险感觉
Schumpeterian model	熊彼特模型
Seattle Consumer Action Network	西雅图消费者行动网络
Securities Act	《证券法案》
Securities and Exchange Commission	证券交易委员会
Securities Enforcement Remedies and Penny Stock Reform Act	《证券执法救济规则和低价股改革法案》
Securities Exchange Act	《证券交易法案》
Self-efficacy	自我效能
Self-enhancement Orientation	自我强化取向
Shame of the Cities	《城市之耻》
Sherman Act	《谢尔曼法案》
Singlecrossing Property	单交叉属性
Situational Factor	情景因素
Smart Spending Behavior	理性购物行为
Social Engineering Attacks	社会工程攻击
Social Movement Theory	社会运动理论
Social Security Act	《社会保障法案》
Socially Responsible Consumption	具有社会责任的消费
Socially Responsible Purchase and Disposal	具有社会责任的购买和处理

Stanford University's Food Research Institute 斯坦福大学视频研究院

State Children's Health Insurance Program 国家儿童健康保险计划

State-by-State Survey of Financial Capability 州际理财能力调查

Structure Complex Choices 复杂选择结构化

Subjective Wellbeing 主观福利

Substance Use 药物使用

Survey of Consumer Attitudes and Behavior 消费者态度和行为调查

Survey of Consumer Finance 消费者金融调查

Survey of Health，Aging and Retirement in Europe 欧洲健康、老龄化和退休调查

Survey of Older Consumer Behavior 老年消费者行为调查

Surveys of Consumer Expenditures 消费者支出调查

Surveys of Consumer Finance 消费者金融调查

TANF 贫困家庭临时救助计划

Tanstheoretical Model of Behavior Change 跨理论行为改变模型

Technology Acceptance Model 技术接受模型

Technology and consumption: Understanding consumer choices & behaviors 《技术与消费：理解消费者选择和行为》

The Codes of Advertising 《广告代码》

The Consumer Society 《消费者社会》

The federal Assets for Independence Act 《联邦独立资产法案》

The Great Gatsby Curve 了不起的盖茨比曲线

The Jungle 《丛林》

The Saturday Evening Post 《星期六晚报》

The Waste Maker 《浪费者》

Theory of Planned Behavior 计划行为理论

Theory of Reasoned Action 理性行动理论

Throw-away Society 一次性社会

Trade Integrationists 贸易一体化主义集团

Transaction Account 交易账户

Truth in Lending Act 《诚信贷款法案》

TV Sentiment 电视媒体信心

Unfair Trade Practices and Consumer Protection Act 《不公平贸易实务和消费者保护法案》

Uniform Consumer Sales Practices Act 《统一消费者销售实务法案》

Uniform Deceptive Trade Practices Act 《统一欺骗性贸易实务法案》

United Nations	联合国
United Nations Department of Social Affairs	联合国社会事务部
United Nations Development Program	联合国开发计划署
United Nations Guidelines for Consumer Protection	《联合国消费者保护准则》
United Nations Human Development Report	《联合国人类发展报告》
United Nations Research Institute for Social Development	联合国社会发展研究所
United Nations Sustainable Development Action plan	《联合国可持续发展行动计划》
Unsafe at Any Speed	《任何速度都不安全》
Urban Institute	城市研究所
US Bureau of Labor Statistics	美国劳工统计局
US Consumer Movement	美国消费者权益保护运动
US National Financial Capability Study	美国国民理财能力调查
US Supreme Court	美国高级法院
Virginia Citizens Consumer Council	弗吉尼亚市民消费者委员会
Virginia Consumer Protection Act	《弗吉尼亚消费者保护法案》
Voluntary Simplicity	自愿简朴
Walrasian model	瓦尔拉斯模型
Weighted Index of Social Progress	社会进步权重指数
Welfare Reform Act	《福利改革法案》
Wellbeing	福利
Word-of-Mouth	线下口碑
Yellow Journalism	黄颜色新闻报道
Your Evil Twin: Behind the Identity Theft Epidemic	《你的魔鬼双胞胎：身份盗窃盛行的背后》
Your Money's Worth: A Study in the Waste of the Consumer's Dollar	《你的金钱的价值：关于消费者的美元浪费的研究》